21世纪 美军外语新战略研究

21st Century US Defense Language Strategy:
A Transformational Perspective

陆丹云◎著

时事出版社
北京

图书在版编目（CIP）数据

21 世纪美军外语新战略研究/陆丹云著．—北京：时事出版社，2019. 11
ISBN 978-7-5195-0321-5

Ⅰ．①2…　Ⅱ．①陆…　Ⅲ．①军事战略—研究—美国　Ⅳ．①E712. 0

中国版本图书馆 CIP 数据核字（2019）第 209431 号

出版发行：时事出版社
地　　址：北京市海淀区万寿寺甲 2 号
邮　　编：100081
发行热线：（010）88547590　88547591
读者服务部：（010）88547595
传　　真：（010）88547592
电子邮箱：shishichubanshe@ sina. com
网　　址：www. shishishe. com
印　　刷：北京旺都印务有限公司

开本：787 × 1092　1/16　印张：17. 75　字数：265 千字
2019 年 11 月第 1 版　2019 年 11 月第 1 次印刷
定价：105. 00 元

序

丹云教授要我为她的新著《21世纪美军外语新战略研究》作序，我欣然同意。收到她发来的电子稿后，立刻感到我做了一个正确的决定，心中为她庆贺。

丹云教授自1991年开始在解放军国际关系学院任教，这是一所以外语为基础，多专业、多层次、多规格的综合性军事学院，是我军培养国防语言人才的重要基地，被称为“中国军事外交官的摇篮”。丹云教授长期从事军队外语教育与军事用途语言研究，密切关注美军外语工作的演变、国防语言学院的转型，她了解外语教育对于国防安全的重要意义，通读美军在外语能力建设方面的规划方案并洞察其背后的战略考量。通过开设研究生课程与系列讲座，开展专项研究以及发表成果，丹云教授将“国防语言文化战略”和“军队外语战略”理念介绍给各层次、各领域的听众和读者，引起越来越多国际政治和军事专家对这一战略维度的关注。在这本专著中，丹云教授将对美军外语战略的研究观察植入自己三十年从事国防语言教学与研究所形成的知识体系，以军事战略的视角去解读、分析、归纳和反思，我拜读此书，深深地体会到一位军队外语专家的社会责任感、学术素养和高度。

近年来，以“语言战略”为关键词的论著很多，而全面深入地解读美军外语战略的著作独此一部。在我看来，《21世纪美军外语新战略研究》具有鲜明的时代性、战略意义和重要的参考价值。这体现在作者通过历时、共时两个维度的研究形成对美军外语战略构架之系统描述，对于新世纪美军外语工作的规划部署和实施项目之理性解读，对于美国外语战略的“实施重镇”——国防语言学院外语中心的转型举措之逐条分析并以此案例推导透视外语战略之实施全景。作者不仅追溯了美军百年“外语史”，揭示军队外语能力建设之演变规律，还梳理了美军近 15 年最新的文件、法案、政策、指令，通过多维度的总结归纳，提炼出美军外语战斗力生成模式，形成对我军外语实战能力建设的对策建议。同时，作者不吝将亲手搜集整理的重要文献、重要术语编译成列表发布在专著中，通过大量图表展示了相关战略规划、方案计划之间的逻辑关系，这为其他关注美军外语战略的研究者提供了很有价值的文献参考和学习资源，实为一部无私奉献的“良心之作”。

我曾在抗美援朝时被借调至志愿军做翻译，1954 年从北大毕业参军后被分配在总参谋部从事外语相关工作，因此也算国防语言战线的一员老兵。我研究过美国在太平岛屿的氢弹试验和武器生产的规划，也曾在《解放军报》和《光明日报》发表过有关美苏军事科学力量对比的文章。从资料的掌握、分析的透彻度、理论的高度和深度等方面远远不如本书，因此最能理解本书的军事价值和学术价值，最能体会作者的战略素养和学术功底。这使我联想到最近几年国内外语界热议的外语专业发展方向是各国在发展变革中遇到的相似问题，教育部在讨论解决如何走出困境时，不妨借用本书作者的方法，耐心细致地摹画“他山之石”以探寻“攻玉之道”。参与讨论的学者如能翻阅一下本书应该有一些新的认识。

我和丹云教授所在的国际关系学院有多重渊源，20 世纪 80 年代末曾被该校聘为顾问，与许国璋先生等参加该校的学科建设讨论，我的博士李战子是国际关系学院优秀的毕业生，而丹云又是战子教授在该校所培养的优秀博士生之一。丹云为研究生开设《语言学导论》《功能语言学》《话语分析理论与实践》等多门主干专业课，主持国家社科基金“系统功能语言学视野下的写作教育研究”，韩礼德国际基金会“军事学科英语研究”，江苏省研究生“国防语言文化战略”课程建设，“功能语言学理论、方法与实践”精品课程，国防科技大学“美军外语战略研究”、“国防语言学院转型”等多项课题研究，在《外国语》《外语研究》《外国语文》等重要期刊独立发表论文约40篇，出版专著和教材约10部。可见，《21世纪美军外语新战略研究》一书既得益于她在部队多年的战斗生活，也得益于她在系统功能语言学等专业领域的学术积淀。

我很荣幸与丹云教授合作编写过《语言学简明教程》(北京大学出版社)，也在一些学术会议上经常相遇。愿丹云教授在今后的教学科研中取得更大成就，为我国的国防事业和外语教学做出更大贡献！

胡壮麟

2019年3月16日

北京大学蓝旗营寓所

目录 CONTENTS

绪　论

外语战略是国家安全战略的重要组成部分，它关注的是国家外语能力与国防安全的密切关系，而军队外语能力是国家外语能力的重要构成，也是外语能力对国家安全产生直接影响的最突出领域，由此产生以国家安全、军事斗争的现实需求和潜在目标为服务和保障对象的军队外语战略。进入21世纪，无论是传统军事强国，还是新兴武装力量的生成地域，纷纷将“语言安全”列为影响国家核心利益的关键要素，外语战略思维体现于其军事战略谋划的各个层面和所有的实施流程之中。例如法国国防部发布《关于语言培训、评估和语言能力等级授予的通告》、围绕外语能力构建了其“外语链”管理体系，在重点语种建设和高级外语人才储备方面进行战略部署①；俄罗斯国防部为提升军队外语能力，发布《关于做好俄罗斯联邦武装力量现役军人和文职人员继续外语教育的组织工作》的国防部长命令，通过建立国防部语言中心、确立外语关键语、推动军事院校外语改革等措施实施外语战略②。

美国一直将国民的语言文化能力作为考量国家安全的重要因素，在国防教育中，人文素质（尤其是语言能力和跨文化素质）所受关注程度呈递增趋势。进入21世纪，美国出台的一系列防务文件中，语言文化要素被提到了前所未有的高度，形成了以《国防语言转型路线图》为总体纲领的美军外语战略。在2007美国国防部高峰论坛上，国防部指出：“过去，似乎只有情报分析者、海外战区指挥官和地区事务专家

① 法国法律法规汇编官网：http：//www. circulatire. legifrance. gouv. fr/pdf/（26/08/2013），参见戴冬梅、谈佳．“法国陆军外语能力特点评析”，《外语研究》2016（6）：7－11、13－17。

② 俄罗斯国防部官网：http：//www. mil. ru/（11/10/2013），参见李迎迎．新时期俄罗斯军队外语能力建设概观．《外语研究》2016（6）：7－11。

需要掌握外语技能。现在，不论是在战场上，还是涉及国防事务的任何领域，语言技能都是必备的军事行动能力，其重要性丝毫不亚于武器。”这一段话清晰地表明：美军将语言视作赢得未来战争的关键武器，将外语能力定义为军队战斗力的要素之一，将外语战略作为其 21 世纪军事战略的重要构成部分。

一、美国的外语战略研究

美军 21 世纪外语新战略启动以来，美国本土出现四类相关研究：

第一类是对外语战略思想理据性的宏观论证剖析，这其中既包括纵贯美国历史的历时性研究，也有关注当代美军军事行动的共时性研究。Sterniak（2008）的研究“美国人的外语态度：从 1700 到 2006”呈现了以国家安全为背景的美国外语教育演变史，包括美国建国以来各方的外语态度、由此产生的外语政策、落实情况和现实影响。研究关注的是国家层面的总体外语战略，作者以数据为据揭示了历史上美国人外语态度的几度集体偏失，论证了外语政策偏离对国家安全的负面影响。在论及 21 世纪外语态度时，作者频繁提及国家领导人在外语政策方面的政治考量，例如布什总统将外语政策和“国家外交姿态”联系起来、国务卿赖斯要求美国的教育界“为年轻的一代进入国际社会、进行国际对话做好准备”[①]。论文同时指出美国外语教育与国家安全战略结合不够紧密，例如将过多的教育资源投入在法语、德语和西班牙语等传统语种，忽略了战略级“关键外语”。该研究对外语策略的纵向历时研究以及对态度、策略、实施关系的关联反映了美国语言文化战略的发展脉络和主体思想。美国国防大学技术与国家安全中心《防务视野》2009 年 1 月的刊首文章“从卫星一号到慧神计划——教育与美国国家安全”（Kay 2009）同样强调教育与国家安全的密切关系，作者回顾了二战以来美国国家安全历次危机如何对教育产生震动并引发教育改革，以当代美军军事战略布局为指向，以美军的海外维

① 美国前总统布什、前国务卿赖斯 2006 年在全美国际教育校长峰会上的讲话，详见：http：//www. state. gov/r/summit/58734. htm/。

稳行动、在阿富汗和伊拉克的战争行动、重建行动为例，论证了语言文化能力等非传统军事作战能力是军事力量的“战略要素”（strategic component of American power），提醒美国领导人必须提高“能力意识”，为美军在新的全球安全环境下克敌制胜做好战备工作。

第二类是从军事战略的角度分析外语能力在军事行动中的重要性，并提出相应的能力发展需求。例如：Davis（2006）发表于《军事评论》的警示性论文“语言——美国的致命软肋”强调了外语熟练使用能力对于美军军事行动的重要意义，论文以有赖于“时效性”（timeliness）和“准确性”（accuracy）的情报行动为例，说明外语人才在海外军事行动中所起的核心作用——“不论是连排长还是行动指挥官，都依赖于译员来获取情报”，论文还用“伊拉克自由行动”的战例数据说明美军外语人才配备（行动中为42人）与军事行动的实际需求（上千人）之间存在显著差距。研究用事实说明外语人才是军队的宝贵财富，美军需要实施军队外语人才的职业规划，以增援海外军事行动、保障行动的有效实施。陆军中校James C. Laughrey（2009）则在“知之而后行——提高美国军官的社会文化知识”一文中分析了美军军官在越南战争、伊拉克、阿富汗军事行动中的语言文化表现，论证了海外军事行动的成败与指挥官外语能力和文化知识之间的相关性。此项研究还揭示了美国陆军军官在军事行动中暴露的文化短板，提供了相应的对策性建议，包括：开展任职前培训、利用地方院校教育资源、开展关键作训课程强化培训、颁发自主学习奖金等。国防部文员Alfred R. Magleby（2009）对美军如何通过语言手段完成军事、战略目标进行了系统研究，在“战争素养：创造指挥氛围，提升外语在军事行动中的战斗力作用”一文中指出当今时代的军事行动是“以人为中心”的，而海军却未能在外语能力建设方面满足行动需求，论文分析了海军行动中职能机构的思维定式错位、指挥环境的外语意识疏缺等问题，指出解决上述问题应从提高领导层、指挥人员的语言文化意识入手，唯有上级机构形成一致观点并通力支持，才有望在海军中充分发挥外语战斗力的作用并有效实施军事行动。

第三类是针对外语战略实施现状的调研和监测性报告，此类课题或以某一类机构、或以外语战略的某一目标为研究对象，通过调查对外语战略的落实情况发现战略实施中的问题并提出相应的改良建议。例如，空军2009年制定颁布了落实外语战略的纲领性文件《空军文化、区域和语言飞行计划》（以下简称为《飞行计划》），《飞行计划》的目标是在5年内将空军转变为一支具有跨文化能力的飞行队伍（3C Airman：cross－culturally competent airman），同年空军少校 Christopher A. Filipiets 在“超越武器——培养21世纪的空中政治家”一文中评估了该计划的效度，作者逐一分析对比了飞行计划中条令、机构、训练教育、材料、领导层、人事制度、设备等方面内容，指出《飞行计划》为空军官兵提供了转变文化思维、提高跨文化能力的机会，但是计划本身还有一些瑕疵（例如对军事职业教育模式的过度依赖将延长官兵的能力发展进程，培训中对于动机、心理、认知、行为因素的关注不平衡，能力评估机制不健全等等），按此计划开展外语能力建设将无法实现21世纪美军事战略的要求。研究提出的对策是在《飞行计划》中增加鼓励自主学习外语、提高能力的激励措施，研发空军独有的语言文化能力评估分级、追踪、评估方案并纳入人事管理体系，以对空军的总体文化“健康状况”进行“诊断”和“救治”（Filipiets 2009）。同类研究课题还有国土安全部的《外语需求评估》（Tare 2006）、联邦调查局的《联邦政府外语能力现状和国家安全危机》（Thomas & Tracey 2012）、国会军事委员会的《军队语言技能和文化能力培养：国防部在当今教育背景下面临的挑战》（Kruse et al 2008）、教育部的《国家安全语言行动计划初期工作报告》（U. S. DoE 2008）、国防分析研究所的《文化培训现状报告》（Alrich 2008）、陆军行为与社会科学研究所自2006开始的美军官兵语言文化能力的发展状况调查①，以及兰德

① 陆军行为与社会科学研究所针对陆军语言文化能力开展了系列调研，较为重要的研究报告包括：Abbe, A.（2008）：Building Cultural Capability for Full－Spectrum Operations；Zbylut, M. R., Wisecarver, M., Foldes, H., & Schneider, R.（2010）：Advisor influence strategies：10 cross－cultural scenarios for discussion and self－assessment（Instructor´s Manual）；McCloskey, M. J., Behymer, K. J., Papautsky, E. L., Ross, K. G., & Abbe, A.（2010）：A developmental model of cross－cultural competence at the tactical level（Technical Report 1278）；Abbe, A., & Gallus, J. A.（2011）：The socio－cultural context of operations：Culture and foreign language learning for company－grade officers.（Technical Report 1316）；Klafehn, J., Noe, R., Mathieu, J., Salazar, M., Connelly, S., Cai, D., & Gallus, J.（2014）：Soldier development following negative cross－cultural experiences：An integrated review of the literature（Research Note 2014－01）等等。

公司对美军语言文化能力建设的系列评估报告[①]。

第四类是外语战略的实施策略研究，包括外语培训方法模式、能力水平测试方案和实战能力增效手段等，这类研究主要依托专业学术机构通过系列项目课题推进，其中最有代表性的是马里兰大学高级语言研究中心（2006 – ）对于外语学习潜质相关性因素的系列实验和国防语言学院外语中心（2005 – ）对于国防语言熟练水平测试和管理方案的测试学研究，这两个教研机构的相关语言教学评估研究直接服务于美军的外语转型需求。

综上所述，国内外外语战略研究具有一个总体认同，即：国防语言文化战略研究意义重大。其中以美国为代表的国外研究以美军实战备战的经验教训为论据，详细深入地论证了实施外语战略的必要性、分析了实施过程中的问题和改良手段，研究一方面为实施外语战略提供进一步的学术理据，从学术层面上支持国防语言能力的提升，一方面推动促进外语战略的全貌落实，从技术层面上提供增效手段。从研究范围看，上述研究或为宏观评述，着眼战略全局却未能涉及具体问题，或为微观分析，针对语言文化培训、测试的具体操作问题但未能将研究视角上升到外语战略的高度，近期美军则更关注外语战略分类目标的实施进程监测和调控，并无更多兼具系统性、战略性和学术性的研究成果。

二、国内的国防外语战略研究

国内国防外语战略研究可分三类：

第一类始于 2010 年国际政治学者（贾爱武 2017，王建勤 2007、2012，王淳 2010，季舒鸿 2012，王运祥和甘燕飞 2009，戴曼纯 2012，

---

① 参见：RAND & MITRE.（2012）Linking Language, Regional Expert Capabilities to Military Readiness; DeCamp, J., Meadows. S. O., Costa, B., Williams, K. M., Barnmann, J. & Overton, M.（2010）: An Assessment of the Ability of the U. S. Department of Defense and the Services to Measure and Track Language and Culture Training and Capabilities Among General Purpose Forces; Manacapilli, T., Moroney, J. D., Pezard, S., Robson, S., Hogler, J., Durrell – Young, T., & Terry, T.（2012）. Optimizing the Defense Language Institute English Language Center，等等。

李洪乾、唐贤清 2014，张蔚磊 2014，李洪乾 2015，张天伟 2016，徐英 2018）对美国外语教育、语言文化战略和国家安全关系的密切关注，相关研究包括对《国防教育法》、《国家安全法案》、《国家安全语言计划》、美国国家语言服务团等教育文化外交举措的介绍，并从语言文化安全、安全诉求和认同危机等视角剖析语言文化政策。

第二类是语言政策研究者所开展的外语战略研究，最具代表性的是北京外国语大学文秋芳团队的“国家非通用语战略研究”（2010）、“美国、法国、俄罗斯、巴西国家外语能力研究”（2012）课题，着重分析相关对象国语言文化战略的形成背景和实施进程（文秋芳 2011、2014；文秋芳、苏静、监艳红 2011；文秋芳、张天伟 2012、2013 等），探讨国家外语能力理论及其在上述国家的应用（文秋芳、苏静 2011；戴冬梅、谈佳 2013；张天伟 2013、2016，2017；李迎迎 2013）等。陆丹云（2012a、2012b、2013、2014、2016a、2016b、2016c、2017a、2017b、2018、2019）的美军外语战略系列研究梳理了美军外语能力建设的演进历程、分析 21 世纪美军外语战略的主要战略理念、实施特点和具体举措，包括国防语言学院的转型、外语教育作训改革、人事保障机制的形成以及外语战备指数建设等，形成对我军外语实战能力建设的启发和对策。

第三类是军内外外语专家结合自身工作经验、对照美国（军）语言文化战略政策及其实施经验对我国国防语言教育和军队外语能力建设现状的反思，如李洪乾（2009）对维和人员外语技能、李慧和蔡晓红（2008）、李慧和刘芳（2009）对军队外语测试和科技人员外语能力的评估、陆丹云（2009、2010、2011）对于军事用途外语教学方法的探讨、张静等（2013）对军人外语潜能测评的展望，傅岩松和彭天洋（2014）对我国防语言能力建设的思考，张天伟（2015、2017）对中国关键语言战略、非通用语教育的研究、李洪乾和梁晓波（2018）对我国国防语言教育现状分析和策略探索等。其中国防科技大学梁晓波团队的国家社科基金重点项目“国防与军队改革视野下的国防语言能力建设研究”分别采用了自上而下的宏观视角和自下而上的微观视角研究了语言战略、国防安全和军队改革的关系，其研究主旨更贴近国防建设的现实。

国内的外语战略研究从一定程度上了弥补了先前国防语言政策研究、国防语言规划研究以及国防语言教育研究的缺失，并试图从政策层面提出对外语教育规划、对外汉语教学政策以及濒危少数民族语言保护政策等方面的指导，部分研究还从国家安全层面提出构建国家外语战略的重要性，提出依托战略规划、储备国防安全储备关键语言人才、保障国家稳定团结和安全的对策性建议。总体来看，上述研究达到了一定的规模、涉及到一些与军事斗争相关的问题，但评介较多、深度不足，更鲜有从外语实战能力建设的视角对美军外语战略的各类要素之间横向、纵向复杂关系的系统梳理，对于美军外语战略的研究尚还需对宏观规划与微观实施之间的脉络关系进行逻辑解读并归纳科学规律和体系关系。

三、本课题研究方法和基本思路

毫无疑问，美军是当今世界先进的军事力量，其军事理论、战略构想和部署实施在系统性、科学性、前瞻性和实效性方面都走在世界各国军队的前列。从提出外语战略，到出台相关政策条令，直至各战区各单位的步步落实贯彻，这一系列流程中值得我们研究和探究的问题很多。自 2005 年美国国防部出台《国防语言转型路线图》至今，外语战略作为 21 世纪一个军事新概念被频频提及，但是国内几乎没有以“美军外语战略”为专题的专项研究，相关领域形成的研究成果仍处于碎片化的原始素材梳理阶段，军队外语战略和外语实战能力建设模式研究基本处于空白状态，这给本课题的研究和创新预留了较大的空间。

不论是已经在外语能力建设方面有所警醒的传统军事强国，还是正在逐步承担更重要和平使命的新兴军事力量，都需要一个能够指导军队外语能力建设的科学规划，需要有指导意义的外语战斗力生成模式。鉴于美军外语战略实践为我们健全外语战略理念、厘清外语战略形成脉络和构架方式提供了现实依据，本课题将把 21 世纪的美军外语战略作为典型案例加以研究。具体地说，本书将以美军 21 世纪外语战略为关键词，在时间的纵轴上对其形成背景、演变历程和变化规律开展历时性描述，在战略构架的横切面对其战略部署、实施要点和重要举措及其与国家安全、军事斗争发展趋向之间的密切关系形成共时性剖析，同时选取外语战略的“实施重镇”——国防语言学院外语中心为案例，深入分析其转型举措。两个维度的研究可形成对外语战略构架的系统描述，一个点的穷尽研究可视作军队外语战略和外语战斗力生成系统模式的典型案例。多维度地描述和系统构画，可对构建国家外语战略和军队外语战略有所启示。

从研究思路来看，由于21 世纪的美军外语战略将语言能力分解为“关键外语技能”“地区事务知识”和“文化意识”三个方面，将能力建设细化为加强、维持、保障三个维度，这符合美军军事战略和国家安全的发展需要，也成为本研究所关注的重点。如何构建外语实战能力发展模式，明晰能力构成、发展样式和军事战略之间的多维联系，是美军外语战略所要解决的问题，也是本书试图通过历时、共时研究所揭示的问题。针对特定的关注点，我们选择了特定的研究方法和研究思路，这其中既有对历史文献的回顾分析，也有对相关政策法规、媒体报道和案例行动的内隐相关性剖析。具体地包括：

1. 通过对美国语言文化战略、美军外语新战略以及各军种、各部门的实施方案相关原始文件分析解读，析取美军外语新战略的出台背景、战略部署、实施要点以及关键举措；

2. 通过对美军外语转型重要项目、国防语言学院外语中心等教研机构的教学实践和研究成果分析，探究外语战略实践层面的有效举措和前瞻性研究及其启发；

3. 结合上述结论，并融入各阶段美各级调查委员会、专业学术机构和智库的相关调研报告和进程评估，归纳军队外语能力建设的演变规律，构建军队外语能力建设的发展模式。

四、本课题学术价值和现实意义

研究美军外语新战略，对我国家安全和军事斗争有多重意义和价值：

1. 理论价值：美国作为当今世界唯一的超级大国、最强大的军事力量，其维护国家安全、拓展国家利益的战略思路，加强外语战斗力

的方式手段值得关注，从国家安全、军事斗争的宏观视角研究外语战略的总体规划，可对军队外语能力建设的演变规律进行定性思考，形成外语战略规划的理论基础和基本理据；从政策法规、部署举措的微观视角研究外语战略的实施进程，可构建系统的军队外语能力生成模式，作为外语实战能力建设的参考框架。

2. 现实意义：由于国际格局的变化，中国安全环境越来越复杂，武装力量维护中国国家安全乃至世界安全的任务越来越重。同时，随着国内国际形势变化和国家利益不断拓展，中国军队的任务使命也正在升级，其足迹已经跨越固有疆界走向世界，参与到国际维和行动和国际反恐、联合打击海盗、打击跨国犯罪等一系列国际行动，与周边国家加强军事合作和联合军演等也更加密集、频繁，完成这些任务使命均需要掌握相关外语作为支撑，因而外语能力势必成为中国军队的关键战斗力之一。美军外语新战略实施已逾十年，诸多做法开始显现战斗力增强效应，他山之石可以攻玉，借鉴美军国防语言转型已有经验，构建具有中国特色的国防外语战略、加强中国军队外语能力对维护中国国家安全乃至世界安全显然十分重要和紧迫。解读美军外语新战略对我军把握外语实战能力建设的聚焦点、着力点具有重要启示，对探寻立足我军现状、顺应我军“走出去”之发展趋向且符合我军实战需要的外语强军、外语兴军之路有借鉴意义。

3. 情报价值：武装力量维护国家安全的最主要职能是抵御外来侵略，了解美军这一现实及潜在威胁的外语战略，洞悉其幕后的安全构想，对维护中国国家安全、谋求国家利益、构建有前瞻性的国家安全战略和军事战略具有深远的情报价值。

第一章

美军外语能力建设的演进历程

克服语言障碍是成功的军事行动之必要条件。在美军的发展历史中，对外语能力的需求和外语人才的启用历史可以追溯到独立战争时期。1781 年，在被称为独立战争的“战略反攻之役”的约克镇围城之战中，华盛顿将军统率的法美联军和法国海军司令德格拉斯伯爵率领的法国舰队联手完成对约克镇的合围，迫使英军中将康瓦利斯与美法联军进行谈判，宣布驻守约克镇的英军共 8000 人正式投降，从此英国放弃了对美国革命的压制。而在这场美国历史上的重大胜利中，“英法双语军官成功地架通了语言之桥，使美国陆军和法国海军能够顺利沟通完成独立大计”（Binkley, 2011 : 9），自此外语教育提上了美军工作的议事日程。

自独立战争美法联军合作以来，美军外语能力建设经历了九次变革，如今国防语言学院外语中心是美军最为重要的外语培训基地，也是美军唯一以外语能力建设为工作重心的专门机构，“9 · 11”后美军依据国防部的要求，根据《国防语言文化战略》和《国防语言转型路线图》等指导性文件进行国防语言战略转型。美军 20 世纪的九次外语培训变更和 21 世纪全力推进的外语转型构成了其外语战斗力建设的演进历程（参见表 1. 1）。

表 1.1　美军外语培训大事记①

时间	项目（机构）名称
1802 – 1941	西点军校阅读课程 (WPFLC：West Point Foreign Language Courses)
1898 – 1941	海外语言培训 (Overseas Language Training)
1907 – 1941	东京语言项目 (TLP：Tokyo Language Program)
1941 – 1942	第四军情报学校 (FAIS：Fourth Army Intelligence School)
1942 – 1946	军事情报语言学校 (MISLS：Military Intelligence Service Language School)
1941 – 1946	海军日语学校 (NMCJLS：Navy and Marine Corps Japanese Language Schools)
1947 – 1963	美国陆军语言学校 (ALS：Army Language School)
1963 – 1974	国防语言学院 (DLI：Defense Language Institute)
1974 –	国防语言学院外语中心 (DLIFLC：Defense Language Institute Foreign Language Center)
2005 –	国防语言学院外语中心之战略转型 (Transformation of DLIFLC)

一、外语阅读课程（1803—1941）

1802 年西点军校建校，时任校长是美国开国元勋本杰明·富兰克林的侄孙威廉上校，第一届学员仅 12 人。建院之初，这位《独立宣

① 大多国内文献将国防语言学院的建院时间注为 1941 年，这是有悖历史原貌的。1941 年美国陆军第四军成立了情报学校，其后又整编为军事情报语言学校、陆军语言学校。而 1963 年成立的国防语言学院是在以陆军语言学校为主体的多所外语培训机构的基础上整合而成的，国防语言学院的历次校庆均以 1963 年作为学院的创建年。

言》起草人的后代便明确要求课程包括法语内容，并通过议会授权获得雇佣法语本族语者教授课程的权力，当时几乎所有的美国学校开设的外语课均为拉丁语、希腊语等古典语种，唯有西点开设了“现代法语”，教材是法国军事工程师沃邦的《围城论》、军事家约米尼的《论大战》等法国现代军事学代表作，军官通过法语阅读训练，可逐渐理解当时美国主要的盟友、军事强国法国的军事、技术资料（McCormick，2011）。

事实上，建军之初美军尚未形成自身独特的军事理论体系，而作为培养军事工程领域专家的西点，通过培养精通外语的工程人才，从当时军事技术领先的法国借鉴了诸多先进理念、科技成果和军事经验，为美军整体的技术发展和军事技术教育奠定了良好的基础。美墨战争后，西点又增添了西班牙语课程。迄今为止，西点军校作为一个“教育、培训和启迪军人，使之成为一个具有使命感和过硬素质的军事指挥官”[①] 的军事院校，仍然开设了四年制本科外语专业，具有阿拉伯语、汉语、法语、德语、俄语、波斯语、葡萄牙语、西班牙语的学位授予资格，同时还开设双语课程，可发放双语学位。

二、海外语言培训（1898—1941）

美西战争后，美军正式开始向海外派驻部队，也开始了其海外的语言培训活动。例如，1912 - 1938 年间，美国第十五步兵团有计划地在天津开展了汉语培训，经过培训的年轻军官不仅在中缅印战场发挥了巨大的作用，而且在日后的美国政治舞台上也发挥了巨大的作用，这其中就包括日后的国务卿、国防部长马歇尔（George C. Marshall）。二战后至今，美军延续并扩展了其海外外语培训的作训方式，利用海外联合办学的方法培养“说外语本族语”的军事人才，例如西点军校自 2005 年和 2007 年分别开始在中国的北京大学、吉林大学等开展海

① 西点军校之自我定位是一所“教育、培训和启迪军人的军事院校”，“每一个毕业生都将成为一个有使命感和过硬素质的军事领导人，捍卫责任、荣誉、国家，为美国和军队的崇高使命做好准备”。参见西点军校官方网站：http：//www. usma. edu/dfl/SitePages/Home. aspx。

外汉语培训项目，将西点学员派往两所中国大学举办的“美国西点军校汉语研修班”，有数百名西点军校学员完成了在中国的海外汉语学习计划。

三、东京语言项目（1907—1941）

二战之前，美军就意识到亚洲的军事强敌为日本，因此开始有计划地向日本使馆派驻陆军、海军军官，令其在担任武馆助理的3－4年时间内，学习日语和熟悉东方文化，这就是“东京语言项目”。该项目依托使馆，通过课内外活动提高强化美军军官的日语能力，主要方法是聘用雇佣日本教师在使馆内开设正规的日语语言课程，同时开展频繁的体育比赛、社交活动促使美国军官和日本人交流，藉此为美军士兵提供真实场景的日语实践机会。

东京语言项目为美军培养了一大批日语专家，一部分回国在美国本土开展日语培训活动。例如海军情报办公室的麦考伦中尉（Arthur McCollum）回国后，受命代表军方在美地方高校聘用日本侨民为教师，为美国海军在加州大学伯克利分院开展日语培训，以此项目为起步，海军逐步拓展其日语培训并成立了海军日语学校。海军陆战队中尉欣德马什（Albert E. Hindmars）1937年被派往东京，他首先倡议在使馆开展日语教学，后来也成为海军日语学校的主要管理人员之一。以东京语言项目为师资与教学管理资源，美军各类日语学校共培养了6000名学员，这些具备日语交际能力的美军官兵在二战中以译员、审讯员的身份发挥了重要作用，很多军官在二战的对日情报工作中发挥了重要作用，例如拉斯姆森上尉（Capt. Rasmussen）1936－1940年在日本使馆学习了四年日语，珍珠港事件后他承担陆军第四军陆军情报学校的创办任务，是美国陆军日语培训工作的第一批教学管理人员，也是二战中美军主要的日语能力建设力量。

东京语言项目还为美军在二战中的日语培训提供了极有价值的教学资料，例如日语教师长沼直兄（Naoe Naganuma）应用英国语言学家帕默尔（Harnold Palmer）的语言教学法，针对美军学习需求编写了一套《标准日本语读本》，这套教材共7册，成为二战中美军日语培训的主要教学素材。

四、陆军第四军情报学校（1941－1942）

在非军方日语学校开展教学的同时，同样是“东京项目”毕业生的维克尔林中校和拉斯姆森上尉提出对日军进行“反情报工作”的必要性，第四军准允二人在第四军指挥人员中物色适合做军队反情报语言专家的人选，此任务视作军事秘密。1941 年 11 月 1 日，他们获得 2000 美元的培训拨款，将第四军旧金山驻地格里斯机场（Crissy Field）的 907 号楼由废弃的飞机棚库改造为教室，这座被重新命名为“640 楼”的简易教学场所，成为“陆军第四军情报学校”的秘密诞生地，是美军第一所正式以情报人员为培养目标、以外语为主要课程的培训基地，虽然所有招生教学均为“地下”活动，却是美军外语能力建设历程中的里程碑。

第四军情报学校首期学员均为第四军现役军人，包括 58 名美籍日裔（Nisei）和 2 名白种人，首期培训的 4 名教师均为美籍日侨，当时有限的日语教学素材包括：长沼直兄的《标准日本语读本》、海军术语词典、汉字版的日语字典、自编的军事术语词典、日语的《战场手册》和美军自编的《日本军事力量手册》。6 个月后，第一批学员毕业，获得培训证书。60 名毕业学员迅速被派往各战场，根据陆军情报工作的要求，他们一方面作为口译、笔译在战场喊话、俘虏审讯、军事会晤等工作中发挥重要作用，一方面还被赋予定期向学校汇报战场日语能力状况的任务，由一线外语人带回的消息可保障美军针对战场需求、有的放矢地开展日语培训。

五、陆军军事情报语言学校（1942－1946）

珍珠港事件的爆发给第四军情报学校带来重大影响：一方面，随着美军宣布加入盟军，军队日语培训的重要意义得到充分认可，学校教学需求急剧增大；另一方面，罗斯福总统在 1942 年 2 月签发第 9066 号总统行政令，要求将日裔居民驱逐出西海岸和亚利桑那州，美国西海岸出现强烈反日情绪，大街小巷随处可以听见反日逐日口号，街头巷尾贴满了“OUSTER OF ALL JAPS!”（日本人滚出去）标语，日本人在加利福尼亚如过街老鼠人人喊打，日裔及其后代难以在旧金山生存。由于第四军情报学校在旧金山基地授课，且主要师资为日本后裔，国内形势的变化严重干扰了其正常教学秩序，情报学校因此被迫易址到明尼苏达州，临时选择了一个曾为“无家可归者营地”的处所作为教学用地，这就是塞维治营（Camp Savage）。塞维治营环境极为脏乱，被戏称为“毒品与垃圾的聚集地”，无法长期作为教学场所，更无法适应学校日益扩大的教学规模。1944 年，学校再次易址到斯内灵堡（Fort Snelling）的军事驻地，并更名为“军事情报语言学校”。学校依然由拉斯姆森负责指挥。

面对重重困难，学校根据美军要求进一步扩大培训规模，除日语课程外，还增设了 2 个班次的汉语培训。1946 年教学任务最丰满时，学校有 3000 名在校学生、120 名教师、125 间授课教室。自 1945 年开始，学校还开设以日裔女兵为对象的“女兵团”（Women's Army Corps）日语培训项目，“女兵团”学员毕业后有 300 多人参加了二战，在军事秘书、战地护士和专职翻译等岗位发挥外语才干。

“军事情报语言学校”承担美军外语教学主要任务的五年间，共培养了 6000 名学员，毕业生大多派往太平洋和中－缅－印各战区，成为“盟军秘密翻译部队”（Secret Allied Interpreter and Translator Section：AITS）成员，翻译了数百万页的军事资料、执行了数千战俘的审讯、审判，在日军投降、受降工作中作为翻译、审讯员和谈判专家发挥了不可替代的作用。部分毕业生留校任教，扩大了陆军军事情报学校的教学规模和师资力量，大多学员进入学校的毕业生“人才库”，战后继续在不同的岗位上为美军提供资料翻译服务。

二战中的美国陆军主要依托斯内灵堡的陆军军事情报语言学校开展日语培训。1944 年，由于日语人才供不应求，陆军又依托密歇根大学安阿伯分院培养了数百名日语军官，满足美军对高水平日语人才的需求。二战结束后，美军终止了与密歇根大学的日语合作项目。

六、海军语言学校（1941－1946）

二战中，美国海军的外语人才需求剧增，海军将日语学校开设到了地方大学的校址中，依托地方教学条件开展语言人才培训。1941年，海军首先在加州大学伯克利分院开设语言学校，除日语外，海军同时利用服役于海军的华裔后代开展汉语培训。“珍珠港事件”导致海军日语培训在加州难以继续：海军征兵条件之一是“非日裔”，其日语培训对象都是从零开始，但是教学中离不开“日裔教师”，可是日裔侨民已经无法在加州生存。为保证培训质量、更有效地利用地方院校的教学力量且不违背海军军规，培训学校迁址到科罗拉多大学的波尔得市（Boulder），后又在俄克拉荷马州斯的斯蒂尔沃特（Stillwater）依托科罗拉多大学的外语力量创办“海军及陆战队语言学校”。学校的毕业生在在二战中为美国海军做了大量情报工作。二战结束前，由于经费问题，海军无法维持其依托地方大学的培训项目。1946 年，海军终止了上述培训项目，转而依托“海军情报学校”开展语言培训（后发展为外语系），培训范围大幅缩减，培训地址位于华盛顿附近阿纳科斯蒂海军造船厂内。

七、陆军语言学校（1947－1963）

1946 年 6 月 10 日，陆军关闭了斯内林堡的情报语言学院，次日“陆军语言学校”在加州蒙特雷陆军驻地（Presidio of Monterey）宣布成立。该驻地地理位置优越，曾为美军步兵和骑兵营地，1945 年陆军情报学院已经开始利用此营地开展一部分课程培训（日本沦陷区管理人员培训），1946 年开始陆军将这所学院作为“陆军语言项目”的主要执行机构，首任校长为索普上校（Thorpe）。

建校之初，美军的军事行动重点从二战回到欧洲，对于共产主义国家的警惕成为二战后美军语言培训的重要驱动之一。例如，在 1944－1948 年的希腊内战期间，美国支持反共的希腊政府，而美军的希腊语人才及其匮乏，语言学校因此开设了希腊语课程。冷战时期，由于美国面临美苏两大超级大国的全球性竞争，出于其国际政治和防务需要，陆军语言学校在全球招兵买马，扩大教学规模，拓展教学内容，俄语培训成为冷战期间该校的首要教学任务，仅1947—1956年间就毕业了500名俄语学员，其次还有汉语、韩语、德语、阿拉伯语、土耳其语、波斯语、西班牙语、法语、葡萄牙语等30多门所谓的“冷战驱动的关键外语”课程（Binkley 2011：72）。

学校还根据冷战中的任务需求进行了机构调整，如将日语、汉语、韩语三门语言的教学管理部门整合为“远东部”（Far Eastern Division），将丹麦语、法语、挪语、葡萄牙语、罗马尼亚语、西班牙语和瑞典语整合为“罗马尼亚-斯堪的纳维亚语部”（Division of Romanic-Scandinavian Languages），针对冷战的重点对象成立了“俄语部”。

此外，陆军语言学校还承担了部分空军的外语培训任务、毕业学员语言能力维持的任务，学校通过技术手段为各驻地的官兵提供语言支持，包括编撰外语听读材料、提供听读设备等，保证官兵可以进行必要的语言训练。

学院还在教学方法上创新改革，尝试将科技手段应用于外语教学，“听说教学法”、外语实验室等外语教学创新方法均源于陆军语言学校的实践。除课内语言教学外，学校还强调目的国文化知识的输入和跨文化意识培养，开展多类目的国文化活动帮助学员了解融入对象国文化，成为语言文化专家。美国陆军语言学院很快成为全美知名度最高的外语培训机构，其教学模式和效果得到同盟国军界的一致认可，在语言教学领域也享有盛誉。

八、国防语言学院（1963-1974）

1963年，为了提高培训效能节减财政开支，国防部开始整合陆海空三军的各类外语培训机构并成立“国防语言学院”，学院隶属国防部，是由陆军负责的跨兵种语言保障机构，实行三军联合指挥。新成立的国防语言学院以原陆军语言学校为核心，由原陆军语言学校校长柯林斯上校（James L. Collins, JR.）担任院长，统一管理原海陆空三军独立开展的语言项目。

设在蒙特雷基地的原陆军语言学院成为国防语言学院西海岸分部，主要负责现役语言骨干人才的培训，也是国防语言学院总部所在地；设在阿纳科斯蒂海军基地的原海军情报学校外语系成为国防语言学院东海岸分院，主要负责军官的语言培训和军队的语言保障任务；原空军外语项目在完成现有班次的情况下不再开展新的外语培训，转向外训任务中的英语课程。东西分院分别由行政院长负责，按照各自的教学管理模式运行。西海岸分院成为世界最大的外语培训机构，可同时保障3000 名学员、29 门外语的全日制训练任务，东海岸分院主要是满足武官、军事顾问、大使等人员的外语需求。另外，国防语言学院还委托几所地方大学进行部分外语培训，例如空军委托耶鲁大学完成汉语培训任务。

国防语言学院负责监控国防部所有的语言项目、使用与国防语言相关的所有设备，同时为美军所有外语项目、培训提供技术支持（例如驻地外语项目）。国防部为其部署的中心工作包括两大方面：

1. 为军事人员开设外语课程以满足国防部的全球战略需求，每年为美军提供大约 10000 人次的外语培训，任务最密集时同时满足 7000 人的教学，外语科目多达 47 门关键外语；

2. 为军事盟国相关人员开设英语课（包括海外英语培训），保证其与美军的合作顺利（Benoit 1965），每年为大约 10000 名来自 48 个国家和地区的军方人士提供英语教学。

总之，学院的主要功能是通过外语人才保障军事需求。例如越战期间，美军对越南语言文化能力的需求增加，海军明文规定了部署到越南战场的海军部队 10 人中必须有 1 人提前接受过越南语言文化培训。国防语言学院为保障军队越南语人才的需求，在保留常规越语课程的基础上，开设了多类军事用途越南语培训项目（如为期 8 周的“军事顾问生存训练”），在德州的比格斯空军基地聘用教师开设越南语分部等，共为 20000 人次的美军官兵提供越南语言文化培训。

九、国防语言学院外语中心（1974 – ）

1974 年，国防部对西海岸的外语机构和各驻地外语培训机构作进一步整合，在西海岸的蒙特雷陆军驻地成立“国防语言学院外语中心”（DLIFLC），除在华盛顿分部保留一小部分稀缺语种的外语教学任务，DLIFLC 全面负责各兵种的外语教学和研究工作。中心隶属于国防部，原国防语言学院校长科尼格上校（James R. Koenig）成为该中心第一任主任。

在过去的 40 多年里，外语中心的教学规模、范围、对象、语种均逐步扩展，在学员获得扎实语言基本能力之后还接受对象国的文化、风俗、宗教、地理、经济等相关知识学习和文化能力培训。外语中心的毕业生在军队的各个领域发挥了较为重要的作用，他们成为口/笔译员、审讯员、情报分析专家、武官、侦听员甚至缉毒人员，或服务于外交领域、谈判桌上，或在边远分队、海外战场，利用其语言文化特长决定任务成败、生死存亡。中心的价值和作用在美国国防部得到认可。

除开展校内国防语言培训课程外，DLIFLC 还受命为各兵种、部门的语言训练中心提高语言水平、改进课程模式、完善测试系统等提供技术指导服务。主要任务包括：指导、帮助三军和各语言训练中心制订训练计划；为国防部和联邦机构的人员提供语言文化培训和帮助；满足各军、兵种对外国军事人员进行英语教学所提出的各项要求；对全军外语教学和英语教学给予必要的技术指导。为此，DLIFLC 的任务职能远远超越了单纯的外语培训，涉及的具体工作包括全军的外语教学管理（审核计划、提供方法、考核教员、审查教材、科目内容、规定教学要求、制定教学计划、改进课程模式、编制语言能力技巧考试标准等）和外语教学研究（外语教学方法、学习策略、教学模式等方面的科研革新）。1992 年，国防部对外语中心提出了新的任务，将它的“使命”扩展到“促进美国各教育机构的外语教学以满足国家防务要求”[①]。同年，外语中心的“语言项目协作办公室”（Language Program Coordination Office）组织了第一届“世界语言奥林匹克竞赛”（Worldwide Language Olympics），来自全世界的 100 名军事外语人才以

① 众议院军事委员会 1992 年听证会上国防语言学院校方陈述，参见 HASC O&I Report. 1992。

团队形式参与比赛。活动设定多种外语任务，旨在测试和提高军队的团队外语水平，美军藉此机会体现自身在世界军队外语能力建设中的“领头羊”地位。

十、国防语言学院外语中心战略转型（2005－）

国防部成立外语中心目的在于整合美军国防部、海陆空三军、海军陆战队及国民警卫队的主要外语资源，以有效地开展美军外语能力建设。2003 年 8 月，在国防部人事与战备事务部副部长的直接领导下，美军展开对国防语言学院外语中心的全面调研和工作能力评估，发现该中心工作存在诸多问题，例如：教研目标和军队外语需求不符、培训内容和战区任务不符、培训要求过低、毕业生外语水平低于岗位能力需要、学院的服务对象狭窄无法全面保障军队外语需求等，该中心的工作现状显然与新形势下美军外语的工作要求无法匹配。

2005 年，美军为保证国防安全、贯彻国防语言文化战略，发布《国防语言转型路线图》，提高对军队“语言、区域知识和文化能力”的战备要求。同年，美国防部要求全军配合新的军队外语战略实施转型，并特别指出国防语言学院外语中心是落实《路线图》的重要职能机构，战略转型成为国防语言学院外语中心在 21 世纪面临的“不言而喻的关键任务”。《路线图》明确要求国防语言学院外语中心顺应国家语言文化战略，调整自身工作目标，承担美军外语能力建设的培训、维持和保障工作。自 2005 年开始，为保证美军外语战略的实施，国防语言学院外语中心启动战略转型。自转型开始，中心采取了一系列务实措施，完成多项外语能力建设的重要任务，扩大了外语培训规模，为美军的一系列重要海外行动和全球反恐提供保障，为美军的军控条约核查、禁毒反恐战争、“沙漠风暴行动”（Operation Desert Storm）、“重拾希望行动”（Operation Restore Hope）、“高贵之鹰行动”（Operation Noble Eagle）、“恒久自由行动”（Operations Enduring Iraqi Freedom）等行动增强语言战斗力，取得了“服务于国防战略需要”的预期效果。

第二章

外语新战略的形成背景

军队外语战略的形成并非一帆风顺。

二战结束后，美军外语建设政策一直伴随国家安全形势变化和国防教育转型而小幅调整，进入21世纪后半叶，外语和军队建设的关系一度遭到纳税人的质疑，军队是否需要投入巨额军费维持专业的外语培训机构？国防语言学院是否有存在的必要？美国议会曾频频对美军发出上述质疑，似乎军队有自己的外语院校、投入人力物力进行外语建设是舍本求末，而国防部也一度为在议会听证中如何回答上述问题而绞尽脑汁。21世纪初，美国海外和国内的安全因素均发生动态变化，在国家安全的新局面、军事行动的新趋向下，美国政府、教育部、国防部等政府机构联合启动了国防语言文化战略背景下的外语转型，而议会对美军外语能力的关注发生了方向性逆转，更多的质疑聚焦于美军的外语能力是否能够满足国家安全需要、美军外语队伍建设是否合理、美军是否具备应对突发事件的外语战备保障等问题。在此背景下，2005年1月，美国国防部发布《国防语言路线转型路线图》，吹响了美军实施外语战略的号角，这既是国防语言文化战略的军事组成、也是对美国教育界、政界、学术界以及议会等各方面呼吁的积极应对。

美国国家安全形势、军事斗争以及国防教育的动态变化合力，是形成军队外语战略的深层原因。为此，本章将以美国家安全和军事斗争的历时变化为轴，以国防教育转型、公民人文素质（尤其是语言能力和跨文化素质）、国家语言文化战略以及军队外语能力为关注点，解读美军外语战略的形成背景，分析促成美军外语新战略出笼的直接因素，也为进一步进行归纳总结和深度剖析美军外语战略的转型要求和实施要点做铺垫。

一、20 世纪的国防教育转型

全面素质教育和国家安全休戚相关。美国虽然崇尚自由平等和个性发展，但是从未忽视国民集体教育和国防教育。从二战结束至 20 世纪末，美国国家安全语境发生了三次重要转变，美国普通高校的国防教育也相应地经历了三次关键性的转型。语言能力、文化知识和人文素质是历次教育转型的着力点，美国国防教育力图实现国民素质与国防需求的匹配，同时顺应教育的内在发展规律。

（一）二战结束：语言文化战略思想的萌芽

二次世界大战是促使美国人意识到国防教育重要性的关键事件，因为它证明了科学技术在现代战争的中心地位，而高等教育机构是培养和汇聚研究人才和科研机构的场所，增加国家对高校军事装备的基础研究资助成为战后美国社会的共识。与此同时，二战结束也意味着将有大量退役美军士兵返回本土，如果不给予退伍老兵政策上的支持，帮助他们能够平稳地回到社会、就业谋生，那么一战后老兵因失业等问题而举行政治抗议的场景极有可能重演，原本为和平而战的退役军人就有可能对国家安全、经济和社会的稳定造成威胁。上述两个原因的汇流结果是，美国国会在 1944 年通过《G. 2. BILL》，即《服役人员调整法案》（Servicemen's Readjustment Act），旨在通过立法为老兵提供谋生渠道，尤其是鼓励老兵参与教育和职业培训资源。这项教育举措进展顺利并取得明显的成效：

1. 1947 年，美国高等教育入学者中有 49% 为退役老兵；

2. 1600 万二战退役老兵中有 780 万人获取教育、培训资助；

3. 到 1956 年，战后美国具有本科学历的人口从二战前的 16 万人提高至 5 万人；

4. 大量《服役人员调整法案》资助对象成为专业人士，共培养 45 万名工程师、24 万名会计、23. 8 万名教师、9. 1 万名科学家和 6. 7 万位医生[1]，大幅提升了美国人口的专业配比。

在通过教育立法解决国内稳定问题的同时，美国政府还开始尝试通过教育来改善双边关系，谋取国际关系、政治外交甚至是经济技术方面的安全优势。1945 年，国会议员威廉·富布赖特建议通过立法，赋予战争负债国以参与教育交流的办法获得减债甚至免除债务的权利。富布赖特称“若想化敌为友，以人性化的方式解决国际关系问题，教育交流是所有方式中的最佳方案”。时任美国总统杜鲁门认同此观点——“教育合作将在个人、机构和未来领导人之间建立理解”，并于 1946 年 8 月 1 日签发《富布赖特法案》（Fulbright Act），自此开始了美国乃至世界历史上延续时间最长、规模最大的教育交流项目，主要通过自主海外留学和交流互换，培养外语人才和文化使者。依据此法案，美国政府运行了针对学生、学者、教师、专职人员的各类项目，首批依据该法案与美国签订教育交流项目的是台北的国民党政府（1947）以及缅甸、菲律宾、希腊等国（1948）。根据美国国防部教育与文化事务局官网资料，截止 2017 年参与该项目的人数超过 325000 以上，其中不乏政界名流（37 位担任过政府或重要政治团体领导人，如美国前总统卡特、克林顿、南非前总统曼德拉、前联合国秘书长安南等），文化精英（84 位获普利策奖）、学术要人（59 位获诺贝尔奖）[2]。

《服役人员调整法案》不仅维护了二战后美国的经济、社会稳定，也极大地提升了国民素质，对国家安全具有长治久安的战略效果；而《富布赖特法案》的宗旨是“通过教育和文化交流促进世界人民间更好地理解美国的对外政策，进而改善和加强美国的对外关系”，杜鲁门总统在签发该法案时说，“如果我们不想在战争中一起消亡，那就要学会在和平中共同生存”，其国家安全意图亦昭然纸上。两个以教育为载体的、以国家安全为动因的法案揭示了美国国防教育的立法考量，后者将有效的“语言”和“文化”教育作为提升国家安全和平前景的重

① 数据来源：Milton Greenberg，“The GⅡ Bill of Rights”［OL］，//http：www. america. gov/st/educ - english/2008/April/20080423213340eaifas0. 8454951. html.

② 参见美国国防部教育与文化事务局（DOD：Bureau of Educational and Cultural Affairs）网站：https：//www. eca. state. gov/fulbright/fulbright - alumni/notable - fulbrighters。

要通道，二者既为美国国防教育向着法律化、系统化的方向发展奠定了基础，也是美国国防语言文化思想萌芽的写证。

（二）冷战时期：语言文化战略思想的雏形

冷战标志着美苏同盟关系破裂并开始以非战争形势展开公开对抗，而在这场以科技为主战场的竞争中，美国并未取得优势。1957 年 10 月 4 日，苏联成功发射第一颗进入太空轨道的人造地球卫星“卫星一号”（Sputnik－I），11 月 4 日再次成功发射了“卫星二号”，而同年 12 月 6 日，美国“先锋三号”卫星发射失败。在美国人看来，这并非偶然的巧合，而是美国空间技术的失败，标志美国战略导弹能力的滞后、失去了外层空间的领先地位。美国人意识到在东西方人才和科技实力的较量上自身处于劣势，在二战胜利后首次感受到来自另一世界的直接威胁，战后盲目乐观的美国人陷入了新一轮的黑暗时刻，这给美国国家安全带来的危机感不亚于另一场“珍珠港事件”。

国会针对“斯普特尼克危机”展开激烈讨论，议员们纷纷指出，在两大国际势力呈两极对抗的国际环境下，教育是成败的关键，教育不利、人才匮乏是美国科技落后的关键，冷战危机实际上是科技危机、人才危机、教育危机。美国政府承认，苏联在科技力量和高度上已经领先于美国，为扭转这一劣势，美国必须强化其整个防御体系中的最薄弱环节——学校教育。为此，国会采纳各方举荐，汇总旨在提高国防能力的教育一揽子方案，并于 1958 年 12 月 2 日以公共法案的形式通过《国防教育法》（National Defense Education Act，1958）。该法案的总体目的是提高教育质量，“全面开发美国青年之智力资源和技术能力”，凭借对“新技术、新原理、新知识的掌握、发现和发展”而在冷战中取得不败地位（Henry 1975）。

《国防教育法》共 10 章，其中第四章题为“语言发展”，就外语教育提出一系列要求，包括：联邦政府加强语言教育投入，培养政府、企业和教育事业迫切需要的外语人才，发展尚未给予足够重视的外语门类教学，依托国家资源中心开设非传统性语言培训项目、外语和区域研学项目，等等。法案对外语学习中心建设与成员构成、语言研究机构创设、中小学语言教师高级培训等提出明确要求。其他各章也与此相辅相成体现了外语安全思想，例如第二章就教育贷款问题专门提出外语优异的本科生、研究生有权优先申请国防教育贷款，总额最高可达 5000 美元；第三章提出了改进外语教学设备的专门条款；第七章将外语能力列为评价标准，并提出外语视听说教学研究是未来教学改革的重点方向。

根据《国防教育法》，联邦政府计划每年拨出数百亿美元资助各州的教育改革，推动国防语言教育发展，并出台一系列实施计划和落实方案。1964 年，国会延长了《国防教育法》的有效期限，并补充了新内容，扩大了发放奖、贷学金的数量。1982 年，国会再次修订该法，以加强科技人才的培养，应付苏、德、日等国在科技、贸易、空间领域及战略武器方面的挑战。截至 1990 年，美国 45% 的外语博士、59% 的非通用语毕业生和 81% 的稀缺语毕业生出自国家资源中心所开设的相关外语项目。

《国防教育法》是美国历史上第一个以法律形式规约国防教育的正式文件，该法通过联邦专项补助金的方式，大大加强了联邦政府在外语教育领域中的干预作用，是美国提高外语教育质量的一颗定心丸，教育发展中的一个里程碑。该法案确定国民语言能力是国家安全的关键因素，提出了外语教育服务于国家安全的具体要求，是第一部将外语能力归于国家安全要素的法案，也是美国国防语言文化战略理念浮出水面的第一个雏形文件。在 2003 – 2005 年的众多“外语教育”法案出台过程中，多位政界要员、教育界知名人士多次重提《国防教育法》，强调国家安全和外语素质教育的本质关联。

（三）后冷战时代：语言文化战略思想的跌宕沉浮

自 60 年代颁布开始，美国教育界对《国防教育法》的合法性、合理性、可行性和有效性不断发出反对之声，揭示的问题主要体现在：

1. 该法案服务于美国对外扩张政策服务，具有明显的政治倾向，与民主公正的教育理念背道而驰，引起了很多科学家和在校学生的反感。

2. 该法案单纯以国防为教育目的，导致教育眼光短浅，急功近利，素质要求单一，无法满足社会进步对于人才综合素养所提出的更高要求。

3. 该法案忽视了人文学科和艺术学科的教学，造成了教育学科发展的不平衡，人才素质的不平衡。

事实上，进入 70 年代，美国社会开始从工业化社会向信息化、从劳动资本密集型向知识密集型社会转变，以 1958 年版《国防教育法》的国防构想为教育目标，难以培养出有更高技能与综合素质更全面的新型劳动力，滞后的教育法案与时代脱节。为此，美国政府提出了教育应进行改革，把目标投向未来。政府为此相继颁布了一系列法案，如《高等教育法》《高等教育修正法》等，希望通过对高校教育的改革培养具有高素质全面性人才，推动整个社会的发展。

70 年代出台的教育修正法案试图修正《国防教育法》的局限性，对于教育界所关注的问题 1 和问题 2 做了一定的回应，但是却忽略了问题 3 的“人文素养”教育。同时，迫于越南战争和经济危机以及公众对高等教育信任危机的加深，美国政府实际上减少了高等教育投入，放弃了优先发展高等教育的战略，这一行为直接导致外语学习人数下降。尤其是 80 年代里根任美国总统期间，推行“新联邦主义”，以“政府应关注政府自身问题，而不是乱插手其他事务”为借口，放弃优先发展高等教育的战略，减少教育拨款（1980 年至 1986 年间，联邦拨款下降约 11%），国防教育理念遭到重创，导致外语教育陷入低谷，直接导致外语学习人数下降。以高中生选修外语和高校录取要求为例，1965 年美国在校高中生有 24% 学习一门外语，1979 年这个数字锐减到 15%；1966 年 34% 的美国高校要求新生学过一门外语，1979 年仅有 8% 的高校依然对高中外语学习有所要求。

进入 80 年代，国际政治军事等领域风险因素依然存在，经济领域由于以日本为代表的亚洲在 20 世纪 80 年代开始腾飞崛起，美国的世界经济霸主地位面临威胁。美国人的外语技能和外语教育水平每况愈下，国家外语能力减弱引发新一轮国家安全忧患。美国议会外国语言与国际问题委员会的调研数据显示，美国的外语能力在这场经济竞争中处于劣势：1979 年前后日本有 10000 名派驻美国的商业代表，人人都能讲英语；而美国仅有 900 名驻日代表，其中能使用日语的屈指可数。对于头号经济安全威胁对象缺乏语言竞争力，也意味着情报能力和形势分析能力不足，这势必直接影响美国的经济安全。为此，议会于1984年出台了《经济安全教育法案》（Education for Economic Security Act），法案将经济作为教育推手，将教育作为实现美国经济复兴的途径。根据该法案，教育部进行国家安全形势分析，于1985年8月在《联邦公报》上公布了包含171种语言的国家安全关键语清单，将威胁其经济地位的亚洲国家语言（日语、汉语、韩语）作为重点战略语言。1985年政府投入4亿美元加强外语教育，教育部拨款500万美元给各级各类学校用以提高关键语言的教学与科研。在《经济安全教育法》出台之后，政府也推出了一系列新的举措振兴外语教育，例如成立“国家外语资源中心”“国家外语中心”“外语及国际问题研究联合促进会”，分别负责管理外语教育经费、调研国家安全相关领域外语需求、研究外语教育相关政策等。此后数年，在高度注重科技和语言能力的教育体系下，美国外语教育出现了缓慢推进趋势：1990年高中在校生有425万学习外语，占学生总数的38.4%，比1985年的学习人数增加了6.1%；俄语和日语学习人数持续上升，美国全国外语学习人数中，日语学习人数在1986年列第七名，到1990年已经跃至第五名。

20世纪80年代末，美苏对抗缓解，冷战进入尾声，但是美国仍然面临种种国际安全挑战，经济竞争、地区冲突、恐怖主义、武器扩散等危险几乎没有一项是美国国内能解决的，都需要其参与国际社会，而每个领域都涉及外语交流沟通能力。时任美参议会情报委员会主席的议员博伦指出，在东西方阵营的对峙中、尤其是情报战取得战略优势的先决条件是具有“了解对方文化、精通对方语言、能够在对方国家生活而且支持美国的专家型人才……人文素养是国家安全的关键点”（Boren 1991）①。而人文素养正是20世纪80年代美国教育的缺失，语言人才匮乏恰为美国人才体系的薄弱点。有鉴于此，国会1991年通过《国家安全教育法案》（National Security Education Program），藉此推动大学外语教育，解决美国国内的语言危机，具体的措施包括资助海外培训、派大学生和研究生去目标国学习涉及美国国际安全的课程，同

① 参见Boren，D. L. David L. Boren. National Security Education Act of 1991（P. L. 102－183）［OL］. http://www.intelligence.senate.gov/davidlborennationalsecurityact.pdf. 1991.

时在高等院校开展国别、语言和国际关系研究等。

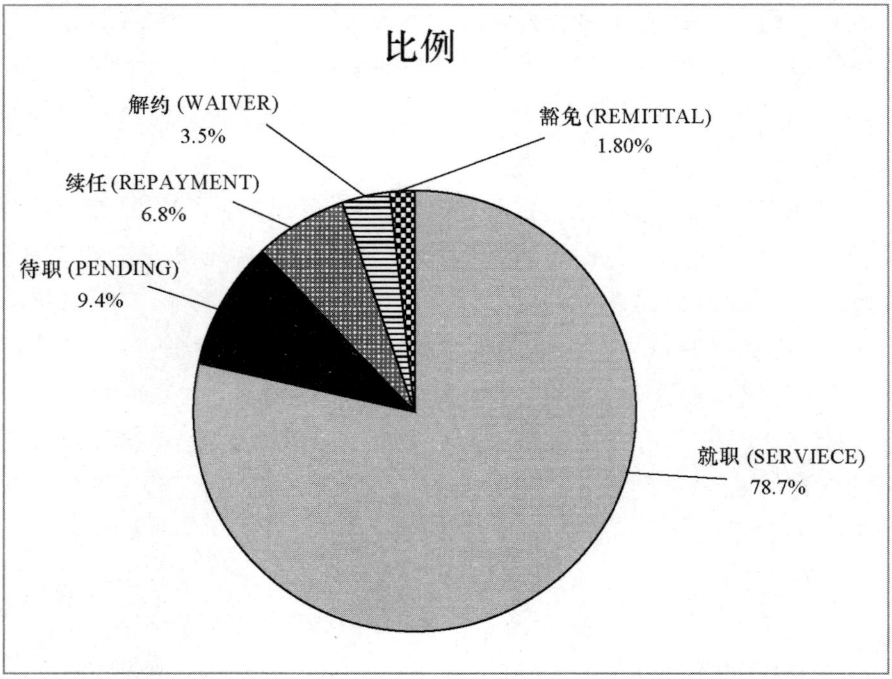

图 2.1 "国防安全语言项目"资助对象上岗人数（1994－2017）

依托《国家安全教育法》，美国开展为政府部门"度身定做"高级外语人才的"国家安全教育项目"（National Security Education Program）。项目资助关键外语学习和关键地区文化能力培训，涉及阿拉伯语、汉语、俄语、韩语、日语、葡萄牙语、斯瓦希里语、土耳其语、波斯语和印地语，语种涉及亚洲、非洲、东欧、中东和拉丁美洲地区，受资助者需为政府部门服役一定年限。《国家安全教育法》为美国政府建立了一支高水平的外语人才库和国际问题专家库，它所资助的对象日后成为美国国防部、商务部、能源部、国土安全部、司法部、国务院、国家情报局、国土安全部、中情局、联邦调查局等部门的高级语言文化人才、国际研究高级人才和情报专家。截止 2017 年底，项目资助了约 5800 人，其中有 4434 人取得政府任职资质，大部分直接就职于国家安全相关机构，有近 1000 人进军学术界和教育界（参见图2.1）①。

后冷战时代的美国国防教育可谓跌宕起伏、一波三折，国内政治一度淡化了国防教育中的语言文化意识，但是经济竞争、国家安全的需要敲响了语言人才危机的响钟，从《国家安全教育法》的推出，到《高等教育法》的多次修订，从成立“国家外语资源中心”“国家外语中心”“外语及国际问题研究联合促进会”等机构，到大张旗鼓地开展“国家安全教育项目”资助美国学生学者去往海外，尤其是与美国安全利益攸关的地区，学习研究当地语言文化并在学成归来后服务于国家安全机构，这些举措无不是通过国家安全教育项目在国家安全部门和高等教育之间建立必要的战略关系，满足美国对关键语言专家和关键区域专家的需求，在这一阶段，国家语言能力紧贴国家安全需求的语言文化战略思维已初见雏形。

二、21世纪初的语言文化危机

20世纪的美国国防教育转型、演变体现了美国国防语言文化战略思想的萌芽和外语战略思维的演进。相比20世纪半遮半掩的外语教育转型，美国在21世纪重磅推出的系列语言文化政策举措则明确提出国防语言文化战略，该战略将外语能力作为影响国家安全的第一要素，军事行动的核心战斗力。语言文化战略理念获得重大突破，背后的主要推手是美国学界对国民语言文化素养的调查研究以及由此引发的外语警示，而“9·11”事件为此提供了最好的佐证，由此引发的全民“外语恐慌”成为明确推出语言文化国家安全战略的契机。

（一）美国国民外语能力总体状况

世纪转型期的美国国民外语素养凸显了经济竞争对于国防教育的直接影响。从20世纪80年代、90年代美国高校外语选课情况，可以看出日语正成为美国高校学生的热门选择，汉语学习者人数也在攀升，

① 美国防安全教育项目官网：NSEP Annual Report 2017. 2018/09/05. https://www.nsep.gov/sites/default/files/NSEP%20Annual%20Report%202017%20FINAL%20with%20Front%20and%20Back%20Covers.pdf

而俄语在冷战后正逐渐被忽略（参见图 2. 2①）

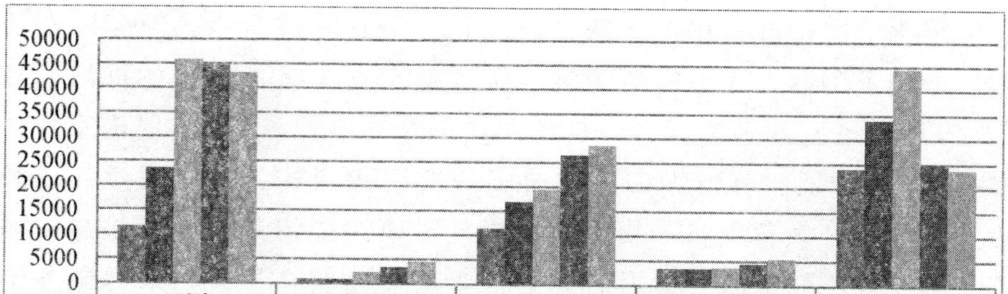

	日语	韩语	汉语	阿拉伯语	俄语
1980	11516	365	11366	3417	23987
1986	23454	875	16891	3417	33945
1990	45830	2375	19427	3683	44476
1995	44723	3343	26471	4444	24927
1998	43141	4479	28456	5505	23791

图 2. 2　美国高校外语学习人数（1980 - 1998）

进入 21 世纪，根据美国现代语言学会（AMLA：American Modern Language Association）的语言现状调查，美国 2000 - 2005 年的语言使用状况归纳如下（参见表 2. 1）：

表 2. 1　美国语言人口调查统计（2000 - 2005）②

语言	使用人数	语言人口比例	非英语使用者人口比例
英语	215423555	82. 10%	
非英语	46950213	17. 89%	
西班牙语	28100725	10. 71%	64. 5%
法语	1606790	0. 61%	3. 7%
汉语	1499635	0. 57%	3. 4%

① 信息来源：美国现代语言学会网站：http：//www. mlaorg/resources/documents/flsurvey search，参见李艳红 2015：91。

② 数据来源：美国现代语言学会之“美国语言地图”网站，http：//www. MLA. com，2015//12/19。

语言	使用人数	语言人口比例	非英语使用者人口比例
英语	215423555	82.10%	
非英语	46950213	17.89%	
德语	1382610	0.52%	3.2%
塔加路语	1224245	0.46%	2.8%
越南语	1009625	0.38%	2.3%
意大利语	1008370	0.38%	2.3%
韩语	894065	0.34%	2.1%
俄语	706240	0.26%	1.6%
波兰语	667415	0.25%	1.5%
阿拉伯语	614580	0.23%	1.4%
葡萄牙语	563830	0.21%	1.3%
日语	478000	0.18%	9.9%
克里奥尔语	453365	0.17%	
希腊语	365440	0.13%	
印地语	317055	0.12%	
波斯语	312080	0.11%	
乌尔都语	262895	0.10%	
广东话	259745	0.09%	
古吉拉特语（印度）	235985	0.08%	
亚美尼亚语	202705	0.07%	
希伯来语	195375	0.07%	
柬埔寨高棉语	181885	0.06%	
克鲁语、伊博语、约鲁巴语	179275	0.06%	
意第绪语，依地语	178945	0.06%	
纳瓦霍（印第安）语	178020	0.06%	
汉语北方方言	174550	0.06%	
洪族（苗）语	168065	0.06%	
荷兰	150490	0.05%	
总人数	262373768		

1. 从母语使用情况看（指不用通过学校教育即可使用的语言），美国人中以非英语语种作为本族语的人数约占总人口的 17.89%。在这 46950213 人中，西班牙语掌握者又占总人口的 10.71% 。除去英语、西班牙语，美国作为一个多民族国家，以非英语、非西班牙语为本族语的人口仅占美国总人口的 7%。

2. 从外语教育的角度来看，美国小学教授外语的比例不到 1/3，多数开设外语课的小学是承担了政府指派项目的、得到教育部门专款资助的公立小学，开设外语课的私立学校很少。教授外语的小学中，绝大多数的教学要求偏低，局限于引导孩子接触一门外语，而不是以整体熟练程度作为教学目标；美国中学虽然普遍开设外语选修课，但是选修外语课的学生仅占 44%，而且多数选择了西班牙语或者法语等常用语言，不足 1% 的美国高中学生学习阿拉伯语、汉语、波斯语、日语、韩语、俄语或乌尔都语等非通用外语；美国在校大学本科生选修外语课的仅占 8%，获得外语专业本科学位的仅占毕业生总数的 1%。

3. 和 21 世纪正在崛起的国家相比，美国人学习外语的状况在世界上并不处于优势。中国几乎所有的中学、大学均开设英语课，接受过义务教育的中国人均具有一定外语能力，高中生和大学生都有一定的外语熟练水平；美国在读中学生仅有约 24000 人学习汉语，平均 250 人中才有 1 人学习汉语。

以上的数据统计显示，20 世纪初的美国外语教育体制无法为国家安全保质保量地培养外语高级人才，美国公民外语素养整体欠缺。一项以“美国人的外语态度”为题的历时研究指出：是美国的外语教育政策误导了美国人的外语态度和少数人学外语的局面：“每年政府将大量经费用于外训方面，美国人的外语立场是自己不用学外语了，让外国人来学英语就好……”，然而，此类政策无益于提升美国的语言文化国力，对于国家安全带来“负面影响”（Sterniak 2008：21）。在世界日益全球化的新世纪，一心想独占世界霸主地位的美国人几乎成为“对世界一无所知的公民”，给美国的海外行动带来了巨大的风险。语言学界敏锐地捕捉到“语言危机”的讯息，众多学者也发现外语素质教育依然是美国国防教育的短板，如何重建美国防务体系、提高国民语言文化素质，成为众多学者不断在媒体、学术圈和议会大力宣讲的话题。

(二)“9·11”事件引发的外语危机反思

2001年9月11日，两架被恐怖分子劫持的民航客机撞向美国纽约世界贸易中心两座塔楼，另一架被劫持的客机撞向位于美国华盛顿的美国国防部五角大楼。恐怖袭击摧毁了象征美国繁荣经济的地标性建筑，也造成美国国家安全机构所在的建筑结构损坏并坍塌，恐怖袭击中2996人遇害，美国直接经济损失达2000亿美元，相当于当年生产总值的2%。此次事件无疑给美国带来巨大的经济损失，但是它在国家安全领域所造成的影响则更为深远，一系列恐怖袭击“毫无征兆”地引爆于美国心脏，导致美国民众集体陷于安全恐慌，他们对美国经济及政治上的安全感均被严重削弱。“9·11”对于美国的打击不亚于1941年的“珍珠港事件”和1957年的“斯普特尼克危机”。美国政府迅速对此做出系列反应，首先他们将本·拉登列为恐怖袭击的罪魁祸首，宣称将在全球开展反恐战争，并于同年10月7日开始对阿富汗发动军事进攻。

“9·11”后，政府部门开始反思，社会各界纷纷展开调查，寻找“安全危机”的根源。然而，国家安全危机并不是由这次袭击才开始，而恐怖袭击也不是毫无征兆地从天而降的。就在恐怖袭击发生当年的1月，哈特·罗德曼委员会（Hart－Rudman Commission）发布了其国家安全系列报道的第三篇①，报告指出美国国家安全面对武器扩张和恐怖主义的严峻挑战，美国科技发展和人文素养的不均衡，可能给恐怖活动以可乘之机，美国国土安全岌岌可危，“在接下来的二三十年，很有

---

① 哈特．罗德曼委员会（Hart－Rudman Commission）是1998年美国国务卿威廉·科恩特许成立的“美国21世纪国家安全委员会”（The U. S. Commission on National Security/21st Century，简称USCNS/21），因委员会由Gary Hart和Warren Bruce Rudman二人联合负责而获此名。委员会的工作是对潜在的国际安全环境进行分析、提供美国国家安全对策、评估现有安全机构的履责情况并提出必要的调整方案。委员会在“9·11”之前共发布三份国家安全报告，被称为是美国历史上最全面的安全报告。具体参见Charles，Lathrop Machenzie，M. Eaglen. 2001. The Commission on National Security/21st Century：A Hart－Rudman Commission Primer［R］. National Security Watch［C］. Land Warfare Institute，the Association of United States Army.

可能在美国本土发生针对美国公民的直接进攻”，如此明确的警示性报告并非危言耸听，却未能及时引起政府关注，数月后的“9·11”恐怖袭击印证了该预言。

哈特·罗德曼委员会于“9·11”前分三个阶段发布了美国国家安全评估报告，分别是：（1）1999 年 9 月 15 日发布的“新世界的到来——21 世纪美国国家安全”，对 21 世纪前 25 年的美国国家安全环境做出了分析和预测；（2）2000 年 4 月 15 日发布的“寻求国家战略——一个维护安全并推进自由的统一行动”，根据第一个报告所预测的国际环境提出新的国家安全战略；（3）2001 年 1 月 31 日发布的“国家安全路线图——改革势在必行”，提出在美国政府机构、立法和政策方面展开全面改革的建议。三份报告形成对美国 1947 年以来安全法案的“最全面评估”，报告力图创造一个新的国家安全框架，为美国如何以“领导人”的身份从“后冷战时代”走进 21 世纪提出建议，其中就包括对 21 世纪的美国国家安全发出的“危机预言”——“如不改革，美国将无法维持其现有国力和国际影响力”。

政府对“9·11”恐怖袭击的反思过程中，发现了美国在不稳定的国际环境中必须重视语言需求和语言能力。9.11 事件的调查显示，语言资源不足是美国未能预见和阻止恐怖袭击发生的一个重要原因。根据“9·11”调查委员的报告，2001 年 9 月 10 日，美国国家安全局监听到“基地”组织成员暗示袭击的言论，但是由于相关情报人员中阿拉伯语翻译人手严重不足，没有来得及对这些情报翻译整理，这盘录音带在“9·11”后被完整破译，其中包括“明天是发动进攻时刻”这样明确的预警情报。诸多政府部门报告同样揭示反恐战线最大的问题不是情报的获取，而是翻译、分析、整理过程迟缓，迟缓的原因在于翻译人手不够。军事和情报部门的语言学家和翻译人手匮乏，无法支持美国大规模的反恐活动。美国审计总署（General Accounting Office）对于“9·11”期间（即 2001 财政年）联邦政府和军队关键外语岗位的任职情况进行调研，揭示了外语人才短缺的情况（参见表 2.2）。

表 2.2　政府军队关键外语岗位任职情况（GAO 2002）

部门	关键语门类	外语岗位（个）	缺编岗位（个）	空缺率
国防部	阿拉伯语、韩语、汉语、波斯语、俄语	329	146	44%
国务院	阿拉伯语、粤语、汉语普通话、日语、韩语	370	21	6%
商务部外商局	印度尼西亚语、日语、韩语、汉语普通话、俄语、土耳其语	71	39	55%

2002 年 9 月，政府向国会递交的《国家安全战略》将反恐设为 21 世纪国家安全战略的首要任务，反恐一方面需要出征海外战场，对口笔译人员、情报解码人员的需求大增，另一方面需要研究分析他国地域文化、风俗民情，这些工作需要大量的高水平语言文化专家、区域专家来完成。为此，美国高校国防教育必须展开动态调整，把自然科学和社会科学的教育有机地结合起来，把语言文化教育提升到前所未有的高度，藉此增强美国的国防实力，为美国全球军事扩张、谋取世界霸权服务。

（三）美国社会各界的联合呼声

哈特·罗德曼安全报告虽然未能避免“9·11”事件的发生，但是“9·11”之后这份报告因预言应证而得到各方重审，报告对于安全局势的预估、对于美国教育现状的忧虑以及对于改革的诉求都得到政府的重视，尤其是报告指出美国 21 世纪国家安全危机的重灾区是科技和教育，“教育落后于他国，对美国国家安全产生的威胁将远远大于武器落后”，报告所提出的“国民素质教育”问题、尤其是外语能力匮乏问题也因祸得福地得到了美国社会各界的集体回声，此后美国国会各类委员会提交了一系列有关外语安全问题的研究报告和提案，呼吁重振国防语言文化战略，捍卫美国国家安全。

1. 议会的国家安全语言法案

2003 年，能源专家、普林斯顿大学物理学教授、国会议员拉什·

霍尔特（Rush Holt）代表“教育及人力委员会”（Committee on Education and Labor）、“情报和军事委员会”（Committee on Intelligence and Armed Services）向议会提交《国家安全语言法案》（NSLA：National Security Language Act），法案指出美国存在关键语言人才短缺的问题，而现有的国家外语教育项目资助的外语门数有限，对关键外语关注程度不够、资源分配不合理，某些国家安全关键外语，例如阿拉伯语、法尔西语（Farsi，现代伊朗语）、普什图语（Pashto，阿富汗和巴基斯坦西部地区主要方言），专家欠缺、在校生寥寥可数，无法满足国家安全行动的需求。阿拉伯语、韩语、波斯语、普什图语在校人数总和还不如古希腊语多，其现实能力仅能满足战备需求的30%。霍尔特指出“学习世界各重要地区的语言与文化”是国家安全的需要，外语能力储备不足对国家安全构成严重威胁，而美国外语能力落后的现状说明政府和军队并没有及时吸取“9·11”的教训。如果政府不作为，美国的下一代将没有能力应对未来的安全威胁（Holt 2003）。法案要求对于教育部修订《国防教育法》和《国防安全教育法》，采取一揽子方案加强美国中小学教育、高等教育机构的关键外语教育力度，通过更多的政府介入和资金支持，全方位地提升美国的外语教育能力。

2. 语言学界的国家外语能力行动倡议书

2004年6月，由美国国防部承办的美国“全国语言大会”（The National Language Conference）召开，来自美国政府、企业、学术界、教育界、非英语社区的语言专家严正指出：“9·11”恐怖袭击提醒美国国家安全再次受到威胁，其严重程度不亚于苏联发射地球卫星的“卫星一号时刻”，唯有大力培养外语教育和地区事务专家，美国的国家安全及其在全球的领导地位才有望得到保证。8月17日，全国语言大会通过《国家外语能力行动倡议书》（A Call to Action for National Foreign Language Capabilities）。2005年2月国防部以白皮书形式发布该倡议书。

《倡议书》首先规划了未来世界格局的前景，学界人士认为未来的世界格局应以“强大的美国为引领”，而美国必须通过其高水平的外语能力和对世界文化的深度了解来构建强大的国力并胜任“未来领导人”的角色。

《倡议书》解读了美国发展国家外语能力的背景，从三个方面论证了其重要性和迫切性，这包括：（1）国家安全的需要：美国的历史证明教育和国家安全休戚相关，美国的未来取决于美国是否能够通过提高外语能力增进对世界文化的了解和尊重，改善美国在全球的领导地位，而美国的现实安全（提高情报搜集分析效度、推进国家外交发展、维持对外军事行动、保卫本土安全）都有赖于相关人员具有较高的语言文化能力。（2）经济竞争的需求：美国唯有在专业技能、文化知识和多语能力方面取得优势，方可在经济上维持国际市场领先地位、寻求进入各国市场的通道、战胜有力的竞争对手。（3）国内发展需求：对于一些与美国发展密切相关的关键语言，各个层级的学生需要充足的受教育机会，以保证机会面前人人平等，也保证特定的传统文化得以传承。

《倡议书》强调强大的语言文化能力是美国领先世界的重要武器，分类描述了承担未来全球领导人角色的国家外语能力需求：能够制定、实施与国家外语能力和文化理解能力相关的政策、项目及法规；能够在公共领域和私有领域发展语言文化能力；能够广泛提高关键外语能力；能够强化相关体制、项目和工具在外语和文化教育方面的作用；能够将语言培训纳入职业规划领域，增加非通用语专业人才的数量；等等。

《倡议书》要求联邦政府及其各部门和学术机构、教育团体积极配合，参与到提升“国家外语能力”的行动之中，为构架外语文化能力发展战略制定具体行动方案。《倡议书》指出美国需要统一的外语能力发展监管系统，当务之急是总统任命一名“国家语言权威”（NLA：National Language Authority），成立由权威负责领导的“国家外语协作委员会”（NFLCC：National Foreign Language Coordination Council），统一协调管理国家、州、地区三级层面的外语能力改进和文化知识拓展工作。此外，《倡议书》还列举了提升国家语言能力所必须采取的行动，包括：开展跨行业的综合外语培训；开展关键语言综合应用技能训练；发展和提高外语和文化的教学能力；将外语学习纳入教育体系，提出具体能力要求；研发使用新的教学素材和技术手段；将2005年设为美国的“外语年”等等。

《倡议书》的结束语引用了阿德尔菲大学校长罗伯特·斯考特的话：“了解别人的文化，能够和外国人交流，这是美国的关键需求。这需求不是什么新事物，我们听到了太多的行动倡议……然而，没有实质进步，满目都是对世界一无所知的美国公民，美国大学、联邦各州、企业机构，都没有连续的语言政策……我再说一遍：行动！是时候行动了！”《倡议书》字真意切地发出呼吁：对于语言文化战略的合理性论证早该在“9·11”前结束，美国国家安全对于外语能力需求迫切，采取行动刻不容缓！这份报告反映了专家学者对于美国外语危机的焦虑担忧，也为美国政府进一步构建国防语言文化战略提供了草图蓝本。

3. 经济发展委员会的国防外语提案

“美国经济发展委员会”（Committee for Economic Development）是一个非官方、非营利性独立研究机构，它从促进经济健康发展角度所提出的建设性议案往往得到政府和国会的认可，并付诸于实践。2006年该委员会政策研究分委会（Subcommittee of Research and Policy）基于经济领域学者对美国教育短板的严重担忧，向国会提交“创造全球领导力的教育：国际关系和外语教育对美国经济发展和国家安全的重要性”提案。提案分析了21世纪的经济形势下，由于国际交流和外语教育环节的缺失，美国人在外语能力和国际知识方面素质低下，导致美国目前面临“自闭”倾向，在经济发展和竞争、应对国家安全、维护多元文化社会稳定等方面均面临巨大困境。提案引用总统布什、国务卿鲍威尔等多位美国政界要员语录，号召美国年轻人必须主动学习外语、树立国际化意识，和国家一同应对这些挑战。同时，提案以诸多实例证明美国教育在体制构建、教育模式和机构管理等方面存在问题，无法满足21世纪美国国家战略的需要。提案要求美国教育除了传统的数学、阅读和科学技术能力，还要重点关注包括熟练的外语应用能力和对他国和异域文化的理解，要求以立法的形式强化外语教育、培养“全球型人才”，具体的改革措施包括：（1）将外语教学和全球意识的普及贯穿教育的所有阶段，外语教育的起始年龄应该降低，从小学开始抓外语教学；（2）将国际化理念延伸至教育的各个层面各个领域，深化“全球化教学”（International Studies）、“校园全球化”

(Internationalizing Campuses) 改革，要探索更多的外语学习通道、更有效的学习方法，以网络学习系统、交换学生等方式提供外语学习研究的便捷条件；(3) 将外语教育拓展到更多的非通用语、关键外语方面，例如阿拉伯语、印地语、日语、汉语、波斯语、俄语和土耳其语等。提案呼吁美国政治领导人、商业机构、慈善团体和媒体统一思想和行动，向美国民众发出同一种声音："外语能力和全球意识是决定美国未来发展的核心能力"。

4. 高校协会的改革倡议

成立于1990年的美国高校协会（The Association Of American Universities）由全美60所一流大学和2所加拿大大学构成，这62所学校大约培养了美国9%的本科生、20%的硕士生和50%以上的博士生，在联邦政府的大学基金项目中，有60%由高校协会成员完成，协会所举办的国家政策论坛是美国多项政策的思想来源。2006年该协会发布《国防教育改革行动》(NDEII：National Defense Education and Innovation Initiatives)。报告首先指出，21世纪的美国面临前所未有的国家安全和经济压力，恐怖主义对内陆的攻击、亚洲经济强国的崛起以及中东石油问题对美国构成的内忧外扰，迫使美国采取行动。报告以"斯普特尼克危机"和应运而生的《国防教育法》为例，证明在国家安全危机面前，教育应该有所担当，故而号召政府、议会、学界和商界（包括全美大学）共同关注国防教育，以"迎接21世纪美国经济和国际安全所面临的挑战"，维护美国的"全球领袖地位"。报告指出了21世纪美国教育与国家安全需求不匹配，列举出诸多相关问题，这里既有体制问题，也有方法问题，既有学生学习动力欠缺问题，也有科研经费不足问题。报告用图表、数据说话，证明美国在教育、科研方面的投入和产出与亚洲、欧洲形成显著对比，例如联邦政府在基础学科的资助减少，美国学生在国际学科竞赛中表现的凸显程度逐渐下滑，申请科学、工程、数学物理基础学科学位和职位的美国公民人数减少，在科学技术的创新研究方面，来自中国、印度等亚洲国家的专业人士势头强劲。在语言教育方面，美国国防相关部门每年有34000个职位需要外语人才，而中情局、和平部队一方面苦于外语人才储备匮乏而四处求援，一方面却将有海外关系的阿拉伯裔外语专家拒之门外，很多职位需求不得不通过外包解决。同时，在伊拉克效力于美国政府和美军的美国人，每 1000 人中仅有 10 位能够熟练使用阿拉伯语。针对上述问题，报告提出教育界需要在三个方面采取改革行动，即：提高美国本土科研和革新能力、效果，培养本土人才并吸引外籍人才。报告中多次出现“外语”“区域知识”，也多次回顾《国防教育法》和《国家安全教育法案》中的外语项目，高校联盟一致认为“外语”是“人才”的必备条件，在新一轮教育革新中外语教育任重道远。

三、21 世纪美国国防语言文化战略出台

进入 21 世纪，新一轮的“人才危机”凸显美国外语能力严重不足，社会各界对国防外语能力表示担忧。美国现代语言学会的《美国语言人口调查报告（2005)》揭示美国缺乏高端外语人才、整体外语能力分布失衡、稀缺语种储备严重不足；议会教育和人力委员会、情报和军事委员会，民间经济发展委员均指出关键语言人才短缺问题可导致美国无力应对未来的安全威胁，“提高国家整体的外语文化能力已成为当务之急”；多次以“语言、文化和国家发展”为中心议题的“跨机构圆桌会议”和“全国语言大会”提出：语言是传播意识形态的重要手段，而美国人薄弱的外语能力削弱了美军的战斗力和公共外交的有效性，导致国家安全指数下降。

（一）构建语言战略规划

语言文化成为美国国家安全战略中日益重要的能力要素，如何应对“外语危机”由此成为重建 21 世纪美国安全防务体系的重要问题。美国政府、国防部、教育部、国家安全部门、议会和美国政府高度重视，决心大力提高公民语言文化素养保证国家安全，这就是 21 世纪的国防语言文化战略。当时的国家安全顾问赖斯（Condoleezza Rice）提出：面对国家安全威胁，美国需要一种“更有宽度的应对挑战方式”，即不仅关注某一区域某一阶段的威胁本身，还要考虑美国的世界地位和未来的全球竞争能力，考量“观念竞争”“贸易竞争”等各个方面。为此她提出一个国家安全战略的大命题——1957 年“斯普特尼克危

机”后美国在数学和科学上有很大进步的同时，对苏联的研究也有很大进步，面对“9·11”危机21世纪的美国国家安全如何同样能做到两个方面的齐头并进？事实上，提出这个议题，是希望美国教育界通过对国防教育的反思来探寻21世纪的美国国防语言文化战略方案，即怎样通过政府、非政府部门、各类基金会和教育机构的合作来促进国家对“关键语言”的研究和语言文化能力的发展。

以赖斯提出的国防语言文化议题为主要思路，以高教协会的《国家外语能力行动倡议书》为蓝本，主管教育和文化事务的助理国务卿迪娜·鲍威尔和民主、人权和劳工部助理国务卿巴里·勒文克朗负责协调政府各部门，统筹一个国防语言文化战略一揽子计划，最初被国务院称为“战略语言行动计划”（Strategic Language Initiative：SLI）。他们认为，为了应对来自非传统安全的挑战，美国需要联合各方面力量增加关键语言能力，提高“观念”竞争优势。因此，新的语言战略计划必须基于以下现实和潜在的安全考虑：

1. 军事斗争需要：反恐行动、海外出兵，要求美军官兵在异域文化语境下能够有效沟通，情报人员、情报机构具有针对他国文化的信息收集和分析能力。针对这一现实需求，SLI计划明确了国防教育将推行关键语言战略，目的是培养掌握国家所需的阿拉伯语、汉语、俄语、印地语和波斯语等关键语高级人才，“建设一支有熟练外语能力的军队，即便我们的军人在远离国土的地区，也能和当地各阶层、各类地域的人们畅通交流，以保卫美国人民”。

2. 经济竞争需要：随着国际经济贸易一体化进程的加快，国际间经济合作日益频繁，外语能力成为公民必备的技能之一。尽管世界上很多国家以英语为官方语言，而且其他非英语国家也都把英语列为主要外语语种，但在国际交往中，仍然需要接触很多不会讲英语的人士。因此，只有掌握了外语，才能在国际交往中真正克服语言障碍，使得美国和美国人民在以后的国际竞争中处于更加有利的竞争优势，确保美国在世界事务中的领导者地位。

3. 观念竞争需要：发展外语能力不仅仅是为了即时的国家安全需要，更是为了美国未来谋取世界地位提供保障。美国公民需要通过和其他国家地区人们的交流沟通，传播美国自由民主多元的价值观，树立正面的美国形象，改变不公正和偏颇的印象，使世界更好地理解美国。能否在世界上更有效地传播美国价值观，关键就在于美国人能用多少种语言在国际上交流。

4. 谋取全球领导人地位的未来需要：外语能力是理解各国不同传统文化的工具，熟练使用他国语言、理解异域文化和尊重异族生活习俗，可在解决国际事务和国家利益时交流顺畅，减少矛盾，也可加深对本民族和本国文化与传统的理解，发展多元价值观念、拓展思维角度，提升美国公民的国际化素养。

（二）发布《国家安全语言行动计划》

2006 年 1 月 5 日，国务院在华盛顿举行《国家安全语言行动计划》（National Security Language Initiative：后文简称为“NSLI 计划”）专题新闻发布会，介绍“NSLI 计划”主要内容并回答记者提问。当日，首届全美大学校长“国际化教育”峰会开幕，峰会主要议题是讨论“NSLI 计划”。2006 年 1 月 6 日，峰会通过“NSLI 计划”形成白皮书并由国防部发布成文①。“NSLI 计划”目的是增加美国学习、使用和教授外语（尤其是关键语言，如阿拉伯语、汉语、日语、韩语、俄语、印地语、波斯语、土耳其语等）的人数。分类目标包括：

1. 增加美国公民学习关键语言的人数，让他们更早地开始外语学习。

2. 增加高水平外语使用者，尤其是关键外语使用者。

3. 增加教授关键外语的教师人数，为他们提供资源保障。

“NSLI 计划”自 2007 年开始启动数类外语教学和交流合作项目，由美国教育部、国务院、国防部、国家情报总监办公室等部门分别负责。包括：从幼儿园到大学的全程关键外语学习项目（K－16）；资助暑期和学期内学习关键语言的计划（分国内学习和海外强化学习）；鼓励外国人来美教外语计划；海外交流项目；教师交流计划等。2007－2008 财年政府共为“NSLI 计划”的 16 个具体项目拨款，其中 2007 财

① 峰会情况参见：U. S. University Presidents Summit on International Education，U. S. Department of State. http：//www. georgewbush－whitehouse. archives. gov/news/releases/2006/01/20060105－1. html 3：50 P. M. EST。

年投入 6550 万美元，2008 财年投入 8590 万美元（详见表 2.3，图 2.3）

表 2.3　《国家安全语言行动计划》主要项目

部门	项目名称	内容目标	项目简称
教育部（负责 5 个项目）	外语资助项目（Foreign Language Assistance Program）	鼓励在高中教育内教授和学习关键必备语言	DoE - FLAP
	全美外语合作项目（Advancing America Through Foreign Language Partnerships）	资助推动中小学校和大学的合作。这一项目将可能在未来不久的时间里增加参与从幼儿园到大学的外语教育的学校	DoE - FLP
	语言教师团项目（Language Teacher Corps）	创建一个语言教师团队，目的是在 2010 年以前拥有 1 千名外语教师	DoE - LTC
	远程教育语言教育项目（E - Learning Language Clearinghouse）	在全国范围内传递外语教育资源	DoE - E - LLC
	教师交流计划（Teacher - to - Teacher Initiative）	通过教学研究项目和优质教学推广计划提高外语教学质量	DoE - TTI
国务院（负责 7 个项目）	暑期语言强化机构项目（Intensive Summer Language Institutes）	为在海外接受暑期强化语言训练的教师提供奖学金（包括阿拉伯语、印度语、土耳其语、汉语、俄语和波斯语）	DoS - ISLI
	吉尔曼奖学金（Gilman Scholarships for Study Abroad Enhancement）	为需要资金援助的美国本科生提供经济帮助，以便使其获得海外学习“关键语言”的机会	DoS - GS
	富布赖特研究生关键外语扩展项目（Fulbright Critical Language Enhancement Awards for US Students Program）	为获得富布赖特资助项目的研究生提供语言扩展奖学金，资助其参加长达 6 个月的海外语言强化训练（包括土耳其语、印度语、阿拉伯语等）	DoS - FCLEA

续表

部门	项目名称	内容目标	项目简称
	富布赖特外语教学资助（Fulbright Foreign Language Teaching Assistant Program）	资助引进外教到美国的大学、学院和高中教授“关键语言”	DoS – FFLTAP
	教师交换项目（Teacher Exchange Program）	为中小学引入外教（至少教 1 个学期）	DoS – TEP
	高中生项目（NSLI – Youth）	组织高中生短期海外关键语学习	DoS – NY
	高中生中长期项目（NSLI – Youth Semester and Year Abroad）	组织高中生 1 个学期或者 1 年的海外关键语学习	DoS – ENY
国防部（负责 3 个项目）	16 年一贯制外语教育（Expanding K – 16 Pilot to 3 Programs）	将 16 年一贯制外语教育试点模式扩展到三个项目	DoD – EK – 16
	美国旗舰语言计划扩展项目（Expanding the National Flagship Initiative）	由国家安全教育项目拓展，作为政府部门和美国高等教育机构之间的战略伙伴，以此来执行关于“关键语言”高级指令项目	DoD – ENFI
	国家语言服务团（National Language Service Corps）	为国防需求培养、储备外语专家队伍，原“平民语言储备团”（Civilian Linguist Reserve Corps）	DoD – NLSC
情报总监办公室	星谈项目（STARTALK）	为高中学生和教师提供在高等专业院所的外语学习机会	STARTALK

上述数据揭示《美国国家安全语言计划》意图通过开展新的项目以及扩展原有的语言政策，形成多向跨部门合作方式和一个完整的政策体系。但是计划中所拟定的某些项目缺乏可实施性，例如教育部的 2 – 4项，2007 – 2008 年一项都未能开展。所以国防语言文化战略的具体实施还要依据现实需要的变化和未来的发展趋势，持续进行调整性

完善和拓展，并制定后续计划。

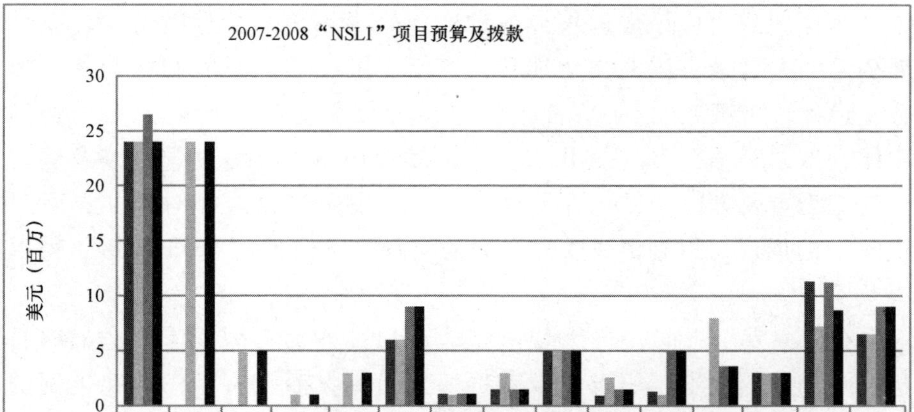

	DoE-FLAP	DoE-FLP	DoE-LTC	DoE-E-LLC	DoE-TTI	DoS-ISLI	DoS-GS	DoS-FCLEA	DoS-FFLTAP	DoS-TEP	DoS-NY	DoS-ENY	DoD-EK-16	DoD-ENFI	DoD-NLSC
■2007拨款	24	0	0	0	0	6	1.1	1.5	5	0.9	1.3	0	3	11.3	6.5
■2007预算	24	24	5	1	3	6	1	3	5	2.6	1	8	3	7.2	6.5
■2008拨款	26.5	0	0	0	0	9	1.1	1.5	5	1.5	5	3.6	3	11.2	9
■2008预算	24	24	5	1	3	9	1.1	1.5	5	1.5	5	3.6	3	8.7	9

图 2.3　《国家安全语言行动计划》项目拨款（2007－2008）①

“NSLI 计划”及其履行的国防语言文化战略由“9·11”事件触发，是美国各界对外语能力建设呼吁的聚力所向，最终通过教育峰会的形式形成立法。它是美国 21 世纪国防语言文化战略的纲领性文件，对美国的国防教育、政府机构改革和军队转型都产生了重大影响。

（三）总统发布国防语言文化战略动员令

在通过《国家安全语言计划》的全美大学校长“国际教育”峰会上，时任美国总统的乔治·布什做了大会发言，其发言的关键词便是“国防语言文化战略”。布什总统借峰会表达政府对于“NSLI 计划”的理解和支持，他将《国家安全语言计划》定义为一个极其重要的、有远见的、大范围的行动计划，并强调项目与国家防务、外交、情报、

① 所有拨款和预算以“百万美元”为单位，如 2007 年“星谈”项目拨款为“4.9”，是 490 万美元。

教育诸方面相关。

在教育方面，布什为“NSLI 计划”贴上了国际化教育的标签，他说“美国愿意也应该促进世界各地的年轻人来美国接受教育，让全世界更多的人目睹美国的文化现状，真正了解美国的思维和行为并更加公正地评价美国”，这一方面解读了该计划为何以“年轻人”为资助主体、以“外语”和“文化”为主要教育内容、以海外学习以及国家间交流为重要方法，另一方面也呼应了此前美国语言界对于“国际化校园”的倡议，得到语言学界专家的支持方可保证“NSLI 计划”得以有效实施。

在国家安全方面，布什将“NSLI 计划”作为美国国家安全战略目标的一部分，它不仅服务于反恐的短期目标，而且有助于传递美国的意识形态和价值观，以促进美国国家安全的长期发展。美国国家安全的短期目标是在反恐战场上彻底打击敌人，将恐怖分子绳之以法，取得反恐战争胜利。这就要求前线官兵能够用当地语交流以适应战场环境、谋求生存，要求情报军官能够精通阿拉伯语、波斯语、乌尔都语等“国防外语”，以便和相关人员交流并获取有效信息，要求外交人员能够协调友盟力量共同打击恐怖分子。因此，外语成为前方部队、情报外交人员的必备工具，而美军必须“建设一支有熟练外语能力的军队，即便我们的军人在远离国土的地区，也能和当地各阶层、各类地域的人们畅通交流，以保卫美国人民”。美国国家安全的长期目标是通过传播美国的“自由民主”思想，让世界各国人民接受美国的价值观，使之成为一个“受欢迎”而不是“被敌视”的国家，达到此目标的最佳途径是美国人使用外语，和“我们试图帮助”的人交流，使他们相信美国和美国国民不仅仅关心他们的文化还关心他们的生活。

总统在峰会闭幕式上宣布启动“NSLI 计划”，要求教育部、国务院、国防部、国家情报总监办公室等机构和高等教育机构建立合作伙伴关系，共同落实一揽子方案。布什的这次演讲事实上是在全国范围内的动员令，是借用国家最高行政权力对国防部、军队、教育部等各机构发出实施国防语言战略的命令。

四、美军外语新战略的形成

21 世纪的美军面临美国国家安全战略和军事战略的调整，在此过程中，军队的语言文化能力方面遭到多方质疑，美军深刻地感受到自身的外语建设存在诸多弊端，如果不加以改革，可能会陷入比“9·11”更困难的局面。内忧外扰促使美军加速其外语新战略的构建。

（一）历次军事行动中的外语不力

美军的“外语不力”短板可追溯到二战期间，对日作战的需要凸显了日语人才在国防安全中的重要性，期间美国政府曾要求美国学术团体协会（ACLS）开发“较少讲授的语言”课程，美军自身也通过日语学校、情报学校的形式强化培训了一批日语翻译，但是在太平洋战场上日语人才依然供不应求。二战中的两个典型实例分别从正反两个方面证明，美军的外语能力并不能保证战时需求。

正面的例子是海军陆战队一等列兵盖伊·路易斯·加巴尔顿（Guy Louis Gabaldon）。这个美国少年 18 岁参军，因养父母具有日本血统而被美国海军陆战队某部招为日语翻译，并随部队参加攻打日军的塞班岛战役。作战过程非常残酷，日军命令士兵“为每一个牺牲的日军士兵杀死 7 个美国大兵，否则就自杀”，也就是说日军的军规是宁死也不做俘虏，这给美军带来了极大的伤亡和心理恐惧。盖伊是他所在作战部队唯一能够使用日语交流的人，上岛的第一天晚上，就独自行动去说服日军投降，“第一天，我靠着自己那上不了台面的日语，带回来两个日本兵”；第二天带回 50 个俘虏，指挥官因此授权他开展“独狼行动”（lone wolf operation）；第三天（1944 年 1 月 8 日），他带回两个日本哨兵，说服其中一个回到日军工事中劝说日军投降，哨兵回去不久日军一个指挥官出现，经过和盖伊的谈判同意携 800 多名日军官兵和文员投降。后来，盖伊在太平洋战场继续通过各种渠道劝说日军受降，大约有 1500 名日本人在他的说服下放下武器，接受和平。“盖伊小子”因此获得了“塞班岛的花衣魔笛手”（The Pied Piper of Saipan）的美称，美国海军先后授予他银质奖章、十字勋章等荣誉。盖伊不动一刀一枪，降服 1500 名绝命日军的故事在 1960 年被好莱坞拍成电影《玉碎塞班岛》（Hell to Eternity），成为“语言战斗力”理念的一个经典案例①。与之形成截然对比的是资深议员丹尼尔 · 井上健（Senator Daniel Inouye）在二战中的一次经历。井上健是夏威夷的一位日裔后代，珍珠港事件后他报名参军并加入了著名的 442 日裔后代军团。二战中他随部队转战欧洲，屡建奇功，被美军授予“一等荣誉勋章”。然而，每当他回忆二战经历时，总有一幕难以释怀——在一次战斗中，看到一名德军伤兵将手伸向衣服里面，他以为是敌人要掏枪反击，就击毙了这名德国军人。然而，士兵试图掏出来的是一张家人照片，由于语言不通，那个士兵是想用照片表达投降的意思。井上健为此后悔不已，因为不懂德语无法交流，他断然杀死了一个没有还手之力的士兵。在多年的议员生涯中，井上健常常用这个亲身案例来说明，军队需要外语人才，忽略外语能力建设、缺乏沟通能力的军队无法取得世界的信任。

二战早已结束，然而纵观美军历次军事行动，语言文化能力和军事能力的不匹配都曾导致美军危机四伏，“回顾历史，美军从未得到充分的外语能力保障（Clifford 2003）”。冷战中苏联领先的情报工作，越战中美军频频遭到当地军队愚弄、敌友不分，“沙漠风暴”、波黑冲突中大量无谓的人员伤亡，都证明对外语和他国文化缺乏了解已成为美军的软肋。而“9 · 11”直接向五角大楼发起进攻，更说明美军在语言文化方面的不堪一击：恐怖主义分子冲向世贸中心、五角大楼时，人才库中可供紧急调拨的阿拉伯语预备人员供不应求；由于语言的障碍，美军情报工作漏洞百出，工作中的紧急语言任务，如文件翻译、网络数字材料编译、通讯监控、口头翻译等因无人可用而几乎陷于瘫痪，直至 2009 年，“9 · 11”期间截获的大部分阿拉伯语情报仍然未能得以破译。

同时，美军在海外战场的尴尬现实也对军队人员的外语技能提出较高要求。美军参与伊拉克战争总人数超过 45 万人，其中只有 2000 人略懂阿拉伯语，精通并能熟练使用阿语者寥寥无几。语言不通便无

---

① 参见 Sainz, Adrian（May 4, 2008）. “Top Honor Sought For Marine Whose Weapon Was Words”. San Diego Union – Tribune.

法与当地人交流，无法了解周围的情况，难以与海外盟友有效地沟通信息，美军或被敌人利用与当地民众产生误解隔阂，或与当地盟军沟通不畅甚至产生敌意，滥杀无辜或者无端伤亡的案例屡见不鲜。美军联合作战中心在“伊拉克自由行动”调查报告中提到这样一个案例：在伊拉克西部城市拉马迪，美军第503步兵师第一营两次扣押当地妇女，导致成千上万人愤怒地聚集在一起。由于不了解当地文化禁忌、语言不通，行动之前未能意识到他们触碰了敏感文化问题，不仅引起骚乱，破坏了行动计划，还激怒了原本支持美军的伊拉克盟友。在接受了文化差异的痛苦教训后，美军驻伊部队步兵指挥官加利少校（Kenneth Carey）在其军情汇报中指出：“如果我们的士兵能说一点阿拉伯语，我们应该两年前就把伊拉克问题解决了……语言成为美军的行动障碍，能理解敌方语言是一种很关键的战斗力[①]。”

美国在伊拉克和阿富汗战争中遭遇到的语言文化困难，正是美军目前在反恐战争、非常规战争要解决的问题，也让美国军方再次意识到语言文化与国防的密切关系：无论科技如何发达，语言仍然是获取情报的主要渠道，一旦语言成为屏障，再强大的武器装备也被削弱了战斗力。正如美国国防语言学院军史学家克里福德·波特在《不对称战争、转型与外语能力》一文中所说：“反恐行动中若想做到知己知彼，就需要了解恐怖分子的文化、政治与宗教，需要精通他们的语言。美军从阿富汗战争得到的教训是，迅速推翻塔利班政权的绝对关键是外语技能，军方却未能拥有足够的语言能力。倘若外语能力不足，情报搜集、特种作战以及打击不对称、非传统战争的一般能力将受到限制。从战争战略到战术层级，具体到了解敌人如何思考，外语能力是必需的（Clifford 2001：1）。”历史的教训成为美军看重“语言武器”在未来战争中的作用的原因之一。

---

① 参见美国陆军联合作战中心研究报告：On Point II：Transition to the New Campaign：The United States Army in Operation IRAQI FREEDOM. https：//www. globalsecurity. org/military/library/report/2008/onpoint/chap11 – 16. htm

（二）美军外语工作调研

1994 年，美国政府问责局（General Accounting Office）[①] 对美国防部外语人才培训情况进行调研，并向国会拨款委员会（Committee on Appropriation）提交报告《国防部训练：大量语言人才未达基本熟练水平》[②]。报告指出尽管国防部的外语培训拨款有所增长、参与培训人数增加，但是美军外语工作仍存在以下问题：（1）国防语言学院毕业的所谓“外语人才”达不到基本语言能力要求（如 1992 年的“信号情报外语培训”毕业学员中只有 69% 达到了 2 级，“人力情报外语培训”毕业学员中只有 56% 达到了 2 级），学院的学位申请条件过低，只要求选修语言课、参加语言能力水平测试，但是却对测试成绩没有具体要求；（2）某些水平没有达到毕业标准的学生，国防部仍然安排进入下一梯次的专业培训；（3）结束外语培训后进入专业学习的学员外语能力下降严重，平均语言熟练水平下降了 25%，专业学习过程中没有外语恢复性学习措施；（4）国防部没有开展全军性基层外语能力维持项目，只有陆军自主开展了旨在维持外语水平的“指挥外语项目”（Command Language Program），而且在各个部队落实情况也难以统一；（5）军队用人单位的外语政策和实施流程缺乏连续性、规范性，海军陆战队及陆军某些单位的外语奖励津贴门槛过低；（6）国防部外语培训缺乏协同性，同类语言培训的资源整合、校际共享、军民融合不够。

尽管国防部针对上述问题进行了整改，但是在现有机制上的微调并不能解决其根本问题。“9·11”事件和伊拉克战争后，语言文化在美国国家安全体系和军事训练中上升到了前所未有的高度。时任美国总统的布什在多个重要场合高调宣布了美国占领世界意识形态主战场的决心，历次军事行动中美军均面临语言文化困境，不论是出于国家安全的需要，还是军事斗争的要求，美军都急需提升外语能力。为此，

---

① 美国国会的下属机构，负责调查、监督联邦政府的规划和支出，其前身是美国总审计局（General Accounting Office）。该机构是一个独立机构，只对国会负责，以中立精神开展工作，通常被称为“国会的看家狗”，主要职责是调查联邦政府如何花费纳税人的钱。

② 参见 U. S. GAO. 1994 DOD Training: Many DOD Linguists Do Not Meet Minimum Proficiency Standards. Report to the Chairman, Committee on Appropriations, U. S. Senate. http://www.files.eric.ed.gov/fulltext/ED373574. pdf

国防部一方面征求国家安全、外语教育领域专家的意见，一方面分析美军自身的外语建设状况，力图从多个方面展开调研，为拟定 21 世纪美国外语战略做准备。

国防部多次以“语言、文化和国家发展”为中心议题召开“跨机构语言圆桌会议”（ILR：Interagency Language Roundtable），承办或参加以语言安全为一体的各类学术会议、政策论坛（如形成《国家安全语言行动计划》草案和白皮书的全国语言大会、高校校长峰会等），从中获取的主要信息是美国政府、企业、学术界和语言协会等领域的官员、专家对美军外语能力的多方面担忧：虽然美军的外语培训已有近百年历史，美军国防战略一向将军方人员外语水平作为保证国家防务安全的亮点之一，然而美军不仅没有充分重视军队的语言人才，没有及时培训提高军队的语言能力，而且在具体的军事行动部署和实施中也未能充分利用或分配好已有的语言人才，情报部门对情报工作的语言需求问题也未能做出充分积极的应对。学者们一再强调语言是传播意识形态的重要手段，如果要在一场始终围绕着意识形态而战的战争中获胜，就必须要依赖精通外语的“文化使者”在对外交往中传递其思想和价值观，驻外的军方人员是当然的文化传递者，而美军官兵薄弱的外语能力和对他国文化的不了解，阻碍了其社会交际能力，削弱了公共外交的有效性，导致国家安全指数下降。

基于语言能力在美军新世纪战略蓝图上的重要地位，国防部自“9·11”事件后针对美军的语言文化能力建设现实，采取了一系列调研认证和规划工作，最有代表性的是三个以问题为导向的专项调研：外语岗位需求、外语培训现状、外语人才管理。调查发现军队外语能力建设和人才管理中的诸多问题，这也成为构画外语新战略的着力点。调查主要内容和结论参见表 2.4。

表 2.4 "9·11"后美国国防部外语工作专项调查

时间	负责人	内容	结论（问题导向）
2002 年 11 月	人事与战备副部长	外语专业人员需求调查：要求各军事部门、战区司令部和国防机构评估其对外语专业人才（包括军人、官员、文职）的需求，具体包括口译、笔译、谈判人员和区域专家等	需求能力不匹配：各部门往往根据现有人员配置制订工作外语专业人员要求，要求偏低、无针对性、忽略战区任务实际需求
2003 年 8 月		国防语言学院外语中心工作调研：涉及外语中心的任务行动、计划、资金、管理和基础设施等各方面工作，评估该中心在培训任务、机构组成、教学资源、行动管理等各方面能否满足国防部要求。	国防语言学院的教学研究现状和军事需求有距离，毕业生外语能力不足急需提高（例如达不到情报工作要求），无法保障军队广泛的外语需求
2003 年 9 月	计划副部长助理	外语人才管理调研，涉及 5 个方面：战区语言管理、外域军官管理、军官团外语和区域知识能力拓展、语言人才管理、语言需求评估机制等。	军队各部门对外语人才的管理混乱

国防部通过上述调研得出以下结论：以当时的美军外语工作状况，既达不到国防语言文化战略的长期要求，也无法应对反恐战争、非常规战争的即时需要。正如 2006 年度《四年防务评估报告》所说，"美国若想在长期战争中处于不败地位，想在 21 世纪称雄于世界，就必须提高其语言能力和文化理解能力……"国防部决定对美军的语言工作展开战略性转型，其根本目的是确保在任何军事行动和决策过程中，"语言都不会成为障碍"。

（三）国防部发布《国防语言转型路线图》

外语工作成为美军明显短板、滞后因素的困境，而 21 世纪美军军事战略急需增强其在应急语言和方言方面保障能力。需求与现实的矛盾逼迫美军重构外语战略以全面保障《2004国防战略》实施。外语工作转型成为美军刻不容缓的任务，为此国防部紧急启动以下“国防语言工作程序”：

1. 国防部计划副部长负责，于2004年1月开始组建“国防语言转型小组”(Defense Language Transformation Team，DLTT)。小组成员来自各军事部门、战区、特种行动司令部、国家安全局，小组的任务是针对美军语言文化需求提出初步行动设想，拟定国防部所有机构转型任务的基本路线框架。

2. 国防部人事与战备副部长负责，于2004年5月10日成立“国防语言办公室”(Defense Language Office：DLO)，任命国防部“高级语言权威”(Senior Language Officer：SLA)。同时要求各军事部门负责人、参谋长联席会主席、战区司令、国防情报局总监、国家安全局长、国防威胁压制局各自任命本部门的“高级语言权威”，共同组成“国防语言指导委员会”(Defense Foreign Language Steering Committee，DFLSC)。上述权威、小组、指导委员会共同负责国防语言转型计划的拟定和实施。

3. 2004年8月，“国防语言指导委员会”就美军21世纪外语转型形成共识，讨论了当前局势的描述措辞、转型的总体目标、预期结果，提出相关对策和行动方案，由此形成《国防语言转型路线图》(Defense Language Transformation Roadmap，DLTR)。

2005年1月，国防部最终颁布了《国防语言转型路线图》，被视作21世纪美军外语新战略的第一个纲领性文件，通过这份文件的发布，国防部期待全军能提高认识、了解并重视语言和区域知识是军事战略、战术和作战行动的重要构成，希望通过有效的培训、管理以及机构协同，以更多层次的外语人才、更多门类的关键语言、更熟练的交际能力和更广泛的区域知识保证美军外语能力储备能够满足和平时期和战争行动的相应要求。在此基础上，美军开展了全军范围的外语转型工作，逐步实施21世纪外语新战略。

第三章

21 世纪外语转型的战略部署

由于国家安全和军事行动存在“语言文化危机”，提高国民外语能力和跨文化素质、实施国防语言文化战略成为21世纪美国国防安全和军事战略的重中之重，由此引发21世纪的美军外语工作转型。为配合国家安全战略，美国防部制定《国防语言转型路线图》，确立美军21世纪外语工作的“转型”之路；《2006 - 2011财年战略计划指南》(Strategic Planning Guidance for FY2006 - 2011）确立了外语转型的战略意义——新世纪军事训练的首要目标是“突破语言关”，国防部表示将在财政上为外语转型的四个总体目标提供全方位支持，由此启动21世纪美军外语新战略。较之20世纪，21世纪的美军外语能力建设在军事战略理念上有重大突破，在战略规划上有多个方面的转型。本章将解读其纲领性文件，提炼其转型思路，分析转型目标任务以发现其外语转型战略部署中的总体特点。

一、外语转型的实施纲领

《国防语言转型路线图》是外语战略的纲领性文件，在此基础上，国防部还推出了一系列外语转型指导性文件、工作指南和战略规划，包括《国防语言项目》(Defense Language Program)、《国防部外语区域水平能力管理办法》(Management of DoD Language and Regional Proficiency Capabilities）和《国防部语言技能、区域知识、文化能力战略规划2011 - 2016》(DoD Strategic Plan for Language Skills, Regional expertise, and Cultural Capabilities）等。上述“里程碑”式文件既是外语转型的实施纲领，也体现美军 21 世纪外语战略的主要思路。

（一）《国防语言转型路线图》

国防部于 2005 年 1 月发布《国防语言转型路线图》，该文件呼应了《2006－2011 财年战略计划指南》的要求，是落实《2004 国防战略》中语言安全要求的具体行动，亦为美军实施新世纪外语战略的纲领性文件。《国防语言转型路线图》主要包括了 6 个方面的内容。

1. 引言（Introduction）：突出美军解决外语问题的急迫性——针对具有当前或者潜在国防需求的语言和方言，急需提高组织管理能力、语言技能和区域能力以及短期面对突发需求的增容能力；明确美军外语转型的目的是“全面提高外语能力、保障国防战略实施”；定位《路线图》为实现《2006－2011 财年战略计划指南》中外语部分的规划性文件。

2. 演进背景（Background of Development）：回顾《路线图》的演进历程，构建美军 21 世纪外语新战略的“合法性”：国防部在国家语言文化战略的背景下重新认识了军队的语言文化能力在保障美国国家安全和履行军队职能中的重要性，为此必须提升军队外语能力在军事斗争和国家安全中的战略地位并采取相应的措施。

3. 基本共识（Assumptions）：阐释国防语言转型的源起——21 世纪军队外语能力与美军军事战略之密不可分性，从国防部在“潜在军事冲突”“国际安全环境变化”“全球足迹战略”“意识形态斗争”四个方面所形成的共识加以解读。

4. 路线图（The Roadmap）：以《2006－2011 财年战略计划指南》提出的“基础建设”、“能力建设”、“专家队伍建设”和“人事管理机制建设”四大总体目标为纲，分别描述了四个方面的“当前情况”（current situations），确定转型的“预期成果”（desired outcomes）并分门别类地提出了 43 项具体的“行动方案”（required actions）。

5. 国防语言学院外语中心转型：指出国防语言学院外语中心（DLIFLC）的转型是全军外语转型的中心，为此对 DLIFLC 提出了 5 个方面的任务要求，规定了 5 项转型“预期成果”。

6. 责任单位、基本职能和工作日程：确定四项目标 47 项行动方案的责任单位及其职能，规定达到“充分行动能力”（Full Operational Capabilities）的节点日期。

在《四年防务评估报告 2006》中，国防部再次强调了《国防语言转型路线图》的纲领性地位，它是美军语言工作的“管理指南”，它为国防部提供了外语能力建设的“总体目标”，它确保美军“夯实语言基础、区域文化专业知识、拥有应急能力和一支语言专家队伍”。

（二）《国防语言项目》

为了跟进《国防语言转型路线图》，国防部于 2005 年 10 月废除了 1994 年版国防部备忘录《重建国防语言方案》（Defense Foreign Language Program Restructure）和 2004 年版国防部备忘录《国防外语管理方案》（Management of the Defense Foreign Language Program），根据新的外语战略对 1988 年版《国防语言项目》进行大幅调整，在认识上将外语和区域技能定义为“完成国防任务的关键能力”，要求全军应采取措施以更好地“获取”“发展”“维持”和“加强”关键语能力，以满足国防部任务需求。《国防语言项目》将以下工作规约为国防部外语工作转型重点：

1. 测评国防部人员的语言和区域技能开展，测评结果列入个人档案，汇入“国防部人力数据中心”（Defense Manpower Data Centre：DMDC）数据库或“国防部文职人员数据系统”（Defense Civilian Personnel Data System：DCPDC）。

2. 制定奖励措施，保障国防部人员学习、维持和使用外语和区域技能的学习时间，对语言文化区域能力实施加薪奖励。

3. 提升境外或者边境军事单位的语言能力，保证其具有和当地人交流的外语能力，其指挥官必须能够对具体情境的语言需求做出判断和能力配备决定。

4. 建立国防部统一的可跨兵种、跨机构的“统一能力调度机制”，可及时满足关键语言需求、行动需求和任务需求。

5. 建立国防部统一的跨文化交际能力发展机制，研发自动翻译工具和系统，避免重复性工作。

新版《国防语言项目》是国防部实施外语战略的指导性文件，因此它以列表方式明确了项目执行人的责权，涉及国防部人事与战备部副部长、购置技术和后勤副部长、情报副部长、政策副部长、参谋长联席会主席、三军司令、战区司令、国家安全局长、国家情报局长、国防威胁压制局长、国防安全合作局长、各军种部长、陆军部长、国防语言学院外语中心主任、国防语言学院英语中心主任等 15 类岗位。例如国防语言转型总负责人是人事与战备副部长，他有 11 项职责：

1. 为国防语言项目提供政策指导；

2. 任命国防部“高级外语权威”；

3. 组建国防部“国防语言指导委员会”；

4. 发展和维护国防部人事系统，确保人员的语言能力和区域技能数据的准确录入和及时更新；

5. 确定国防“关键需求”；

6. 审定外语能力建设资源配给与国防需求是否一致；

7. 指导国防语言学院工作，委任各中心负责人，以监督、配合该中心执行国防部相关外语项目；

8. 发布年度战略级外语清单，组织相关语言能力和区域技能的训练、测试、奖励。

9. 建立“语言战备报告指数”，以测评国防部各部门的语言能力。

10. 监管语言专业人士的录用、保留和提升等。

11. 建立与国防语言外语中心、英语中心校长的直接联系。

为便于美军各部门在执行语言项目时获得共识、避免分歧，《国防语言项目》统一规定以“跨机构圆桌会议能力量表”（Interagency Language Roundtable：ILR）作为语言能力评定和上报标准。同时对外语战略关键词逐一进行了定义：

1. “关键需求”（Critical Need）：由国防部人事战备副部长、情报副部长、政策副部长、参谋长联席会主席共同确定的重要行动和任务。

2. “国防部人员”（DoD Personnel）：指国防部所有工作人员，包括现役军人、国民警卫队、预备役以及聘用文员。

3. “行政负责人”（Executive Agent）：指为保障支持涉及国防部两个以上单位的工作任务，由国防部长、副部长任命并规定职责、功能和权威性的负责人。如国防部通过《国防语言项目》分部任命陆军部长、空军部长为国防语言学院外语中心、英语中心的“行政负责人”。

4. “外语专业人员”（Language Professionals）：具有一种或多种外语能力、且其岗位职责第一需求为外语能力的相关人员。

5. “外语人才”（Language Skilled）：具有一种或多种外语能力的相关人员。

6. “区域技能”（Regional Expertise）：以国别或特定地区的政治、文化、社会、经济、地理为方向的专业技能，或是接受过研究生水平的教育；或是至少 40 学时的相关正规课程教育的研习；或具有区域工作经验且得到国防部副部长人事战备副部长或军事部部长认可。

（三）《国防部外语区域水平能力管理办法》

《国防部外语区域水平能力管理办法》是国防部废除《国防外语项目管理》备忘录后，由国防部人事和战备副防长于 2007 年签发的外语工作指南，文件由“主题”（Subject）、“目的”（Purpose）、“能力和范围”（Applicability And Scope）、“术语定义”（Definitions）、“政策”（Policy）、“责权”（Responsibilities）、“报告制度”（Information Requirements）、“生效时间”（Effective Date）八个部分以及《相关文件》、《重要术语》和《区域能力级别指南》（Regional Proficiency Skill Level Guidelines）三个附录构成。国防部通过此文件发布了以下政策：

1. 将外语能力建设范围从传统的“语言能力”（Language Capabilities）扩展到“外语和区域能力”（Language and Regional Proficiency Capabilities：LRPC），指出国防部所有人员均需具备相应能力要求，外语和区域能力在国防部是一个全方位覆盖的工程。

2. 将 LRPC 归入美军“任务关键性技能”（mission critical skills），保证所有人员在 LRPC 方面的教育、训练和工作经历都将记录于人力资源数据库，保证相关信息在部队管理流程中随时可追踪提取。

3. 选拔更多国防部人员参加 LRPC 培训、教育和实践，藉此提升国防人员的 LRPC，保障美军全球任务。

4. 明确国防部语言专家的能力标准，首次发布 LRPC 分级指南，作为全军岗位、能力核查的统一标准。

为充分落实转型任务，管理办法将LRPC相关转型与建设任务指派给17个相关岗位的责任人（见表3.1）。管理办法明确了国防部17类岗位负责人在外语战略中承担的主要职责。例如人事和战备副防长负责以下4项工作：

1. 组织外语战略相关政策、计划、项目年度总结，确保国防部语言区域能力需求得到相应；

2. 根据《区域能力级别指南》，有效开展语言区域能力发展评估工作；

3. 制定完整的政策指南，指导和管理国防部外语加薪工作；

4. 确保语言区域能力工作与军事训练工作的一致性。

《管理办法》的应用范围遍及国防部，包括国防部长办公室、军事部、参谋长联系会议、战区司令部、国防部总检察长办公室等所有部门。

表3.1　《国防部外语区域水平能力管理办法》责任人

任职岗位	负责项目数	任职岗位	负责项目数
人事与战备副部长	4	审计副部长	2
战备副部长助理	3	高级语言权威	2
军事人员政策副部长助理	3	军种各部部长	16
文职人员政策副部长助理	7	陆军部长	5
计划部副部长	12	国防语言学院外语中心主任	15
项目整合副部长助理	3	国防语言学院英语中心主任	5
计划副部长	5	参谋长联系会主席	7
购置、技术与后勤副部长	2	战区司令	2
情报副部长	14		

（四）《LREC战略规划（2011－2016）》

2009年，在外语转型启动4年后，美国国会问责局发布一份调查报告，指出在实现转型目标的过程中，美军缺乏一个明确的战略规划，导致国防部指导各军种外语工作时难以评估需求差异，无法真正地帮助各级指挥人员发现和解决其外语问题，为此问责局建议国防部制定务实的“外语战略”来指导美军外语转型工作。国防部国防语言办公室主任针对此问责，给出了书面答复，答复承认问责局提出的“缺乏具体的、透明的、可检测的目标和方法”，并且表示国防部正在制定《2010－2015 年语言区域项目战略规划》（Defense Language and Regional Program Strategic Plan），规划“预期在 2009 年 9 月出台”①。事实上，上述规划并未如期出台，直至 2011 年 2 月，参谋长联系会议更新《美国军事战略》，国防部人事与战备副部长才同期签发了《语言技能、区域知识和文化能力战略规划：（2011－2016）》（后文简称为《LREC 战略规划（2011－2016）》）。

图 3.1 《LREC 战略规划（2011－2016）》构架方式②

发布战略规划旨在为美军提供一整套战略性的、系统的、可操作的外语能力建设方案。针对问责局提出的计划不明、实施缺乏指导性和难以评估等问题，该战略采用了分层设定的战略构架方式（参见图 3.1），自上而下包括四个层面，四个层面的设计始终体现了美军对于

① 详见《国防部语言区域能力发展指导工作调查：制定战略计划、改良作训条目、改进需求数据》.（U. S. GAO. 2009. Military Review：DOD Needs a Strategic Plan and Better Inventory and Requirements Data to Guide Development of Language Skills and Regional Proficiency（Report to Congressional Committees）。

② 编译自美国防部（2011）：《LREC 战略计划（2011－2016）》：9。

LREC素养的当前总体状况和未来发展趋势所形成的“基本共识”（ASSUMPTIONS）：

1. “愿景”（VISION）：通过5年的外语能力建设，美军LREC综合实力可满足现实需求和应对潜在需求，确保美军既能够有效地与盟友和伙伴交流，又能够和当地人群建立沟通和信任关系；

2. “总体目标”（GOALS）：达成此愿景需要实现三个模块的“总体目标”，即：“能力需求”目标、“能力建设”目标和“能力扩展”目标（参见表3.2）；

3. “分类目标”（OBJECTIVES）：11项“分类目标”构成实现三个模块总体目标的基础（参见表3.2）；

4. “表现评测”（MEASURES）：为各“分类目标”想定预期结果、制定“表现评测”方式，实时监控各目标按计划进行。

表3.2 《LREC战略规划（2006－2011）》的目标

总体目标	分类目标
模块1 “能力需求”目标：确认、核查LREC需求并按照重要性排序，生成需求信号以保障国防部任务行动	（1）确认：研发和使用一套需求确认方法，可根据当前和未来国防部任务行动的需要，确认LREC需求
	（2）核查：以特定的流程查证各级各部门提出的LREC需求
	（3）排序：采用透明的决策程序，确定语言技能、区域知识、文化能力需求的优先顺序
	（4）需求信号：通过一套程序将已经核查的LREC需求按照优先顺序传递到国防部相关部门
模块2 “能力建设”目标：建设、加强和维持美军LREC能力，满足现实和潜在需求，保障国家安全	（1）当前能力：基于LREC需求，建立统一标准分析全军的能力和潜力，以确定能力需求差距及其所带来的风险
	（2）人事管理：建立人事管理和分配程序，使全军能够更好地满足LREC需求
	（3）教育培训：建设与改进课程，让全军人员掌握、拓展与维持LREC能力

总体目标	分类目标
模块 3 “能力扩展”目标：加强 LREC 能力以提升多任务能力，增强伙伴 LREC 能力	（1）权威机构：选择合适的官方机构来提供 LREC 支持与帮助，为盟军和多国部队实现安全目标任务而助力
	（2）伙伴关系：建立与利用各种伙伴关系，以加强 LREC
	（3）借助伙伴：充分利用伙伴与盟军的 LREC 能力，实现联盟或跨机构行动能力
	（4）支持伙伴：在国际伙伴和盟军中选定安全机构，助其形成可持续的 LREC 培养、增强能力

目标制定仅仅是 2011－2016 年外语新战略规划流程中的第一步。国防部人事与战备副部长指出，作为 21 世纪美军外语转型第 2 个五年的纲领性文件，《LREC 战略规划（2011－2016）》承继了《国防语言转型路线图》的主要战略思路，包括总体目标，但是它提出了更具体、更可行的实施计划，这是美军构建 LREC 生成机制、维持能力水平的“基石”，国防部希望藉此为整个美国树立外语能力建设的典范，同时成为推动政府和其他机构协同保障国家安全的重要举措。此战略规划的制定得到议会肯定，在 2010 年议会军事委员会监督和调查小组委员会的调研报告《军事外语技能和文化能力建设：跨越鸿沟》中，调查组认为该规划确立了国防部语言文化的“新的战略方向”（HASC O&I Report 2010）。如果说《路线图》为加强语言能力提供了愿景和蓝图，《LREC 战略规划》则为“全面实现国家战略”提供了更为系统全面的流程和方案。

二、战略思路转型

21 世纪外语战略是对此前军队外语工作的重大转型，转型不仅体现在出台了一系列文件条令，更体现在其一系列革命性的新思路，这其中就包括对战争素养构成的重新定义和对外语工作战略性的重新认识。

（一）战争素养新模式中的外语战斗力

新战略的核心理念是将外语从传统模式中的“军事斗争相关外围知识”划入“关键性军事行动技能”的核心领域，将军队总体外语能力作为军队战斗力的核心要素、新世纪非常规战争军事行动的“能动力”。形成这一思路是历史的必然，也是军队、政府及国防部充分调研论证的结果。

1. 战争素养：国防部战争学院研究报告

纵观20世纪的军事行动中，美军作为首当其冲的军事强国、军事“硬实力”的代言人，并没有百战百胜，反而多次受挫，或是战争进程难以推进，或是伤亡人数超过预期，或是海外维稳难以奏效，或是与“代言人”沟通不畅甚至反目为仇。为此，美军不得不反思，决定当代战争胜利的关键因素到底是什么，是武器的强弱，还是人文素养的高低？军事行动决策的关键标准是什么，是可量化的武器，还是难以量化的区域语言和文化特征？

国防部战争学院的研究报告《战争素养：创造指挥氛围、强调外语的战斗力作用》对美军确定战略目标、实施军事行动过程中在语言方面所采取的行动步骤进行了逐项分析，并对美军的语言需求进行了初步判断（Magleby 2009）。报告指出：正如外交是跨越国界的交际艺术，战争和冲突是一种不同种群间的率性对话。在这样的对话中，作战人员、战争幕后推动者和战区百姓的语言起到关键作用。文章以美军军事行动的实景描述证明，在美军目前所认知和接纳的指挥环境中，对话中双向的交际作用被大大低估了，美军的指挥官、领导层存在语言问题，指挥人员经常没能认识到人和人之间直接对话的细微作用和长远影响。作者指出，一个能有效掌控军事行动的指挥官必须充分掌握，精确调控军事行动所涉及人群所接触的信息，不论是他们可能听到的、感觉到的和对他们产生反应的。研究的结果是：美军现有的作战环境中语言要素不明朗，影响决策和行动的计划性和效果；美军必须全面调整战争素养模式，强调语言的战斗力作用——语言不是一种边缘性的专业，而是关键的指挥技能。

该调研报告大量引用了美军海外行动参战官兵的访谈片段：“美军在语言和文化上根本就没有做好战备就仓促行动”，“语言不通、文化缺失，和对敌方武器装备不了解一样，都是造成无辜伤亡的原因”，“一支远征的部队，如果没有语言作为装备，就意味着缺乏战斗力”，“阿拉伯语，是伊拉克战场上最稀缺的武器”，“不懂当地语言和文化习俗的战士，无法生存，无端被当地百姓仇视甚至无辜遭受攻击，外语是救命的武器，可是他们却赤手空拳”，“说当地话、了解当地文化将使得战事结果朝向有利于我们的方向发展。”等等。上述战争回忆充分证明：让一支缺乏外语能力的军队远征海外，无异于手无寸铁前往战场。语言在各个领域各个层面都是一种重要的战斗力——语言并非战争边缘的无关痛痒的雕虫小技，它是关键的作战技能，是战争素养的核心要素。

2. 战斗力核心：议会的听证

议会军事委员会曾就美军实战中的外语能力问题召开多次听证。例如，针对阿富汗战争、伊拉克重建问题，议会发现美军阿拉伯语能力严重不足，导致美军情报工作滞后，无法将“美国人的良好意图”传达给当地人民，行动受阻，风险和代价提高，维稳平暴任务难以顺利开展。而 21 世纪的美军作战环境和冷战时期不同，新的军事行动对于军人提出新的能力要求——不仅能够熟练使用武器，还要善于和具有不同文化背景、来自不同区域的盟友或合作伙伴通过外语进行合作和交流。时任国防部计划副部长的麦克金女士 2007 年在国会军事委员会听证会上说：“我们的敌人就混杂于当地的民众中，这使得完成任务更加困难。不论在维稳、安全、和平演变、重建和平暴等类任务中，还是在长期战争中取得优势地位，我们都需要和当地人交流、懂得他们的文化以获取他们的支持（McGinn 2008）。”

美军在 21 世纪的作战经历证明任何军事行动都需要外语交际能力和异域文化知识，军事斗争中外语是关键的战斗力，是其他军事力量的驱动力。与军事需求形成截然对比的是“军队的外语能力匮乏”，军事调查委员会还一针见血地指出这是“整个国家能力不足现状的症状之一”（HASC O&I Report 2008）：教育体系未把外语放在重要位置，也缺乏全民教授外语的基础设施和机制，更不要说军队所迫切需要的那些“偏门”语言，全民外语能力低下导致国防部在招募人才时发现无人可用。毋庸置疑，外语能力和文化专业知识是 21 世纪军队所急需的关键能力，而进入 21 世纪的美军显然缺乏系统的、完备的方法去提高这种能力，这对于美国国家安全将构成严重挑战。为此，国会在提交国防部的报告中指出，军队管理体制必须保证军人、预备役和文职人员得到充分的培训，具有足够的语言能力和文化知识，能了解和理解世界上形形色色的文化，随时准备和当地人民直接交流，无论军队在执行非常规作战任务还是传统战斗任务，这些技能都是减少伤亡、赢得胜利的战斗力保证（HASC O&I Report 2010）。

3. 形成战争素养新模式

如何在军人职业技能中定位“外语素养”问题上，美军在外语转型的过程中经历了概念性的演进（参见图 3.2）。

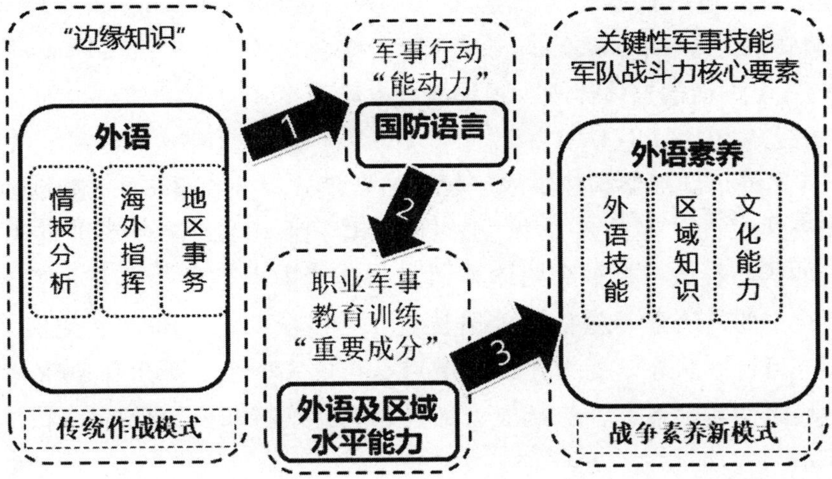

图 3.2 战争素养模式演变

2005 年，国防部通过《路线图》明确了美军的外语战略，即外语能力在军事行动中具有无可替代的重要性，是新世纪非常规战争中军事行动的“能动力”，是美军建设在今后较长阶段的战略要点。2007 年《国防部外语区域水平能力管理办法》用“外语及区域水平能力”（Language and Regional Proficiency Capabilities：LRPC）取代了笼统的“语言”二字，涵义是“个体对于特定国家或地区的历史、政治、文化、语言、宗教、社会、经济、地理等方面的意识和理解”，国防部藉此提出将 LRPC 作为“职业军事教育训练重要成分”的新军事作训思路。2008 年《国防战略》中，美军将“提高军队对非常规战争的熟悉程度”作为国防的重中之重，将“非常规联合行动”列为所有军队的常规任务，明确指出在这些行动中取得成功就需要了解“多方面社会现象，例如种族政治、宗教影响、文化道德等”，非常规任务的首要元素是“人”，而不是武器装备。可见，转型后的美军已经将语言文化能力从战争素养模式中的“边缘专业”（peripheral specialty）置入军事技能核心范畴，成为“关键性军事行动技能”（critical operational skills），是美军战斗力的重要构成。2011 年发布的《LREC 战略规划（2011－2016）》取消了“外语能力”“外语及区域水平能力”的提法，根据美军外语新战略的内涵，将其定义为“外语技能”（Language Skills）、“区域知识”（Regional Expertise）和“文化能力”（Cultural Capabilities）三个方面的整体体现，视作战争素养新模式中的“外语素养”或“外语战斗力”（LREC）①。

美军外语新战略构建了战争素养的新模式（见图 3.3），将外语从传统模式中的“军事斗争相关外围知识”划入“关键性军事行动技能”的核心领域，将军队总体外语能力作为军队战斗力的核心要素。该模式中的外语素养包括“外语技能”“区域知识”和“文化能力”三个方面，军队外语能力建设的重点是与国家安全、军事斗争密切相关的战略性关键语言，将从能力加强、能力维持和能力保障三个方面展开。

国防部要求全军理解外语战斗力理念，将外语能力作为军事战略、战术和作战行动的重要构成。国防部长盖茨尤其强调外语战斗力是一个“全军通用”的新理念，对于——传统的认识是只有“特种部队”强调外语能力，而新的战略思维是“外语”对于全军通用，所有参与非常规战争行动、海外培训和扶助咨询、人道主义救援以及安全维稳

---

① 在 21 世纪陆续推出的外语战略相关文件中，国防部、各兵种、部门曾分别用“Foreign Language”（外语）、“Defense Language”（国防语言）、“Language and Cultural Competence”（语言与文化能力）、“Language and Regional Expertise”（语言与区域专业知识）、“Culture, Region and Language”（文化区域和外语）等表达作为外语战略关键词，至 2011 年美国防部采纳并开始固定使用“Language Skills, Regional Expertise and Cultural Capabilities”这一术语，指包括“外语技能”“区域知识”以及“文化能力”三个方面的综合技能，并统一用 LREC 这一缩略语指代上述技能。本书在无特指的情况下，根据美军外语战略主旨，用 LREC 概念指“战争素养”及“军事行动技能”中的“外语素养”“外语战斗力”。

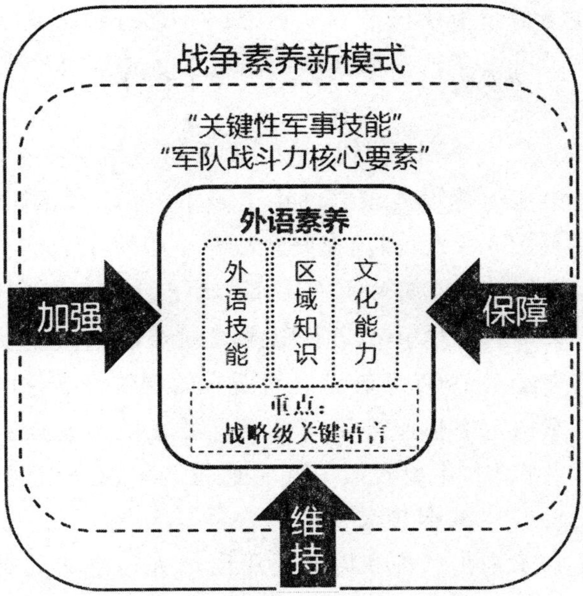

图 3.3　21 世纪美军战争素养新模式

行动的兵种、人员均需要外语（Gates 2008）。

（二）国家安全、军事战略宏观语境中的外语战略

推动美军开展外语转型的驱动因素是国家安全中的语言危机和军事行动中的语言文化短板，因此 21 世纪美军外语能力建设在战略思路上必须切合美国国家安全和军事战略的现实需求和潜在需要，此战略思想体现在三个方面：

1. 外语战略语境之层次化

将外语工作提到“外语战略”高度，是美国防部对 20 世纪国家安全战略和军事战略反思的结果。国防部长盖茨曾说，他一直以来对外语安全问题“深表忧虑”，这种忧患起于他担任中情局长期间，在任大学校长期间逐渐加深，而当他成为国防部长后，更加意识到美国在“区域专家和语言技能”储备方面的“严重匮乏”，所以他不断地呼吁“这个问题长期存在、变本加厉，需要国防部采取长期行动加以改变”（Gates 2011）。盖茨的上述担忧代表了美国安全专家、军事战略专家的

一致观点：外语工作不仅仅是军事训练的一部分，而且必须将其置于战略高度，在国家安全、军事战略的语境中，构建一个既有前瞻性也有务实性的战略体系。

为此，21 世纪美军外语新战略所体现的是国家安全、军事战略、外语战略和外语能力建设要求之间由上及下、由宏观到微观的层次化战略关系（参见图 3.4），即国家安全战略牵引军事战略计划，外语战略服务于国家安全发展态势和美军军事行动，并提出相应目标要求。

这种从国家安全、军事战略宏观语境到外语能力建设体系建设的层次化关系贯穿美军 2005 年转型之后所有的纲领性文件和能力建设指南之中，是美军拟定新世纪外语工作目标要求的出发点，体现在此类文件的“基本共识”“主要政策”和“愿景”等部分。例如，《国防语言转型路线图》的“基本共识”为：

（1）美军在未来仍然将和以非通用语种为母语的敌对国发生军事冲突，若要在冲突中处于不败地位，就需要有力的外语和区域知识能力作保障。因此，非通用语、稀缺语种的外语能力需求增加。

（2）国际安全的变化以及美国国家安全威胁实质的变化，使得潜在冲突区域扩大，也增加了美军有可能联盟的伙伴数量，因此外语需求在语种上出现递增趋势。

（3）21 世纪，国防部的“全球足迹”战略、将美军转型为更有拓展性的“远征军”计划，都意味着美军将有新的盟军、伙伴，有各种新类型的军事任务和新的作战方式，未来需求对军队的外语能力和地区事务知识的要求远远超过其现实能力。为保障联合作战、取得地区稳定、完成多国任务，尤其是在战后重建、人道救援、维护安全行动中取得成功，高水平的外语能力、地区事务技能均非常重要。

（4）国防安全的对立国可能会尝试操纵媒体，影响民众情感获取同情心，反对派的政客将分化美国的国际阵营。在意识形态领域的斗争对于外语能力水平提出更高要求。

因此，《路线图》在军事战略层面上，综合考量美国近期对外战争的各个时期所遇挑战的基础上，突出了战前情报搜集、海外特种行动和战后重建过程中语言的战略地位，要求“转型”与美国国防安全的现实结合；在国家安全层面上，其“关键语言”计划就是以保障国家

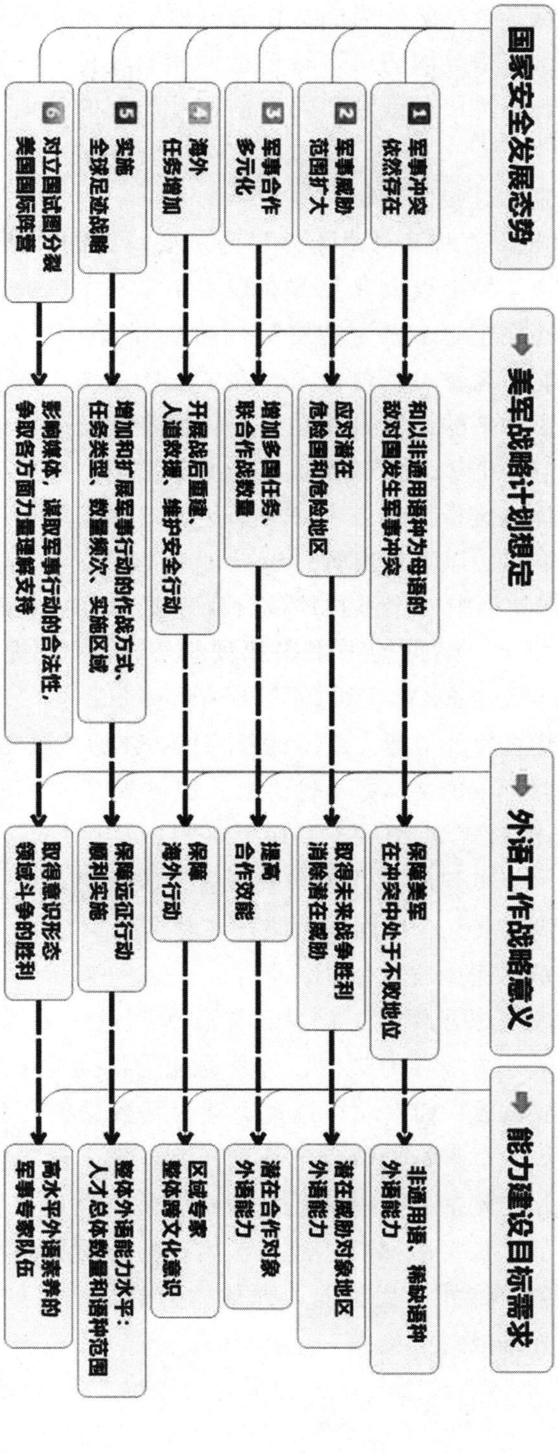

图3-4 外语战略语境之层次化关系

安全为出发点，将军队外语能力作为一项决定未来国家安全的关键因素加以考虑，它指导国防语言教育培训体制转型的发展方向，如重点加强对汉语、朝鲜语、俄语和阿拉伯语等语言的培训，都有明确的国家安全指向性。

2. 外语能力建设之三位一体性

与 20 世纪以“提高外语能力”为主要目标的外语工作计划不同，新外语战略考量的不仅仅是美军在现实军事斗争中的外语能力，还需要能够前瞻性地应对未来“突发”行动的语言保障需求。同时，由于国防部语言能力调查中发现美军存在“能力丢失”现象——经过培训达到一定外语水平的语言人才在岗位任职期间疏于学习，而外语是需要一定的维持性训练才能够保证其能力不减弱，因此，新战略还需要解决一个“能力维持”的方案。为了达到“愿景”中所期待的“拥有足够的外语能力，以满足当前（current）和预期（projected）的国防需求”，既能保持外语战斗力的持续增长，又能确保满足和平时期和战争行动的相应要求，还可为未来国家安全需求做出充分准备，美军从“加强”（Enhancement）、“维持”（Sustainment）和“保障”（Support）三个方面构建军队外语能力，即构建三位一体的外语建设战略。《路线图》的 4 个目标下的 43 项行动要求，均体现了这三个层面的建设思路。《LREC 战略规划 2011 - 2016》的目标 2 则是将“三位一体”建设思路具体地落实到教育训练和人事管理政策上，确保外语人才储备和外语能力提高在三个层面同时展开（参见图 3. 5）。

3. 外语战备思想之具体化

新战略将“外语素养”（LREC）作为“战争素养”的核心要素，要求全军理解外语战斗力理念，将外语能力作为军事战略、战术和作战行动的重要构成，而军队外语能力建设目标必须“生成于”对未来国家安全态势、军事行动特点的评估预判，即了解现实能力与需求之间的差距，并在此基础上有的放矢地部署能力建设方案。因此，外语战略势必将了解各军事部门、战区、兵种的外语战备情况作为外语转型之重要任务，将外语战备能力评估作为外语战略的重要构成部分，由此产生“外语战备”概念。

在 2005 年《路线图》中，美军首次提出“语言战备理念”，即将

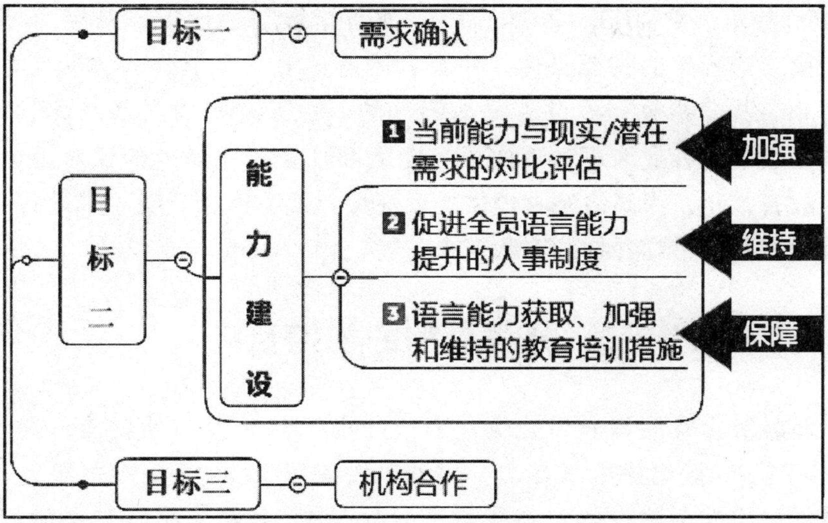

图 3.5　“三位一体”的外语能力建设

美军外语能力建设作为军事行动准备工作的一项重要内容，通过语言水平测试定期对各单位外语能力进行评估（任务参与者的实际语言能力），将评估的结果与各单位的外语需求进行比对（外语相关任务的能力水平需求），揭示语言储备资源和实际需求之间的差距，将匹配情况作为国防语言战备指数，汇入国防战备报告系统。外语战备指数构成必须以军事行动需求为参照，以与国家安全、军事斗争密切相关的战略性关键语言为重点，外语工作则需要依据“语言战备”情况而拟定战略目标、设计行动方案和实施能力建设。为将“外语战备概念”具体化为具体行动，国防部提出建设“外语战备指数”（Language Readiness Index：LRI）建设计划，属于《路线图》战略目标 1“基础建设目标”的行动。国防部责成人事与战备部长助理负责建设“开发语言战备指数系统”并将其纳入国防部“国防战备指数报告系统”（DoD Readiness Reporting System：DRRS），并于自 2005 年 9 月启动相关工作。

2010 年，议会军事委员在针对美军外语战略第一个五年实施情况的调研报告中高度评价了“战备指数系统”建设构想，认为它是一个

“创新技术”，是军队开展人事调度、能力评估的给力工具。为此，《LREC 战略规划 2011 – 2016》将“战备指数”建设工作升级为外语转型第二个五年的首要目标，并更具体地部署了 4 个分类目标，力图将“语言战备指数”建设为“战略性的、贴近现实的网络工具”，其愿景是通过对各战区军种现实语言能力和任务任职需求的比对揭示美军的战备差距，为高级领导提供决策信息，帮助他们开展“风险评估、审查危机预警措施并构画军队未来发展”（DeCamp et al. 2012.）。

三、外语战略的初期目标

外语新战略的核心目标为：通过外语工作转型和外语能力建设，提高美军 21 世纪核心战斗力。因此，为保障 21 世纪美军军事行动，国防部提出外语建设的宏观战略目标——构建培训、维持与保障三位一体的外语能力建设体系，保证外语战斗力的持续增长，保证满足和平时期和战争行动的相应要求。《2006 – 2011 财年战略计划指南》规定了美军在转型的第一个五年需要实现以下 4 个目标：

1. 基础建设目标：全军各类人员（军官、士兵、文职、预备役）理解外语战斗力理念、整体外语水平可保障当前军事斗争外语需求，所有军官必须掌握一门外语，基层部队编制中至少有一名士兵具备基本外语能力。

2. 应急保障目标：建成外语人才和文化人才的储备库，具有应对突发事件、外语人才激增需要、保障突发军事行动的外语能力。

3. 专业人才目标：培养读听说熟练水平达到专家要求的高级别外语人才，建设一支高素质的语言文化专家队伍。

4. 人事制度建设目标：制定和完善语言军官和外域军官的档案管理、水平追踪、任职定级、晋升奖励、培训提高等相关政策，保证能够完全追踪语言人才和海外军官的调配升职比率，建立规范有序的外语人才管理系统。

《路线图》依据上述要求，将外语转型工作第一阶段的工作设定为四个目标，具体化到 43 项行动，此后的《国防语言项目》又根据任务紧迫性和实施的可操作性进行了任务微调。

进入 2011 财年，鉴于“能力建设目标”已取得一定成果，《2011 –2016 外语战略规划》为第二阶段外语工作设定了“需求报告系统建设”“LREC 能力建设”和“合作机制保障”三个方面的总体目标，具体在 2014 年发布的《LREC 实施计划》中体现为更具体要求（见图 3.6）。

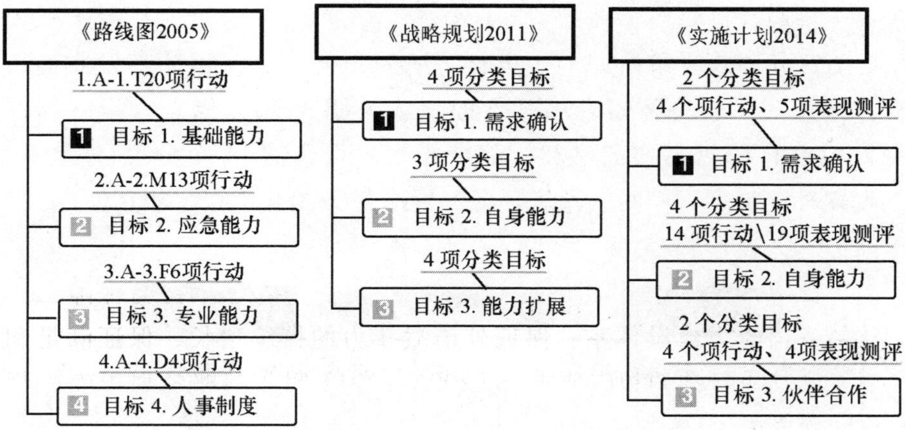

图 3.6　美军外语新战略初期目标演变

1. 需求报告：全军各部门针对本单位情况 LREC 需求“找准”（identify）、“核准”（validate）具体需求，进行需求“重要性排序”（prioritize）并且“上传”（transimit）相应的“需求信号”（demand signals）。

2. 能力建设：建设、加强和维持全军人员的“外语综合素养”（mix of LREC），满足国家安全各类目标的“现实/潜在”（existing/emerging）保障需求。

3. 合作机制：通过加强美军合作伙伴的 LREC 素养，为各类机构、联合行动合作伙伴、盟友以及非政府机构实施“伙伴合作能力”（partner capacity）建设，藉此加强美军与上述伙伴的“联合行动能力”（interoperability）。

从美军外语战略目标两个阶段的演变来看（参见图 3.6），《路线图》的目标 1 – 3 在《2011 – 2016 战略规划》中汇总为目标 2. 3——

“能力建设之教育培训”，《路线图》的目标 4 成为《规划》的目标 2. 2——“人事制度保障”系统建设，而第二阶段又出现两个大的新目标（“需求确认上报”系统建设，“机构合作能力”建设）和一个二级目标（“能力需求对比”）。

四、外语转型的主要任务

美军外语新战略初期的主要任务为外语转型，从国防部发布的行动计划来看，转型体现在多个方面（参见图 3. 7）。综合考量《路线图》拟定的 43 项任务行动和《战略规划》设计的 11 个分类目标，可以发现外语转型可归纳为两大任务，两个任务相互依存、相互促进。

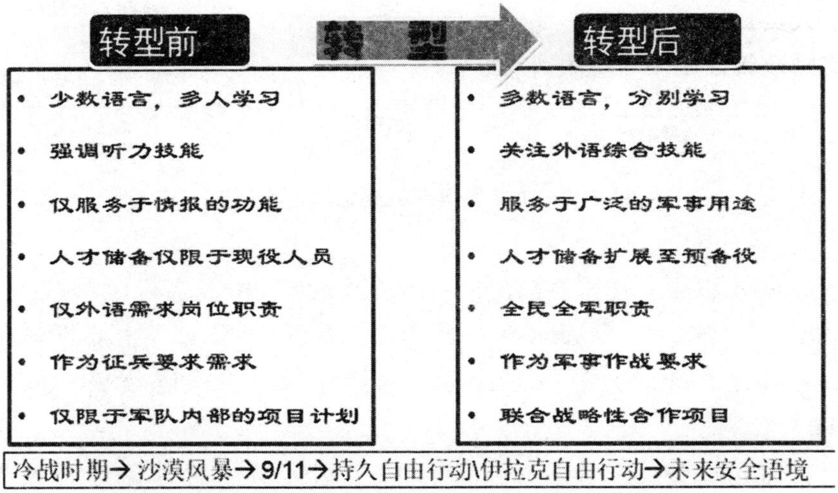

图 3. 7　美军国防语言转型任务

（一）国防语言文化能力建设

新战略关注国家安全发展态势和美军军事行动的相关性，明确了 21 世纪美军战略计划中外语能力建设的战略意义，根据未来军事行动特点提出外语能力建设的新要求，包括：更多人数的外语人才、更高层次的外语熟练水平、更广泛领域的对象国语言、更多门类的非通用语、更深入的区域知识和更有效的跨文化交际能力。同时，新的能力建设战略规划将传统的外语培训任务更新为三个层面的语言文化能力建设，即：能力加强、能力维持和能力保障。为此，国防部的《国防语言计划》向全军部署了一系列语言能力训练任务并采取了新的举措，希望通过多种渠道、全员覆盖的语言能力建设提升美军整体外语能力。这包括：

1. 在基础课程建设方面：开设或增设多种语言文化学习培训课程、项目，鼓励更多的官兵、投入更多的时间精力参加语言文化培训。例如，在非语言专业的普通军事院校，将文化和区域技能训练作为专业军事教育的一部分，要求学历教育的军事院校必须开设4个学期的外语课，使之成为普通军事院校的通识课。同时，将文化浸入项目和关键语学习扩展到普通军事院校，为军校学员和预备军官等各类非外语专业人员提供外语学习、海外学习、军事交流和浸入式学习机会，制定奖励政策鼓励学习关键外语。

2. 在教学手段改革方面：寻求更有效的外语教育与培训的手段、方法，注重外语授课质量，提高外语培训要求，将区域文化知识纳入外语教学，研发并使用科技手段提高教学水平，如视频资料和便携式语言学习设备 iPOD™。

3. 在语言能力维持方面：为提高和维持全体官兵的外语能力水平和文化意识，搭建校外语言文化学习平台，例如在驻地提供“即时学习”的网络资源以及技术支撑，部署基于计算机的语言能力维持训练、能力水平测试平台以及开发驻地短训课程，甚至将卫星技术应用于语言文化远程教育、语言能力维持和语言保障项目之中。

4. 在外语专业人才队伍建设方面：加强训练和职业管理，例如通过“外域军官项目”（Foreign Area Officer Program）选拔、培训和使用高水平的外语人才；在50所后备军官学校分别开展3年期的“语言文化资助项目”（Language and Culture Grant Program），用于资助各校为后备军官提供语言文化培训研究使用和保留语言专家的途径。

5. 在应急突发需求保障方面：为海外任务区官兵提供语言保障，包括开展任职前的语言培训课程、研发相关地区的语言文化要素并为执行海外任务的部队配发数据化“语言急救箱”（LSK：language Sur-

vival Kits)。应对激增关键语需要，开展外语强化训练。如要求国防语言学院外语中心培训 6000 名“伊拉克转型队员”，使其具有基本阿拉伯语水平，同时做好基础外语课程预案，以应对突发事件之开班需要。

（二）国防语言文化人才管理

转型前美军外语人才管理难成体系，人才流失与能力不足情况共存，人才流失有可能是因为短期需求不足造成的，但是又可能成为未来突发事件中人才短缺的隐患。同时，新战略将外语素养认定为战争素养核心，势必重构军队人才管理各环节的主要参考标准，保证 21 世纪美军外语转型服务于“以外语为核心战斗力”的战略思路。在此背景下，美军部署了语言文化人才管理转型任务。这体现在以下三个方面：

1. 外语人才的需求确认方面：明确美军的国防语言和区域技能需求，更新优化现有的条令、政策、计划和方案，以将外语、区域技能需求纳入工作范畴，保证信息来源的准确性；明确哪些岗位、任务需要哪个级别外语熟练水平，哪些岗位要求任职人员的听、读、说三项技能均高于 ILR3 级，保证该语言需求反应岗位现状；利用个人报告和水平测试等方式，摸清所有单位外语人才储备的现状，包括各关键语种的人才数量和熟练水平；对比需求能力差异并通过“语言战备指数”报告制度上报能力差距，预测任务风险，需求评估应涵盖所有岗位，确实为缩短需求与能力的差距提供可靠参照。

2. 外语岗位的需求保障方面：调整现有的人事制度，在征兵、任命、升值、轮岗等环节打通外语人才定岗适岗通道，按照军事和文职岗位的外语需求管理相关人员，例如在征兵环节，通过国防语言学能测试将军人的外语学习潜力信息留存在“国防语言学能数据库”（Defense Language Aptitude Battery），作为日后招收语言培训人员时的参考；完善与执行“母语后裔征兵计划”（Service Heritage - Recruiting Plan），将陆军“译员项目”从任务驱动的特别政策调整为长期项目，为招收外语特长者在征兵、人员招募、岗位分配等环节搭建特殊通道。

3. 人员外语能力提升方面：利用奖励机制鼓励美军人员持之以恒地学习和掌握对国防安全有意义的外语，进一步规范“外语熟练水平奖励津贴”为在外语熟练水平测试中取得外语能力水平认证且符合奖励标准的军人，发放额外的外语奖励津贴，通过入伍、升学、晋职、留用等环节的特殊人事政策鼓励官兵提升外语能力、吸引外语专业人才服务于国防事业。

五、外语转型部署的总体特点

21 世纪美军外语转型形成了两个重要的战略理念：战争素养新模式构建的外语战斗力思想以及国家安全、军事战略宏观语境中的外语战略思想，新的理念产生新的军事工作任务目标，体现在能力建设和人事管理的所有方面。总的来看，21 世纪的美军外语战略在转型部署上有以下特点：

1. 贴近现实，解决问题：美军外语转型的推动力是国家安全行动和军事行动中的“外语不力”，因此其所有的转型任务都以现状调研为基础，以解决调研中发现的问题为目标。例如，对于国防语言学院毕业生的外语水平调查揭示了毕业生语言水平达不到国防语言服务的要求，毕业后的外语能力丢失情况严重，为此外语转型一方面要求国防语言培训提高标准，另一方面也对如何维持军人的外语水平进行了全方位的部署。

2. 放眼未来，未雨绸缪：美军外语转型不仅仅服务于当前的任务行动，还以“潜在的”“突发的”需求和美国 21 世纪的“全球足迹”战略为着眼点，因此其转型还体现在为未来需求提前做准备的思路上，例如要求国防语言学院外语中心为未来关键语做授课预案，可在突发“语言需求”时迅疾开展强化性语言集训，防止突发行动中语言能力捉襟见肘；再如要求美军利用自身的语言培训能力加强、支持、保障伙伴盟军的外语能力，为美国争取更广泛的文化认同做了长远铺垫。

3. 分层建设，确保资源的合理配置：不论是 2005 年的《路线图》，还是 2011 年的《战略规划》，都要求同时加强对高、中、低各个层次的外语能力建设。外语战略的转型部署中，既包括对班排建制中语言骨干的能力要求，也强调高层次专业型的语言文化专家保留人数，在各类外语管理办法中，都对相关单位各层次外语工作者进行了从“菜鸟”到“专家”的分级标准描述。

4. 全面建设，力促整体能力的提升：新战略所部署的各项任务都强调了“全员”性（Total Force），例如：要求全军各单位开展外语能力需求核查、对官兵、文职及预备役的所有人员外语熟练水平的考核；外语基本能力的建设不仅仅在外语专业院校展开，还普及到所有的职业军事教育范畴；外语能力的维持平台则要求以网络、卫星、数字化手段全员覆盖到所有军事驻地，成为每一个军队人员唾手可得的常备作训工具。

第四章

美军外语新战略的实施要点

21 世纪美军外语战略将外语素养定位为战争素养中的核心军事技能。2006 年 1 月 3 日，美军发布《军事战略指南》，宣布将下一阶段的训练目标锁定为突破“语言关”，藉此增强美军在伊拉克和阿富汗等海外战场的行动能力和未来的全球领导力。美军各兵种、各级管理部门积极行动起来，将外语战略融入其军事战略，将外语工作规划到作训之中。本章根据《路线图》的目标和任务部署，按图索骥地跟踪国防部、各级管理和作战单位在外语转型初期的工作进程，从五个方面梳理分析外语新战略实施要点。

一、建立组织机构

在 2004 年的全国语言大会上，专家提出要改进美国的对外语言文化能力，就必须要把语言文化战略机构化，2005 年《国家外语能力行动倡议书》提出行动的“当务之急”是“成立一个由总统任命的、国家级语言权威机构”和“一个全国外语协调委员会”以协调军方、政府部门、工商企业和学术界的需求和力量，督促语言战略的实施。随着《路线图》的出台，外语新战略提出了一系列新的目标、任务和要求，为加强美军军事人员外语能力的系统化建设、逐一实现外语目标、落实相应任务，自国防部到各军种、战区、军事情报部门均任命了自身的“高级语言权威”（Senior Language Authority：SLA），在高级语言权威的指导下整编现有机构的基础上分门别类地成立了专职的国防语言转型组织和管理机构（参见图 4.1）。

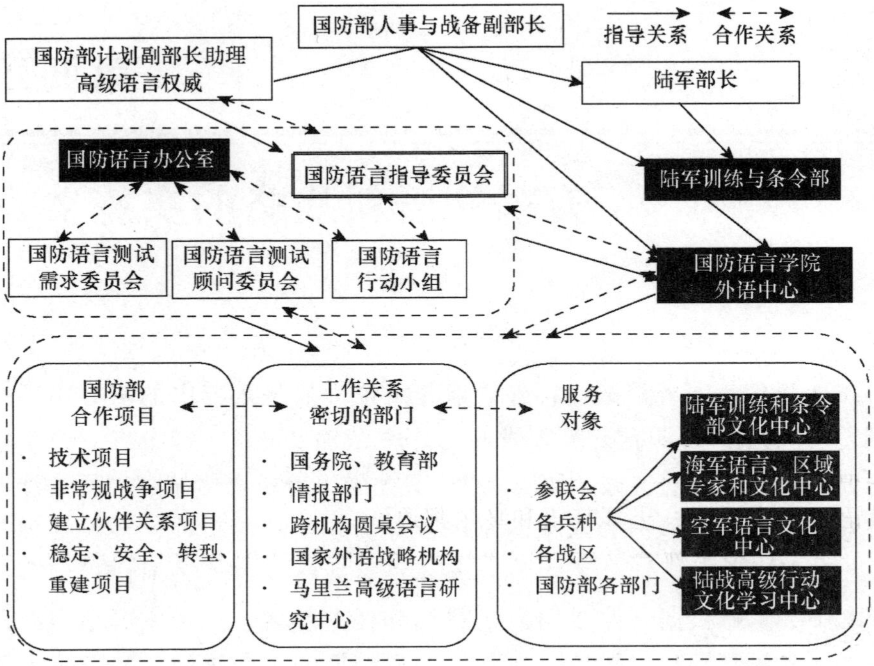

图 4.1　新世纪美军外语工作机构及多向关系

在国防部的统筹管理之下，各机构形成各类合作与指导关系，打通“计划←→实施”“监督←→报告”“评估←→调试”“部署←→训练”等工作通道，积极有效地落实外语战略。

（一）高级语言权威

根据新的外语战略部署，国防部、各军种和军事部门均任命一名“高级语言权威”（SLA）。SLA 是外语工作的技术负责人，与国防部任命的外语转型“行政负责人”协同计划和实施该部门的外语战略各项工作。2004 年 5 月，SLA 任命工作已经启动，国防部要求人事和战备副部长、军事部长、参联会主席、国防情报局长、国家安全局长、国防威胁压制局长各自为所在单位任命一位 SLA。随后各军种也任命了各自的高级语言权威，陆军 SLA 来自作战领域，海军陆战队 SLA 来自情报部门，空军、海军则来自人事部门。SLA 既是国防语言指导委员会委员，也负责评估所在单位的国防语言工作，包括：（1）评估语言需求，跟踪分配到该单位的语言人才去向，掌握潜在的政策性需求；（2）监督指导相关单位外语政策计划、人才管理和各方面工作的落实以及配发的外语设备资金的落实情况；（3）在军事行动、应急行动和维稳行动的计划决策过程中，为相关部门的高级领导人提供有关语言区域能力方面的咨询，咨询内容包括条令政策、计划指导和人员管理等方面。此外，各兵种和军事部门还要求其任命的“高级外语权威”组织调研，拟定符合本部门或部队的“关键外语”并按照战略重要性排序为清单。例如陆军将其纳入培训项目的外语分为三类：关键外语（13 门）、与危机、冲突和潜在威胁相关的语言（14 门）以及其他语言（52 门），其中关键语言根据重要性依次为：阿拉伯语、汉语、印地语、印度尼西亚语、日语、韩语、普什图语、波斯语、葡萄牙语、俄语、西班牙语、土耳其语和乌尔都语。

第一任国防部高级语言权威是兼任国防部计划副部长的盖尔·麦克金女士（Gail H. McGinn），根据《国防部外语区域水平能力管理办法》，国防部高级语言权威由国防部人事战备副部长委任，所履行的职责包括以下 12 项：

（1）国防语言指导委员会负责人，国防部所有 LREC 工作发起人，负责监督、指导、策划和设计国防语言办公室的相关活动。

（2）筹备“国防语言行动小组”（Defense Language Action Panel：DLAP）以保障国防语言指导委员会的各类行动和职能。

（3）协同国防部情报副部长、政策副部长、参联会主席、军事部长，指导国防语言相关工作、确保在国防部相关条令、计划和指南中 LREC 战略相关性得以体现。

（4）为国防部人事和战备副部长提供咨询，指导国防部 LREC 能力发展、维持和使用等方面的政策实施，监督国防部在征兵聘任、提拔提薪、训练任用等环节对于关键语言区域能力人才的使用，探求研究广纳人才、跟踪人才的创新理念，评估《国防语言项目》实施进程。

（5）审查和评估国防语言学院外语中心、英语中心以及国防部相关语言区域能力 LREC 训练项目及其对外语战略目标的贡献。

（6）审查《国防语言项目》中LREC能力确认分析、评估评价类项目执行情况，研发一套可推广的审查流程，确保LREC能力报告、计划行动以及人才追踪工作规范化、标准化。

（7）全程监督、全线管理国防语言测试体系。

（8）确保LREC融入联合作战维稳行动的作训条令中，确保相关政策包含评估语言能力进步和目标实现程度的有效举措。

（9）协同国防部战备副部长助理，开发语言战备指数，确保将该指数融入国防战备报告系统之中。

（10－11）协同国防部文职人员政策副部长助理、战备副部长助理，为国防部情报/非情报岗位文职人员制定外语奖励津贴政策。

（12）协同国防部项目融合副部长和军事部长，通过国防人力数据库系统或者其他必要手段，建立国防语言水平测试在线版标准和测试流程。

（二）国防语言指导委员会

国防部为了能够统一指导军队外语能力的发展、维持和利用工作，实施提高军事人员和国防部文职人员关键区域外语能力的计划，在原“外语指导委员会”（Foreign Language Steering Committee）的基础上设“国防语言指导委员会”（Defense Language Steering Committee）。委员会由来自国防部25个部门单位的人员（主要是该部门SLA）组成，设总执行官、旗舰语官员、分兵种执行官员等职位。国防部分配给该委员会的主要任务是：

（1）提出并协调美军语言政策和各类相关项目；

（2）明确美军LREC技能需求，每年公布“战略级外语清单”；

（3）明确美军的外语培训、教育、人员和财务需求；

（4）指导国防语言学院工作；

（5）制订军队外语能力发展、维持和利用的相关政策和奖励措施；

（6）跟踪监察关键LREC人才的提升、引进和保留；

（7）探索扩展军队语言文化能力的创新概念和办法。

某些兵种和部门也设立了相关指导委员会，例如空军设有“空军语言文化执行指导委员会”，负责审查和编写相关飞行计划。

（三）国防语言（和国家安全教育）办公室

为确保美军将“满足目前和未来对于语言专家、地区事务专家的需求作为战略要点”，经议会授权，国防部于2005年5月组建了隶属国防部人事战备副部长办公室的“国防语言办公室”（Defense Language Office）。2012年2月，“国防语言办公室”和“国防安全教育项目”（National Security Education Program：NSEP）合并为“国防语言和国家安全教育办公室”（Defense Language & National Security Education Office：DLNSEO），作为负责国防部乃至全国范围LREC项目以及相关活动的专门机构。该机构行政上仍然隶属国防部人事与战备副部长办公室，管理上接受“国防语言指导委员会”和“国家安全教育董事会”（National Security Education Board）的双重领导①。

虽然隶属国防部，但是该办公室负责规划与指导的项目既包括公立学校外语教育、国民外语入门培训，也涵盖所有军人外语培训活动和国际伙伴的合作性事务，其工作重点是对相关培训项目的效果进行评估，维持或进一步推动已有项目，确保国防语言能力建设符合国家安全和军事战备需求，具体职责为：

（1）以开展项目和制定政策的方式，建设外语与国际事务高水平专家人才库；

（2）为国防部制定LREC建设的相关人事政策；

（3）为国防部教育培训提供高层指导和监督；

（4）确保国防部对国防语言指导委员会、国家安全教育董事会以及其他专业团体的领导作用。

国防语言和国家安全教育办公室通过多种渠道满足国防部以及整个国家的外语需求。它积极参与国防部的“语言社区战略规划”（language community's strategic planning），帮助国防部完成人事与战备需求

① “国家安全教育董事会”成立于1991年，是一个由14位成员组成的委员会，其中6人由总统任命，来自非盈利性组织、产业界和学术界，8人来自国会级部门——国务院、商务部、能源部、教育部、国土安全部、国家情报总监办公室和国家人文科学基金，14人集体负责为国家安全教育项目提供咨询和建议，国防部战备和部队管理部长助理担任董事会主席。

的相关工作；它与国家情报总监办公室、国务院、教育部等联邦机构形成合作关系，以解决跨机构语言培训问题；它担当传统上由学术界担当的任务，提交国防语言问题研究报告；它在影响整个国家的 LREC 能力方面取得了显著成果。同时，凭借对于该机构的领导，国防部打通了统一发展军队和国家语言战略的渠道，掌握了领头研发和协调各类项目、政策、行动计划的权力，使之成为全美关键语言教育的领军者。

（四）各军种语言文化机构

除国防部外，各兵种也在国防部语言指导委员会及其高级语言权威的指导监督下成立或整编了各自的语言文化培训和研究机构。包括：

陆军：情报中心成立“陆军训练与条令司令部文化中心”（Training and Doctrine Command Culture Center）；陆军对语言和文化企划部（Army Language and Cultural Enterprise）进行机构重组，新的企划部由三部分人员构成：由陆军外语权威（SLA）任命的主席、行动官和秘书以及由副参谋长担任的副主席；由陆军各部高级官员（主要是各副部长）组成的常务机构；由相关机构派选的任务联络员等；

海军：成立“语言、区域和文化中心”（Center for Language Regional Expertise, and Culture）和“高级行动型文化学习中心”（Centre for Advanced Operational Culture Learning），针对海军特有的任务类型量身定制培训课程；

海军陆战队：成立“陆战队高级行动文化学习中心”（Marine Corps Center for Advanced Operational Culture Learning）。

空军：成立“空军文化语言中心”（Air Force Culture and Language Center）和“空军大学文化研究中心”（Air Force University Cultural Studies Center），负责确定、协同和实施空军的外语教育训练项目和文化研究项目。

各军种的 LREC 战略总负责人为高级语言权威，下设二级语言权威或“指导委员会”。例如空军按照国防部模式成立“空军语言文化执行指导委员会”（Air Force Language & Culture Executive Steering Committee），外设“空军语言文化顾问组”（Air Force Language & Culture Advisory Groups)，成员来自国防情报总监办公室、国防部战备指数副部长办公室等，核心落实机构为文化语言中心（参见图 4.2）。这些机构根据《路线图》研究各自所属的军事部门的任务类型和区域特点，根据现有的人才储备情况制订培训方案和评测体系，这些机构负责协调各方工作，完成语言转型计划。同时，军种语言文化机构征用了大量关键语本族语者作为军队外语教员、专家、译员，以应对国防语言转型中的人才需求。

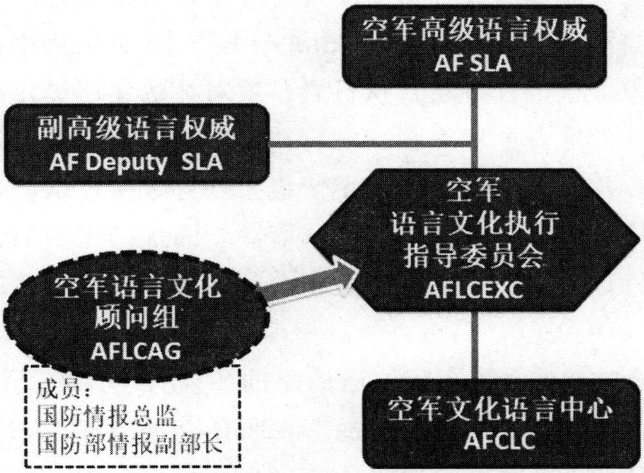

图 4.2　空军 ARL 能力建设组织机构①

（五）跨机构多向合作系统

美军外语战略的实施由国防部总体负责，落实到全军各兵种、各战区、各部门，其覆盖范围广，涉及人员类型多，任务项目繁杂，因此其实施计划是由国防部全面统筹，其实施过程要求多向合作，尤其是需要建立跨机构多向合作系统，实现资源共享、提升工作质效。

首先，外语战略思想的形成和政策的制定实施需要跨机构多向合作，其战略目标构划既包涵了学术界和政界的思想碰撞，也归结于联邦机构和国防部的合作。军队外语战略是国防语言文化战略的一部分，

① 编译自（《空军文化、区域和语言飞行计划》，第 6 页。

而联邦政府是国防语言文化战略的领头羊，具体实施以跨机构框架的形式组织实施，总体框架包括各州、学术界、商业界的联合行动。其中最有代表性的就是 2006 年的《国家安全语言行动计划》（NSLI），该计划是一个由白宫组织协调，由国务院、国防部、教育部和国家情报总监办公室共同参与的政府“跨部门”行动，其目的在于培养国家安全急需的阿拉伯语、汉语、日语、朝鲜语、俄语以及印度语族、波斯语族和土耳其语族等“关键语言”的高级专门人才。该计划由全美大学语言峰会发起，参加该峰会的不仅包括美国各大学教育专家，也有教育部、国防部等行政机构的决策者，包括总统布什、国务卿赖斯和国防部长盖茨。国防部负责“NSLA 计划”16 个项目中的 7 个，教育部自《国家安全语言行动》执行之日就对该法案所提出的外语教学和交流合作项目进行全程跟踪，对行动流程、目标实施和运作成果进行检测分析，并勾画教育部、国家情报指导办公室、国防部、国务院四部门负责项目的下一步目标和运作蓝图。四部门培养的人才贯穿不同年龄段的教育对象，服务于国防安全各领域，包括美军的外语任职岗位。

其次，政府和议会是军队外语战略的积极推手，也是军队外语转型的合作伙伴。议会军事委员会的多次听证会都突出了军队外语战略相关主题，包括：“伊拉克战略的第三条出路——了解战争背后的文化、政治原因”、“与盟友、合作伙伴以及敌对方进行交流和沟通的重要性”，“国家安全专家的外语能力——需求上升到了一个战略高度”。同时，议会组织相关人员在军队外语战略的实施推进和监督检查各过程中发挥作用，例如：对伊拉克、阿富汗的安全部队人员、重建队员等开展调查并提交报告；论证军事行动中外语能力的重要性并推进外语战略出台；讨论吸引和保留外语专家的方法，开展“外语奖励工资”的可行性论证；为开展军队外语基础建设和科研项目，议会论证和监督相关招标投资（如“联合排爆项目”中“排爆可视翻译智能卡”的研发）；帮助国防部建立在急需时可随时调用的外语人才储备；对国防外语行动的实施进行监督，责成国防部提交年度工作包括；责成政府问责局对以上报告进行调查并提供调查结果。而政府问责局组织各方面专家对外语战略的每一笔预算支出、每一个培训项目实施全程监控、实时反馈问题，帮助美军及时查漏补缺，调整方案，提高效率。

同时，国防部、议会及政府问责局的军队语言技能和文化能力建设调研需要通过军方和非军方、高层和基层、军界和学术界的多向合作而实施的，议会军事委员会监督调查分委会在2010年发布的外语转型总结报告中，特别对参与调研的部门、专家致以诚挚感谢（HASC O&I Report 2010），这包括：国防部长办公室、参联会、各军兵种、国务院、国防部人事与战备副部长办公室、特别行动司令部，国家安全局、教育部、高等教育办公室、战略预算评估中心，杨柏翰大学语言中心、德州大学奥斯特分院、俄亥俄州立大学的旗舰语中心；马里兰大学语言高级研究中心、国防分析研究所联合高级作战科、国际应用科学公司以及国防部及其下属单位的所有高级语言权威。这份调研报告充分地体现了外语转型工作中的“政府←→军方←→高校←→研究机构”多维度合作。

更重要的是，外语战略具体项目的论证实施和监测调整均要求跨部门、跨领域、跨专业合作，尤其依赖军地专业机构的介入。《路线图》中有多项任务需要借助跨机构合作，例如通过“跨机构圆桌会议”形成外语能力分级体系，建立由国防部各部门、军种战区司令部外语权威组成的跨机构“国防语言指导委员会”，以及完成由教育部、国务院、国防部和国家情报总监办公室联合负责的《国家安全语言行动》。2003年，国防部为实施语言文化战略依托马里兰大学成立高级语言研究中心（Centre for Advanced Study of Language：CASL），它是美国唯一的一个运用国家资源，应对国防部、情报部门语言需求的国家级语言研究中心，其工作重点是围绕国防部所关注的重要外语教育话题开展基础、应用研究以及针对军队LREC能力建设中急需解决问题的专项研究，其重点学术话题包括二语习得、外语教学技术、外语行为分析、非通用语、认知脑科学等。在过去的十多年里，CASL通过科学研究，产出一系列研究成果，并将其应用到国防部、情报机构和各相关政府部门中去，协助政府解决与语言相关的战略、战术问题，尤其是它全权负责研发的国防语言学能测试办法，极大地提高了美军外语人事管理的科学性。

除CASL外，国防部2008年启动社科类研究资助项目“慧神计划”（The Minerva Research Initiative），鼓励全美社会科学研究的领军团队参加国防部资助的选题研究，目的是利用美国顶尖大学的研究优势，整合大学、研究机构及个人力量形成跨学科、跨机构项目，提高国防部对于战略关键地带的社会、文化、行为以及政治力量的理解认识，提高国防部跨界社会科学研究、外语研究以及跨学科研究能力①。通过“慧神计划”，国防部基础研究办公室（Office of Basic Research）和政策办公室（Office of Policy）发布美国国防安全战略领域的重要课题，全美大学、研究机构均可申请立项。自 2008 启动招标以来，获得国防部“慧神计划”资助项目的多为来自全美大学联盟②（Association of American Universities：AAU）的地方院校，亦有跨国研究机构立项成功（参见表 4.1）。

表 4.1　国防部“慧神计划”资助项目（2009/2017）

年度	课题名称	研究机构
2009	中国技术与国家安全的演进关系：创新、国防转型与中国在全球技术秩序中的地位	加利福尼亚大学
	寻找语言战盟友：构建反激进穆斯林话语的扩散和影响	亚利桑那州立大学
	伊拉克人眼中的伊拉克美国战争：国家安全、大规模杀伤性武器、军民关系、民族冲突与伊拉克复兴党的政治沟通	蒙特利国际研究学院
	恐怖主义治理与发展	普林斯顿大学
	情绪与跨人群关系	旧金山州立大学
	非洲气候变化、国家稳定与政治风险	得克萨斯大学奥斯汀分校
	网络空间国际关系探究	麻省理工学院

① 参见“慧神计划”官方网站：https：//www. minerva. defense. gov/。

② 美国大学协会（Association of American Universities，亦翻译为北美大学协会、北美大学联盟）是由美国和加拿大的主要研究性大学（60 所美国大学和 2 所加拿大大学）组成的一个组织。它是由 14 所授予博士学位的美国大学于 1900 年成立的，目的是为了加强和统一博士学位的标准。该协会以提升大学的学术研究和教育水平为宗旨，是一个公认的世界一流大学群体。

年度	课题名称	研究机构
2017	真实的哈里发档案研究	乔治亚州立大学
	和平建设中的公共服务供给	圣塔克莱拉大学
	亚洲复杂突发事件与政治稳定	得克萨斯大学奥斯汀分校
	非洲萨赫勒地区的体制改革、社会变迁与稳定	佛罗里达大学

跨机构合作系统体现在国防部和联邦政府各机构、非军方学术科研机构之间的借鉴、整合、合作，也体现在美军各兵种、各战区之间的资源共享，其中最突出的就是国防语言学院外语中心为全军提供的外语教育培训、管理国防语言水平测试系统和承担国防语言转型的大量基础工作（详见第六章）。跨机构合作体制集合了联邦政府各部门、国防部以及各军种战区的资源和专长，鼓励各部门之间的磋商与协作，有利于形成团队精神。

二、拟定政策方案

在《路线图》4 类总体目标 43 项行动要求的指导下，国防部、陆、海、空、海军陆战队司令部及国防语言学院各自组织专家进行相应领域的调研，并相继制订了《国防部语言域能力管理办法》（2007）、《陆军外语项目》（2009）、《空军文化、区域和语言飞行计划》（2009）、《海军语言技能、区域知识和文化意识战略》（2008）等一系列行动方案和管理办法，作为各部门、军种和单位执行外语战略的工作指导和具体要求。而随后国防部发布或重编的一系列军事管理文件，如《非常规战争路线图》（Irregular Warfare Roadmap）、《伙伴关系合作能力路线图》、《战略交际能力路线图》（Strategic Communications Roadmap）、《维稳、安全、演变和重建行动中的军事保障》（Military Support for Stability, Security, Transition, and Reconstruction（SSTR）Operations）、《军队发展指导》（Guidance on Development of the Force）、《军队人员聘任指导》（Guidance on the Employment of the Force）等，均将外语战略融入相关工作，使之成为相关部门下一步工作的重点。在外语战略实施第二阶段，国防部除发布了《LREC 战略规划 2011 - 2016》，又在 2014 年推出《国防部 LREC

实施计划》（Department of Defense Implementation Plan for Language Skills, Regional Expertise, and Cultural Capabilities）。细化行动方案，旨在明确目标任务、责权关系和工作节点，保证各部门各单位按章办事，保障外语战略的有序实施。

（一）《陆军外语项目》

《陆军外语项目》（Army Foreign Language Program）是美军陆军司令部2009年8月通过的陆军外语战略四年计划，适用于美国陆军、国民警卫队、预备役部队和陆军文职人员。文件共11章，各章节标题及主要内容见表4.2。

表 4.2 “陆军外语项目”提要

章节	标题	内容
第一章	综述	说明文件背景，界定缩略语和术语，相关部门和负责人的主要职能
第二章	外语人才需求	外语人才需求确认、修订以及申请引进人才的方法流程
第三章	外语人才资源管理－1	征兵流程中外语人才管理、外语学能测试以及岗位“第一外语”确认的方法流程
第四章	作训	各类外语项目训练模式和管理办法
第五章	能力水平	外语能力水平标准、测试办法和报告制度等
第六章	外语能力奖励	奖励标准、方法、数额、申请方式和管理办法等
第七章	外语人才资源管理－2	外语人才的职业发展、任用等方面管理办法
第八章	指挥人员外语项目	陆军外语专门项目的背景、开展方式和评估报告流程
第九章	外语人才战备报告	单位报告方法和外语岗位认定等方面管理办法

章节	标题	内容
第十章	外语项目和财政预算	各类外语项目的定义、管理、要求和财务制度等
第十一章	陆军文员外语项目	文员外语培训、管理和奖励政策等

《陆军外语项目》针对全新的国防语言文化战略、美军外语战略及《路线图》要求，即“陆军必须训练并保有足够的语言专家，以在全球范围内扮演合格的任务角色、应对各类紧急情况”，对陆军外语工作在以下方面进行不同幅度的调整，并对项目要素和变革做出规约和解释：

（1）陆军语言和文化企划部转型：对其人员构成、工作方式、任务范围做出调整，以适应新战略的要求。

（2）认定陆军各岗位外语熟练水平要求（Defense Language Proficiency）：调研评估当前陆军对语言专家的需求，包括岗位需求、相应岗位外语专家的职责和能力水平标准，明确各岗位对于外语技能的具体需求，并以语言熟练水平指数（Language Proficiency Indicator）的形式明确各岗位对特定技能（听、说、读、写、口笔译等）的具体级别要求，以便在陆军内开展针对性外语培训和人才引进。

（3）推进外语熟练水平奖励（Foreign Language Proficiency Bonus）：开展陆军外语熟练水平奖励项目，为服务于陆军特定外语岗位、符合岗位需求、外语水平达标的美军现役官兵、国民警卫队和预备役人员提供外语津贴，鼓励相关人员提高和维持其外语能力。根据奖励对象掌握的外语难度和关键性确定奖励级别和数额。

（4）完善外语人才管理：在人才选拔、训练、测试、评价、任用和去留方面改革人事制度。征兵需依据对象的外语学能测试和外语熟练水平测试成绩及个人意愿；训练包括国防语言学院外语中心的在校外语课程、由营区部队指挥官负责管理的不在校外语课程以及受训人员的外语能力恢复、维持训练等，参加国防语言学院外语培训的官兵将重新派遣，分配到需要其外语能力的岗位；测试和评价主要依据外语熟练水平测试、外语阅读能力测试和口语能力面试等方式，陆军官兵每年需至少参加一次外语水平测试，以评价其外语能力与岗位需求是否相符。

（5）成立外语人才专项管理机构：在陆军成立外语项目专职管理机构，包括“指挥人员外语项目部”“文职人员外语熟练水平项目部”等，专门负责各单位外语人才的管理（包括选拔、测试、报告、评估、任用方面的要求）、后备人才的培训、外语能力与战备情况评估、外语项目资金管理以及陆军文职人员外语管理等。

（6）提供相关工作执行参考：为各执行单位提供外语能力参考指数、外语熟练程度分级方式、外语奖励津贴分配方案、外语项目执行自测表、培训资源列表、外语项目管理执行程序、关键术语定义、缩略语全称等，便于相关人员统一认识、按规执行。

《陆军外语项目》不仅对建立陆军系统的外语标准、管理军队外语人才提出具体的政策性和程序性要求，也为各陆军单位、部门实施外语项目及陆军官兵加入外语计划提供具体指导。以此为统领，陆军制定了进一步的分项规定，以确实保障军事行动需求。例如，要求每一位部署在阿富汗和伊拉克的士兵接受在线“阿富巴”语言文化技能培训；利用自建的 5 个语言基地（科罗拉多州的卡拉恩营地、肯塔基州的坎贝尔营地、北卡罗来纳州的布拉戈营地、纽约州的德拉姆营地和夏威夷州的斯科菲尔德营地）开展外语培训，受训人员需要通过传统教学、自主学习和现地操练教学等方式参与培训，全方位提升他们的外语技能、区域知识和文化能力；要求没有海外任务的陆军每个排至少派遣 1 名指挥军官前往陆军 5 个语言基地之一参与专门的语言文化培训（为期 16 周，不少于 480 学时的驻训）。

（二）《空军文化、区域和语言飞行计划》

《空军文化、区域和语言飞行计划》（Air Force Culture，Region & Language Flight Plan，后文简称为《CRL 飞行计划》）由美国空军总参谋长施瓦茨于 2009 年 5 月签发，文件共 8 个部分，各部分标题及主要内容见表 4.3。

表 4.3 “空军 CRL 飞行计划”提要

标题	主要内容
前言（Foreword）	战略意义：文化、区域和语言能力（CRL）是空军战斗力的重要构成，发展和维持上述能力是新世纪美国空军将担任更多联合任务、胜任各项“远征行动”的保障。
执行要点（Executive Summary）	提高整体能力、保障国防战略、领导层转型。
战略总览（Strategy Overview）	空军外语能力与更高层次的国家、国防以及军事战略、尤其是空军21世纪“远征战略”的密切关系。
全球文化、区域和语言战略（Global Culture, Region and Language Strategy	21世纪美国空军战略“保卫国土安全”“赢得长期战争”“提升国家安全”“阻止冲突”和“赢得国家战争”五个基本目标的实现均需要充足的CRL能力保障，加强CRL具有战略紧迫性。
框架和方法（Framework & Methodology）	具体的行动方案和科学的实施办法。
作用、职责、需求和评估（Roles, Responsibilities, Requirements, Assessment）	各部门作用职责，依据日程表对《飞行计划》的落实情况展开调查评估的要求。
结语（Conclusion）	实施效果——依靠充沛的CRL能力正向影响军事行动，构建盟友关系，实施远征战略。
战略日程表（Air Force Culture, Region and Language Strategy Schedule）	4大目标17项具体任务的负责单位和完成节点。

《空军CRL飞行计划》紧密结合空军的能力现状、空军发展战略和《路线图》的战略目标，是一部务实的军种外语战略实施计划。在战略部署上，该计划体现了以下特点：

1. 战略意识强

《空军CRL飞行计划》与更高层次的国家、国防以及军事战略、尤其是空军21世纪“远征战略”密切相关（参见图4.3），计划的形成基于以下战略共识：

（1）21 世纪空军战略目标的实现意味着美国空军与盟友、伙伴联合执行任务的频次将增加，需要足够的 CRL 能力作为保证；21 世纪空军远征战略的推进将对 CRL 需求提出同步增长要求，因此加强 CRL 具有战略紧迫性；

（2）为确保在未来行动中胜算在握，空军应在预测未来 CRL 需求、发展 CRL 能力方面投入时间精力；为发展和维护 CRL 能力这一宝贵战斗资源，空军须加强训练和财政支持。

（3）更加多元化的部队兵力配备将有助于加强空军的 CRL 能力。

在上述战略共识的基础上，空军将《飞行计划》定位为全球 CRL 战略，即通过加强 CRL 提升空军联合行动结果、将全球战略的行动能力最大化。

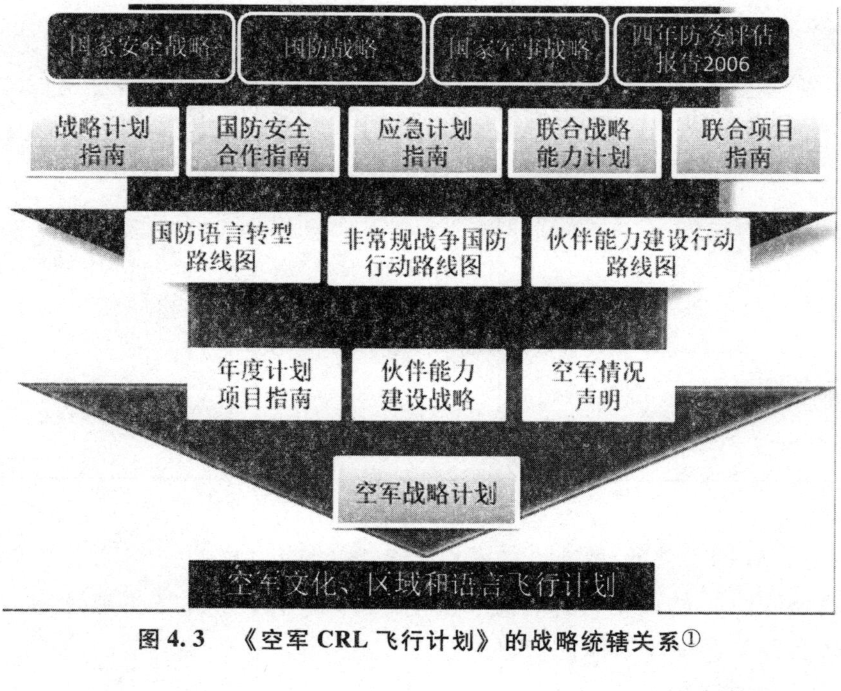

图 4.3 《空军 CRL 飞行计划》的战略统辖关系①

① 编译自《空军文化、区域和语言飞行计划》第 4 页，图 1.1。

2. 愿景蓝图清晰

在上述共识的基础上，结合《路线图》要求，《飞行计划》勾画了 CRL 建设蓝图——有效地“组织、训练和装备”空军 CRL 能力，保证空军在各类联合行动中完成其“飞行、战斗和胜利”使命，该蓝图包括三方面的愿景：

（1）人员 CRL 能力提升与维持：所有人员具有“和联合部队、跨机构组织、盟军伙伴及敌对方成员进行协商、交流和相互关照”的跨文化能力，具体包括和目标任务区相关的文化、地区事务和语言的知识、技能和态度；打造一批外语专业人才，掌握与空军军种特点相关、任务相关的外语专业技能；外语培训手段常态化，保证所有人员可及时获取有效的语言培训以适应战术任务需要；空军领导层跨文化能力整体提升。

（2）人员部署：确保空军部队所有人员 CRL 能力满足岗位需求、任务需求。

（3）能力维持：制定维持空军 CRL 能力的政策计划，确保能够开展快速有效且有针对性的能力维持工作。

3. 战略要点突出

《飞行计划》三个 CRL 战略实施要点：

（1）提高整体能力：要求空军通过教育、训练和必要的时间、经费投入来促进 CRL 能力的发展、部署、管理、转型、维持，确保每一名飞行员具有“3C 素养”①，培养一批具有“飞行政治家”（Airmen - Statesmen）素养的空军干部，同时储备语言文化区域专家，以充分保障作战需求。

（2）保障国防战略：保障“加强和扩展伙伴关系、盟友关系”以及推进“新型联合”之《国防战略》重点，配合《空军战略计划》之“保障联合飞行”“提高飞行人员素养”以及“提高训练的现代化程度”之工作要点，确保空军人员能够满足所有战略素养要求。

（3）更新空军领导层理念：转变传统“装备至上”理念，认识到

① 指“Cross Culture Competence”（跨文化能力），缩略为“3C”，在外语素养三成分中空军认为“3C”对于空军军事战略的实施最为重要。

空军军力优势需体现在人文冲突环境下的语言文化能力，当代美国空军要培养“盟友意识型”战士——能有效地与盟友和伙伴交际、协商和建立关系的空军飞行员。

4. 目标任务明确

《飞行计划》为空军拟定四个总体目标和17项任务（参见表4.4）：

表 4.4　空军飞行计划总体框架之目标任务

总体目标	具体任务
需求、能力匹配： 明确 CRL 需求，确保生成足以保障其任务使命的 CRL 战斗力	(1) 协同各部门工作，确保 CRL 能力与现实、未来需求匹配。 (2) 在相关条令、政策和计划指南中体现 CRL 作用。
CRL 要求融入战略指南： 持续评估 CRL 项目是否满足联合作战指挥、盟军项目需求，有效增长 CRL 能力以缩短明显差距。	(1) 持续地筛选和记录语言能力和学能，使之满足需求。 (2) 在任职培训、职业军人教育以及远征技能培训中融入 CRL 元素。 (3) 修改人事制度，确保任职任岗官兵 CRL 能力合格。
建立合作性机制： 有效协同实施计划、项目预算、立法决策等活动，实现产出最大化。	(1) 空军文化和语言中心充分发挥其 CRL 教育培训的统筹、协同和实施作用。 (2-6) 开展多种方式的 CRL 培训项目，借用其他部门 CRL 培训的先进经验。 (7) 根据国防部规定和空军需求，采取激励措施鼓励自主提高 CRL 技能。
保障战略需求： 确保 CRL 保障国家、国防以及空军战略	(1) 更新空军战略语清单，重构空军能力配置。 (2-3) 发现、结合并采用科技手段、网络空间。 (4) 构建伙伴关系以加强空军实力。 (5) 英语中心履责。

5. 方法流程科学

《飞行计划》上述看似庞杂的任务将分为三类，每类各有其特有的实施方法和科学的运作流程：

（1）采用定量描述的方式，确认当前和潜在行动的 CRL 需求。

（2）在征兵入伍、教育装备、人员留用和提升任职等环节采取科学有效的措施，有力保障 CRL 能力的增长和维持。

（3）在机构组织、工作流程和资源配置等方面采取配套措施，为打造最好的 CRL 队伍、维持其专业水准做好保障。

例如，《空军语言项目》属第三类任务，《飞行计划》根据教育学理论对“知识、态度、方法”关系的解读（图 4.4），制定动机驱动的项目执行原则：引导飞行员产生语言学习兴趣，开发其学习潜能，选拔、鼓励和帮助“有意且有能者[①]”进入不同的空军专业领域，为其创造在实践中维持语言能力的机会，以最有效和经济的方式提高语言水平等。

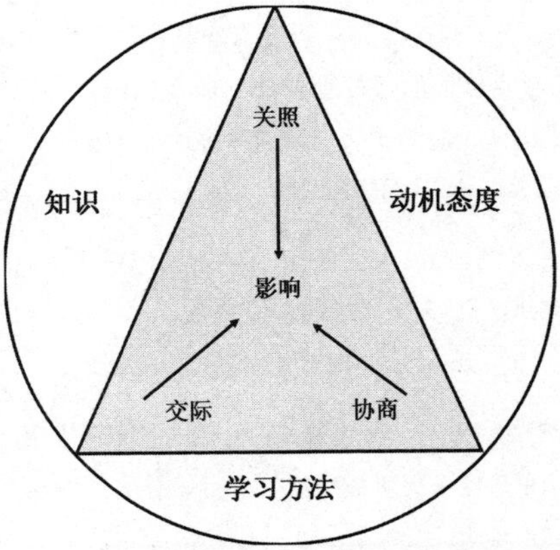

图 4.4　跨文化交际能力之影响因素[②]

（三）《海军语言技能、区域知识和文化意识战略》

海军于 2008 年 1 月由海军作战部长签发了《海军语言技能、区域知识和文化意识战略》（Language Skills，Regional Expertise and Cultural Awareness Strategy：LRECS，后文简称《LREC 战略》）。文件共 7 个部

① 原文为“willing & able airman”，指有学习意愿而且学能高的空军官兵。

② 编译自（《空军文化、区域和语言飞行计划》，第 6 页。

分，各部分标题及主要内容见表 4.5。

表 4.5 《海军 LREC 战略》提要

标题	主要内容
前言（Introduction）	战略构建理据：LREC 能力在海军战略中的重要性。
愿景（Vision）	四个方面的战略愿景及其标准。
预期效果（Desired Effects）	凭借 LREC 能力的提高，和长期或潜在伙伴加强合作关系，保障海军各项任务行动，为海军在海上、滨海、河流及海岸环境作战添加一个增分点。
使命（Mission）	LREC 工作深入到组织管理、人员聘用、训练部署等方面，形成海军的 LREC 发展型机制并生成充沛的 LREC 能力，充分保障海军战略实施。
要点和目标（Priorities & Objectives）	9 项重要战略目标的重要性排序，涉及组织架构、政策计划、流程方法、能力确认、需求排查、培训教育、人才管理、协调配合等方面。
任务分配（Tasking）	海军 LREC 工作的六大类任务、26 条具体措施及其负责单位、每项措施和《路线图》43 项任务的对应关系。
结语（conclusion）	《LREC 战略》为一个有机的整体，为海军在不同语言及文化环境下执行多样化军事任务提供战略指导和行动导向。

《海军 LREC 战略》强调海军既是作战部队，也是“重要的外交力量”，并且论证了 LREC 能力对于海军实现上述功能的重要性：从作战而言，LREC 能力对海军所有行动都很重要，影响国际安全合作、海上联合行动、实施人道主义行动、维稳行动、远征行动、实施禁令、民事/海事行动、信息情报战、犯罪调查/审讯、发布作战指示和翻译等工作的成败，它是海军官兵的必备素质，是海军战争艺术的关键成分；从新世纪外交而言，海军舰队所扮演的角色已经远不只是军事装备，海军应该是国家的外交资源，其首要战略任务是通过建立伙伴关系、扩展伙伴资源协助国家安全战略的完成，而其成功与否“取决于其能

否和敌对方、长期盟友及潜在伙伴进行交流，取得理解”，因此海军要根据目前的任务区域类型和潜在任务区域类型决定其关键语言，增强 LREC 能力。

鉴于海军特有的作战与外交双重功能，其 LREC 规划势必与更高层次的国防安全以及军事战略、尤其是海军 21 世纪战略计划密切相关（参见图 4.5）。

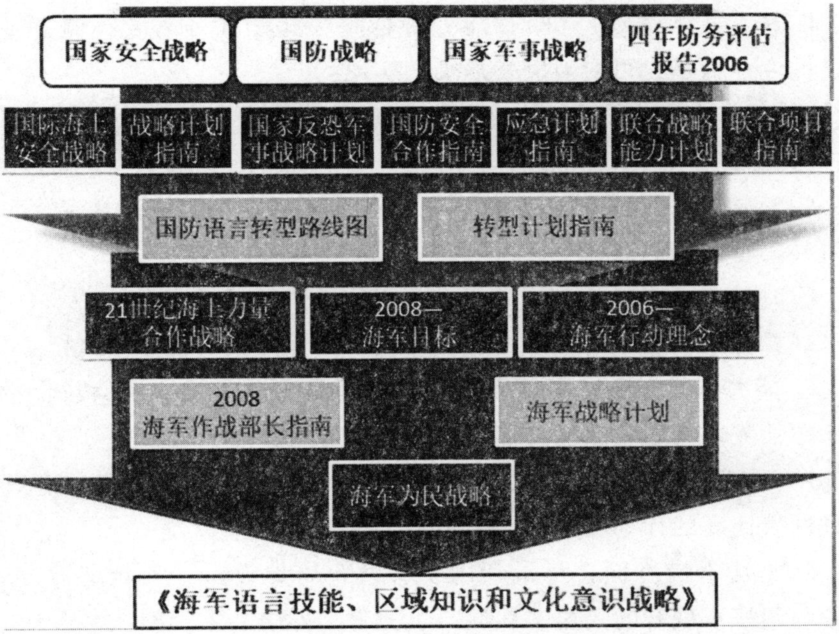

图 4.5　海军 LREC 的战略统辖关系①

在此战略背景下的《LREC 战略》要求统一海军对 LREC 的基本认识：

（1）21 世纪美国海军与盟友、伙伴联合执行任务的频次将增加，海军和陆战队军事战略的推进将对 LREC 能力需求提出同步增长要求；

（2）海军行动具有移动性、多样性、范围广和不可预测性等特点，导致对 LREC 需求的定义、发展和维持工作更加复杂；

① 编译自《海军语言技能、区域知识和文化意识战略》，第 3 页。

（3）对于 21 世纪美国海军，文化意识和区域意识的重要性相对于外语技能更为凸显；

（4）海军必须投入时间，加强训练和财政支持以着力发展和维护 LREC 能力，确保能够及时有效地调用；

（5）更加多元化的部队兵力配备将有助于加强 LREC 能力。

基于上述共识，海军希望通过实施《LREC 战略》完成以下四个方面的目标：

1. 能力提升方面：LREC 能力符合海军已知任务需要，储备一定水平的专业力量，可应对突发需求，实现：

（1）培养全体海军人员的文化意识，深度认可文化误读、语言误解在海军行动中的潜在危险；

（2）培养一批具有较高外语水平和区域专业知识的语言专家，包括海外军官、密码破译员等；

（3）培养一批能够利用外语完成工作的水手、文职人员；

（4）建立有机的外语人才储备机制，以保障突发任务的执行。

2. 能力保障方面：调动全员力量，满足行动需求，保障联合行动和海军任务，构划和影响海上安全环境。

3. 计划政策方面：规避风险，关注效果，制定灵活机动、有针对性且性价比高的计划政策。

4. 方法举措方面：尽量利用现有教育培训设施，创新培训方式，有效利用海军现有的人员多样性特点，奖励外语人才。

（四）《LREC 实施计划》

2010 年 2 月发布的《四年国防评估报告》指出，“当今作战环境对于军人提出了外语区域能力的更高要求以及对社会变化因素的更深理解，这是几个星期的培训无法达到的要求，而是需要学制长达数年的专业教育”。这就意味着进入 21 世纪的第二个十年，美军再次提升了军队 LREC 能力建设的战略高度。2011 年 2 月国防部发布《LREC 战略规划 2011－2016》，要求美军在新战略第二个五年实现 3 个总体目标以及三个模块下包含的 11 项“分类目标”（参见表 3. 2），其整体实施流程包括 4 个步骤（参见图 4. 6），四个步骤需要在沟通和调试中完成整个战略阶段的外语能力建设工作：

第一步："战略定义"，即定义"战略共识""愿景""总体目标""分类目标"和"表现评测"，同时形成计划文本。

第二步："研发评测方法"，包括：使用现有评测方法、以此为基础研发新方法、匹配战略预算。

第三步："制定实施计划"，包括制定：人员行动计划、机构和报告制度以及管理实践表。

第四步："执行和调试"，包括：比照预期目标和实际表现、生成表现评估报告和调试方案。

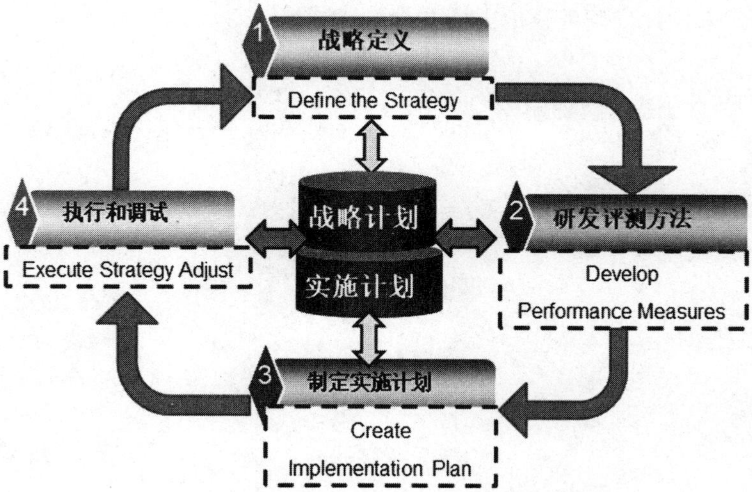

图 4.6　《LREC 战略规划 2011－2016》实施流程

《LREC 战略计划（2011－2016）》整体实施流程的第三步是"制定实施计划"，2014 年 1 月，国防部人事战备办公室、国防语言与国家安全教育办公室联合发布《LREC 实施计划》（Implementation Plan for Language Skills，Regional Expertise，and Cultural Capabilities），该计划力图执行以下战略要点：

（1）明确决定 LREC 目标行动成败的关键因素，将《战略规划》的愿景转化为促进 LREC 改变的具体行动。

（2）减少国防部 LREC 工作相关项目、行动和产品的雷同、重复，避免碎片化工作。

（3）确认实施《战略规划》的主要参与者。

（4）形成包含“实施方法”和“标志事件”等要素的工作流程，以有效监督计划实施、及时更新目标行动并报告进程。

（5）确保与国防部其他战略行动一致。

《实施计划》的主旨是通过一套管理机制来监督 LREC 战略实施流程、随时查证问责，同时确保相关机构工作方向一致有效。该机制包括两个部分：行动计划和测评方法，前者详细规定每一项任务内容、责任人（单位）和完成时间，后者评估任务进程、查证“标志事件”进展、贯穿行动影响并指导资源分配。该机制能否顺利运行，关键在于相关单位能否以合作的方式来设计准确务实的方案并合力完成。

图 4.7　《LREC 实施计划（2014）》主体内容

为此，《实施计划》对《战略规划》三大模块的 10 个二级目标进行了重新分类，定义了 LREC 战略的“三大要素”——“需求确认”（Identify Requirements）、“人力提升”（Improve Manpower and Personnel）和“伙伴合作”（Strengthen Partnerships），规定了参与各类要素建设的机构和人员（Key Stakeholders）和“预期结果”（Outcome Statements），拟定了各要素的具体实施目标（Objectives）和预期结果（Outcome Statement），建立了三要素下8个具体目标的实施模块，每个模块均包括两个部分——“行动计划”（Initiatives）和“表现测评”（Performance Measures），共计22项行动计划和28项行动测评（参见图4.7）。

三、开展能力建设

美军外语战略的核心任务是提升全军的LREC能力，其重点是加强、维持和保障军队整体外语能力水平。正如参联会主席穆伦上将所说，“21世纪美军作训任务中，没有一项任务的重要性胜过关键外语和文化能力的培训”[①]，为达到此战略目标、把握战略重点，国防部必须开展具体的能力培训、强化课程。

然而，完成此战略任务面临种种挑战。首先，根据国防部高级语言权威麦克金女士的描述，语言文化能力是一种获取时间长、提升难度大、学习过程复杂、丢失速度快、测评手段匮乏的“软技能”；其次，世界上的语言纷繁复杂，所有的语言和文化都是有生命的、处于不断变化之中，获取应用能力就必须在教学培训上跟得上这些变化。另外，国防语言能力的培训还有一个“选择”的问题，美军既不可能展开所有语种的培训，也不可寄希望于当前的语言培训重点就是未来军事任务的关键语——和其他的军事技能不同，语言技能无法从一个任务迁移到另一个任务，为此LREC能力还包含一个“突发激增”（e-mergent surge）要求面对突发的任务需求、提供针对性培训，通过语言能力的短期激增满足行动要求。面对上述挑战，美军采取了一系列措施、应用了一系列技术手段，力图通过“有效”且“节俭”的手段，“最大化”地利用各类资源，在“恰当的时间”“通过恰当的途径”为全军人员提供“以任务为中心的”语言训练和能力维持条件，以应对

① 参联会主席上将（Mullen）2009年8月11日在国防语言学院外语中心的讲话。

当前和未来的“多元任务需求”。国防部的愿景是建立一个提升整体LREC能力的“有机的学习体制”（Learning Organization），此体系通过岗前培训（pre – accession requirement）、军校课程改革（Service Academy curricula improvements）和预备军官训练团（ROTC initiatives）等方法可将LREC技能培训提前到岗位任职之前，渗透到军人职业教育的各类项目之中，贯穿军人职业生涯始终，在基础能力、应急能力和保障能力三个层面提高美军的整体语言文化战斗力（McGinn 2008）。

（一）基础能力建设

基础能力建设通过岗前培训和职业军事教育两种形式展开，同时将区域和文化技能融入各类语言培训之中。

1. 岗前培训

岗前语言训练的宗旨是培养有全球意识的军官，为未来的美国军官“配备语言武器”，使他们能用外语交流、能理解异域文化。在国防部统一部署下，各军种院校加强其外语培训、拓展外语类、文化类项目，增加外语类、人文类课程课时，扩展和推进海外培训、暑期“浸入式学习”（Immersion Program）和外语院校交流学习等项目，扩充“战略性”语言的师资配备。自2008年开始，国防部为军种院校追加预算用于开展外语项目、增强外语课程建设、扩充战略语师资（2008年专项经费为16900000美元，2009年为24700000美元，2010 – 2013年为83600000美元）。

外语课程：西点军校和空军学院所有班次至少开设两个学期的外语课，西点军校的文科学员则至少学习4个学期的外语课；空军学院非工科学员有4个学期的外语课，辅修语言类课程的学员则有6个学期的外语课；海军学院除数学和理工科外，其他专业均开设4个学期外语课。上述学院的外语教学内容均包含区域知识（包括当地的社会、地理、政治特点）以及文化要素类课程。西点军校的外语类专业下设外国语言和国外地区研究两个领域，涵盖80多个专业方向，包括阿拉伯语、法语、德语、葡语、俄语、西班牙语等单一外语专业及复合双语专业等；海军学院自2010年开设汉语和阿拉伯语专业，这是海军学院建院历史上首次自主开设外语专业。

海外学习：为帮助学员强化其所学语言技能、应用文化知识，各军种学院都在积极探求后备军官海外学习的渠道，并至少在40个国家开展了美国军校海外交流项目。

浸入式项目：各军种院校均开设了浸入式学习课程，即在暑期安排学员到对象国学习四周，同时也积极开展与外国军事院校的院际合作交流项目。2006财年，军校海外交流项目仅26项，2007财年，议会通过《国防授权法案》（National Defense Authorization Act）批准了100项此类项目。

预备军官训练团（Reserve Officers' Training Corps：ROTC）：在原有课程基础上增加外语学习以及多样化外语训练内容和方式。在1332所承担ROTC项目的院校，有1149所开设了外语课。另外，针对现有ROTC项目对国防安全关键语种和文化关注不足的问题，国防部还专门拨款，奖励ROTC成员学习关键外语以及相关区域、文化知识，2007－2008年有12所院校申请到ROTC关键语奖学金，2009年国防部又增设高级ROTC奖学金，鼓励高级预备军官学习战略级语言。

2. 职业军事教育

国防语言学院外语中心（DLIFLC）是国防部通过职业军事教育提高军人外语能力的执行机构，为促进和保障DLIFLC实施转型并完成《路线图》赋予其的战略任务，国防部大力提高了对该机构的年度拨款（2001年为770万美元，2008年为2700万美元）。DLIFLC平均每年开设24门关键语外语强化课程，培训学员2000名以上，毕业学员除掌握基本的外语能力外，还对相关地区人文背景和文化特色形成初步认识 。DLIFLC特别注重阿拉伯语、汉语、波斯语等国防安全战略语种的能力建设，2006－2008年共培养三个语种学员2171名，极大地提高了美军整体战略语能力。此外，根据《路线图》，DLIFLC自2006年开始启动了“水平提升项目”（Proficiency Enhancement Program），培养听说水平均在ILR3级以上的高水平外语人才，该项目在教学改革方面也采取了相应措施，例如提高师生配比、改进教室的学习条件和技术装备、提高课程的实用性、增加海外培训环节、扩充高水平在线课程内容等。[1]

为确保外语能力满足国防需求，国防部还着力改进其外语测试系统，推出网络版测试并从技术手段上保证测试系统不受地域时间限制，确保军人的外语能力能及时准确地得到评估报告并形成战备指数。外语能力测试系统上线后，部署在世界各地的美军官兵、文职人员均可通过该系统参加测试。从而国防部可以凭借准确的能力需求差距统筹外语人才的征用、培训和调遣工作，通过适当的人事行政干预手段来缩减差距，确保能力提升工作方向准确、力度充足，符合国防安全需要。

3. 区域知识与文化意识

能力建设的内容包括三个方面：外语、对象区域知识和相关文化意识，美军在各军种院校的语言教学、职业军事教育、部队派驻期间及其准备阶段的针对性训练以及预备军官训练中，均融入了区域知识和文化意识内容并开展针对性技能训练。各军种还采取相关措施，分别帮助部署到海外战区的部队多了解相关区域及其文化特色，藉此更好地完成任务，如“陆军作训和条令司令部文化中心”“海军 LREC 中心”“陆战队任务区文化高级学习中心”均为其部署部队提供派驻任务区的人文信息，并在岗前培训中强化相关内容。由于军种任务不同，分别开展区域文化训练更加有针对性并效果显著。例如，在瑞利堡（Fort Riley），曾在伊拉克和阿富汗担任顾问的军事人员（陆军、海军和空军成员）在现役部队、国民警卫队和预备役部队为驻军开设 LREC 培训项目。参与培训的学员不仅学习基本的阿拉伯语或达里语（阿富汗语言之一），还学习伊斯兰教的基本原则以及伊拉克和阿富汗的文化规范。在八个星期的基本训练结束，他们将在一个模拟伊拉克小镇，以模仿与当地人交流、实地任务演练的形式受测其语言文化能力。

与此同时，国防部还组织了各类跨机构研讨、经验交流活动，例如召开国防部“LREC 峰会”、定期与“跨机构语言圆桌会议”等学术机构交流合作等，探讨军队提高区域专业水平、增强文化意识和提高

① DLIFLC 是美军外语新战略的重要落实单位，也是《国防语言转型路线图》要求转型的重点单位，本书第六章将详细梳理 DLIFLC 的转型情况。

跨文化交际能力的办法。国防部2007年7月发布了《区域和文化能力：前景》白皮书，汇总了美军各战区、各兵种以及各部门在“区域与文化”技能提升方面的经验和有效举措，同年出台了《国防部外语区域水平能力管理办法》，视作《路线图》的一个附属文件，旨在形成一个统一的区域文化战略部署框架，确保美军在世界各地、不同的文化图景中能够很好地实施其国家安全战略和军事战略。

（二）应急能力建设

全世界大约有7000门语言，要想预测未来哪些语言和国防安全需求相关、何种语言能力能够保证军事行动需求，是不可能做到100%准确的。美军在伊拉克和阿富汗战场，就未能对于语言需求做出准确判断，部队外语能力不足导致任务受阻、效率降低。为此，外语战略以“未雨绸缪”的方式应对未知的语言需求，包括建立人才储备库、实施“外域军官项目”“国家旗舰语项目”等。

1. 高水平外语人才库

国防部通过开发各类有效途径，建立高水平外语人才库，确保指挥人员在战场能及时得到有力的外语人才保障。国防部责成陆军负责此类人才保障工作。外语战略实施的初级阶段，人才库主要针对一些美军正在展开行动的地区语言（如阿拉伯语、达里语和普什图语），而进入第二阶段的人才库建设将扩大范围，根据国防安全变化趋向预测潜在的任务区域以及相关语种，采取相应的人才库建设工作。例如，国防部负责“国防安全语言行动计划”中的“国家语言服务团”（National Language Service Corps：NLSC）项目，依托该NLSC美军在全国发现关键语人才，通过国防动员机制确保此类高水平外语人才可在国家需要时服务于军队，此为美军应对突发语言需求的能力建设预案之一①。此外，国防部还通过“合同”方式将有实际工作经验的语言人

① NLSC相关背景及培训方式，参见（1）National Language Service Corps, National Language Service Corps Background. http://www.nlscorps.org/Forms_ Kernel/Pilot.aspx, 2013；（2）National Security Education Program, National Defense University & Department of Defense. United States Civilian Linguist Reserve Corps Feasibility Study. http://www.nsep.gov/about/support/CivilianLinguistReserveCorpsFeasibilityStudy.pdf, 2004。

才签约为“国防外语储备人才”，包括退役的外语军官、文员及其独立外语工作者等。

2. 专业外语人才队伍

国防部在外语需求核查中发现，完成某些任务需要高水平的“专业外语能力”，如在多国行动、联合行动、维和行动以及发生民事军事冲突事件时，美军需要高水平的 LREC 能力来处理、协调各类关系，某些岗位任职人员必须兼具重点区域战略决断力、文化敏感性、区域专业性和语言专业性，例如武官处、国防情报局、参联会的武官、情报人员、军事参谋等，因此国防部提出要建立一支高水平的外语专家队伍，其读/听/说能力和区域能力均需在 ILR3 级以上。为建设专业外语人才队伍，国防部组织开展了“外域军官项目”（Foreign Area Officers：FAO），项目由国防语言学院加州蒙特利分院承办，受训人员为已经拥有一定军事技能、行动经验和政治军事素养的美军军官，未来“外域军官”将接受高水平的高等教育、掌握至少一门外语且水平达到专业水准、获得在该区域学习和游历的经验且了解该区域文化。美军由此获得一支能在外语联合环境下充分发挥其“外域能力”，胜任联合行动环境、多语多文化环境工作的战略型人才队伍。此外，国防语言和安全教育办公室还组织管理“国防安全教育项目”，利用“国家旗舰语项目”（National Flagship Language Programs）为国家培养了大量高水平关键语人才，其中不乏就职于国防部的外语人才①。

（三）保障能力建设

国防部在制定外语战略的过程中意识到，并非每一个参与任务的官兵都必须具有中高级的 LREC 能力，某些区域文化信息即使在岗前培训中有所涉及，也是难以记忆容易忘记的，因此有必要为驻属部队提供技术和师资支持，辅助其开展实地训练、助其形成与当地人民有效交流的基本能力。《路线图》责成国防部购置、技术与后勤副部长主持战场语言保障能力工作，形成一个全军体系化建设项目，通过各类教育、技术手段为部队实时实地提供 LREC 增容保障。其愿景可描述

① “外域军官项目”“旗舰语项目”均为美军外语战略重点项目，将在第五章详述。

为：在任务区或者边界线，驻属部队一方面通过自身的 LREC 能力与当地人民或官员沟通交流，一方面可以借助技术手段及时查找语言、区域知识和文化特点方面的信息，同时还可在驻地开展有区域针对性的 LREC 教学训练。外语保障能力建设将为部队在战术层面形成 LREC 军事素养增容，方式包括：派往驻地的“移动教学小分队”“视频远程课程”“语言急救箱”（Language Survival Kits：LSK）、在线教学素材等。

移动教学小分队（Mobile Training Team：MTT）：国防部要求 DLIFLC 将其语言文化教学拓展至课堂之外、延伸至驻地，帮助部队在开赴任务区之前开展准备性 LREC 训练。2001 - 2008 年期间，DLIFLC 共外派 380 个 MTT，开展了 440 项培训活动，为 66，000 名官兵开展驻地外语培训。MTT 可根据任务需要，在部队常规训练科目中开展 LREC 培训，确保基本作战单位的每一位指挥人员（无论是现役还是预备役），都能够在未来作战行动中积极地利用和开发此类能力，以快速应对作战需要，例如参与“伊拉克应变小组”（Iraqi Transition Team）培训的士兵掌握了基本阿拉伯语交际能力，被派往参与“伊拉克持久自由行动”的部队，面对突发的达里语和普什图语需求，能够做到有备而来、积极面对。《西雅图时报》曾报道路易斯堡（Fort Lewis）士兵学习基本阿拉伯语课程，该课程为期 10 个月，培训的目标是在每个连至少有一名士兵会用阿拉伯语进行一般性交流，保证部队派往任务区后迅疾能够与伊拉克公民沟通，或帮助他们的指挥官区分朋友和敌人，或弥合美国军队与伊拉克人之间的语言和文化鸿沟。①

驻地语言实验室：建立驻地语言实验室有助于将语言学习作为部队作训常态化项目之一，也鼓励官兵积极开展自主学习。为服务战场保障，DLIFLC 的在线系统提供了世界上 34 个国家 49 门语言的学习资源，包括地缘政治概貌、文化区域信息和基本语言表达等。为帮助军人维持其 LREC 水平，DLIFLC 还在线投放了“全球语言在线保障系统”（Global Language Online Support System），开设了 6 门外语网络课

① 参见《西雅图时报》2008 年 7 月 28 日报道“Fort Lewis Soldiers Learn Arabic to Better Prepare for War”，作者 Sara Green。

程。国防部语言权威麦克金女士在议会发言中，曾描述了海军陆战队远征部队（Marine Expeditionary Forces：MEF）情报营的语言实验室使用情况。该实验室既有学生自主学习外语和区域文化知识的独立工作站，也可建立讨论小组开展对话和讨论，麦克金女士目睹了海军陆战队员和水手建立讨论小组，用汉语普通话讨论军事话题的场景（McGinn et al 2008）。语言实验室对于保障能力建设有极大的价值，它不仅为海军陆战队员和水手提供了解区域文化的设备和场所，也有助于语言专业人员提高外语技能，同时为官兵维持自身语言能力提供帮助。

四、配套人才管理

外语战略的核心思路是“外语是核心战斗技能”，那么掌握此核心技能的外语人才则成为美军的战略资源，外语战略实施的成败取决于如何合理地管理外语人才，提升外语类人力资源的数量、质量和调用效率，确保军事行动中不再出现“外语人荒”。因此，21 世纪美军外语战略的实施要点之一是改革人事管理体制，在征兵录用、留用提拔等各个环节执行外语人才倾斜政策，保证外语能力建设的系统性和可持续性。外语人才管理配套政策的形成是一个渐变的过程：2005 年《路线图》初见雏形，《2011－2016 战略规划》及《实施计划》推出系列目标行动和测评方案，当前形成了较为完整和体系化的人事管理保障机制，并在使用和运行过程中不断调整优化。

（一）《路线图》中的外语军官管理目标

2005 年的路线图有 4 个总体目标，其中第 4 个目标为“建立一套流程，追踪军队外语人才和外域军官的征用、分配和提升信息”，旨在将外语人才作为关键战略资源加以管理，以便随时调用。为实现此目标，《路线图》规定了 4 项任务：

（1）更新《外域军官项目》，确保该项目的计划和管理流程能够紧密结合当前和潜在外语需求。

（2）开发并维持一套人才信息系统，以标准化输入方式录入并管理所有外语人才和区域专家信息。

（3）建立监督外域军官入职、留用和提升的测评追踪机制。

（4）建立评估外语人才表现的评估机制和定期上报机制。

4 项任务主要围绕“外域军官”项目管理展开，是因为其时美军的全面能力建设尚未展开，对于现有外语人才和未来外语人才的数量和质量都缺乏一个准确判断。而经过外语战略第一阶段的“能力建设”，美军外语人才出现了基础数量激增、层次多元化和储备渠道多样化的特点，需要一个更务实、更具体、更便于操作的管理体系来实现人力资源的效用最大化。

（二）《LREC 实施计划》的人力管理目标

《LREC 战略规划（2011 - 2016）》指出，虽然美军各战区和军种试图尽力满足 LREC 战略的人才需求，但是由于国防部人事管理流程、政策和相关项目存在诸多问题，体现在人员征用、留用提升以及人力追踪各个环节，导致外语人才管理工作收效甚微。因此，在 2011 - 2016 年的 LREC 工作中，要设立一个“人事管理”目标，即“建立人事管理和分配程序，使全军能够更好地满足当前和未来的 LREC 需求”，服务于“全员 LREC 能力建设”的总体目标（见表 3. 2）。

经过三年的调研调试，2014 年发布的《实施计划》将《战略规划》中的“能力需求”“能力提升”“能力扩展”三个总体目标修订为“需求确认”“人力提升”“伙伴合作”（参见图 4. 7），其中第二个总体目标“人力提升”（Improve Manpower and Personnel）升级为当前美军外语战略的总体目标之一，即通过对人事管理政策改进提升美军整体的 LREC 能力、确保能力与国防任务需求匹配。此项工作由国防部人事战备副部长总体负责，具体包括基础能力保障、整体能力提升、战略级人才管理和教育训练管理 4 个方面的人事保障分类目标。《实施计划》规约了四个方面的具体任务行动、任务参与者、预期效果，针对每一项任务拟定了行动方案、时间节点和关键测评项目，具体到 14 项行动、19 项测评项目中（参见图 4. 7），藉此保证外语“人力提升”所有行动在指导、实施和检测每个环节都具有可操作性并确实服务于外语战斗力建设。

（三）人事管理配套政策

为实现外语战略的总体目标以及《实施计划》重点的 4 项目标，美军出台了一系列人事政策并形成“以人事管理促外语能力建设”的人事管理保障机制。系列政策与能力建设密切相关，它体现在军队人才管理的各个环节。

1. 聚焦外语的军人职业发展保障政策

外语人事管理保障机制的核心目标是“以人事管理提升军队外语战斗力”，其核心政策是将外语作为军人职业发展的重点，力图通过有效的人事管理从多个维度提升全军 LREC 技能，使之成为贯穿军人职业生涯始终、关涉美军所有人员的自主训练项目，通过维持和提高个人能力提高美军整体 LREC 水平，形成外语能力提升和军人职业发展的正向互动。这体现在国防部以及各军种的系列人事管理规定中，尤其是军人职业发展保障相关规定和发展项目。

例如，空军《文化、区域和语言飞行计划》凸显了“以人为本”、以人事管理促 CRL 能力建设的理念（U. S. Air Force 2009）。该计划为其服役人员制定了分层外语能力目标，并为每个类别设计了能力提升方案，体现了外语能力提升与职业发展的同步规划（参见表 4.6）。

表 4.6　空军外语战斗力提升分类目标

人员类别	建设目标
全体人员	具有一定的跨文化交际能力
外语专家	官兵中保持一定比例的外语专业人士，具有保障空军专业需求和任务需求的外语能力
普通飞行员	具有学习外语的潜能，在短期能够通过及时培训达到“战术”要求
飞行政治家	具有高水平跨文化交际能力、空军特别培养的未来空军领导人

针对具有 CRL 潜能的飞行员（第四类人员），空军铺设了独特的职业发展通道——通过一组相互关联的、空军特有的人才发展规划和配套措施选拔和培训特殊人才，分阶段、分类别提高其整体“飞行

CRL 能力”，保障有志成为“飞行政治家”的空军官兵顺利获取相应的 CRL 能力（参见图 4.8）。

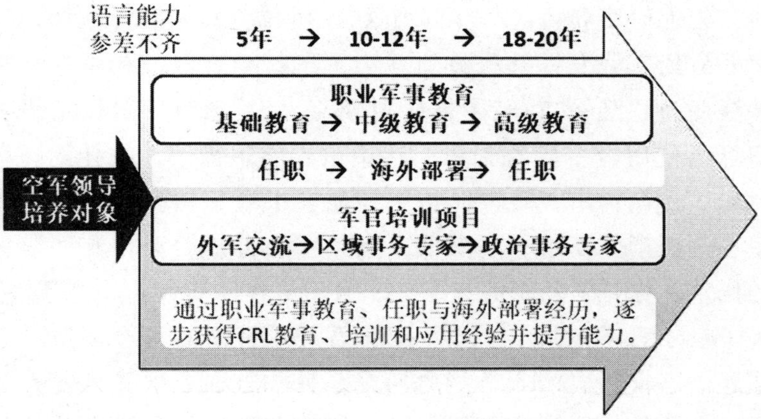

图 4.8 空军“飞行政治家”培养模式

2. 外语优先的征兵任职政策

此政策将外语技能的核心战斗力地位体现于征兵入职、任职分配等人事环节，通过外语优先的人事制度提高全军 LREC 能力及其与当前和未来任务需求的匹配度。

从征兵环节看，首先要求改变征兵标准、军种学院的入学要求、预备军官训练团的招募要求、国防教育项目的申请标准等，将外语能力水平作为征兵中的“国家利益攸关项目”，列为优先录取条件，藉此吸引具有一定外语能力的青年参军入伍，提高新生力量的整体外语水平。另外，为确保优质外语人才源源不断的输入，国防部还鼓励通过一些特殊的征兵项目为军队纳入外语人才，称之为“输油管道”计划。例如，由于美国是个移民国家，全美有约 18% 的公民能说英语外的其他语言，为利用此得天独厚的多语环境，陆军的“本族语后裔征兵计划”将征兵深入到非英语社区，动员以战略关键语为母语的移民后代加入国防事业。再如，空军启动了“语言直通车奖学金”，扩大后备军官训练团奖学金向外语专业学生的倾斜力度，激励优秀外语专业大学生将服役从军列为职业发展方向。

外语优先政策还体现在人才引进中的审查流程上，防止严苛的安全审查流程将优秀的外语人才（尤其是移民后裔）排除在国防人才之外。例如，陆军 2003 年到阿拉伯语、达里语和普什图语社区招募了一批士兵，将他们培养为口/笔译员并派往伊拉克和阿富汗战场，这批译员在海外战场充分发挥外语技能并为军事行动增效，此举在陆军得到好评并演变为“陆军口/笔译员计划”。此后，项目针对特定语言的移民后裔母语使用者（阿拉伯语、达里语、库尔德语、普什图、土耳其语）制定了专门的审查政策，相比其他参军项目做到了程序简单、流程缩短、军事素养要求有所降低。逐年增加母语后裔在其外语人才队伍中的比重，提升了陆军关键语、非通用语整体能力。

从任职分配环节看，适岗率是外语人才管理的重要环节：一方面要保证外语需求岗位的人员能力匹配，另一方面要保障外语人才的职业发展，力争最大程度地发挥其外语能力，降低将外语人才分配在无外语需求岗位任职的差错率。《国防语言项目》（U. S. DoD 2005b）规定具有高级别外语熟练水平的官兵可成为“语言分析专家”身份，优先分配到翻译、密码破译人员、战情分析岗位工作，是保证外语人适岗率的具体人事措施之一。

3. 战略级外语人才管理政策

战略级外语人才是美军人才资源库中的珍品，外语转型之前，美军曾因人才管理不利造成外语专家流失严重，经长期培训的外语专家续任比例远远低于其他类别的军官，一旦履行外域服役就意味着“军人职业生涯的终结 ”，这对于 21 世纪立足于“长期反恐”、取得“非线性战场”胜利的美军而言，是一个重大疏漏（Clifford 2001）。为此，外语战略要求国防部以及各军种将“战略级外语人才”作为军事人才的重点培养与储备目标，人事管理上必须采取特别措施确保这支队伍的数量与质量，建立一支“拥有保障国防使命的核心技能”的高水平专家队伍。战略级外语人才在美军人才体系中有一个特定的标识——“外域军官”（Foreign Area Officers：FAOs），国防部针对新战略要求，更新改版了其《外域军官项目》，重点体现在任职适岗政策、职业发展政策和管理报告制度等方面，该项目政策是人事管理制度保障专家队伍建设的集中体现，本书将在第五章详细解读该项目演变及相关政策措施。

在国防部整体规划下，各军种均出台了相应的外语战略级人才管理办法并启动其 FAOs 项目。例如，空军依托多种途径培养“密码分析人员”“国际事务专家”“国际卫生专家”等不同类别外语战略人才，分类设定专项计划和培养模式。以高级别密码分析师为例，其职业发展路径贯穿军人职业生涯：从入伍入职时的基本军事训练→到培训阶段的语言入门训练（国防语言学院：2 年）+密码技术训练（院系：2 年），在岗位任职期间将隔年参加二外、三外轮训，保证持续开展语言学习和维持性训练，确保其拥有高层次外语水平（参见图 4.9）。

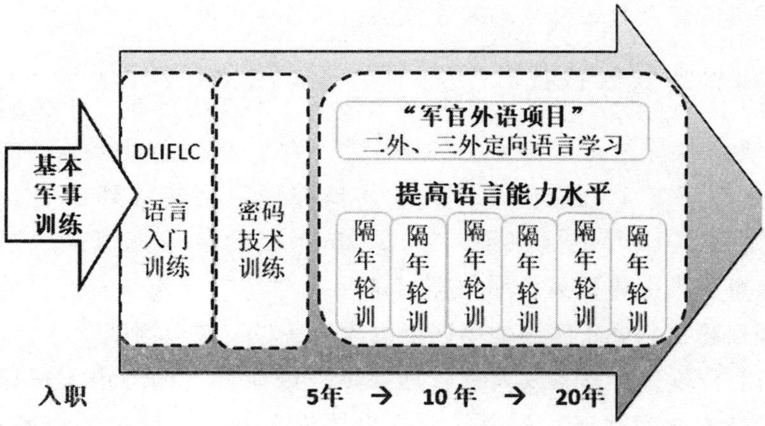

图 4.9　空军密码分析师培养模式

4. 外语训练教育保障管理政策

人事管理机制中的外语训练教育保障政策，主要通过配套作训计划、人员部署、职资调整和分配任职等政策，支持和保障国防语言和国家安全办公室协同联邦政府、地方组织和教育机构所开设的教育类项目，管理美军参与相关项目的情况，监控美军通过上述项目在语言、区域知识和跨文化交际等领域的收获和表现。国防部责令陆军部长负责外语训练教育保障管理，制定专业外语院校（国防语言学院外语中心、西点军校等）的关键语招生、培训和考核规定，检查和评估全军每年外语培训（各军种外语中心）对全军 LREC 能力的影响，了解、记录和上报每年美军基础水平和专业水平的 LREC 能力改变情况，包括人员构成和能力级别方面的具体数据。例如，陆军部在转型后通过提高国防语言学院的毕业要求提升各类培训课程的教学效果，国防语言与安全教育办公室制定了更为详尽务实的“预备军官训练团”计划，并将其纳入了国防部正式编制以保留外语专业人才。

5. 外语熟练水平奖励政策

为鼓励军人谋划和履行聚焦外语的职业发展，美军出台了一系列奖励政策，通过外语加薪机制、外语人才提前晋升、优先分配岗位等措施促进官兵自主维持和提高外语能力，也挽留外语人才继续为美军服务，这其中最为有效的就是外语熟练水平奖励津贴制度。本书第五章将详细阐释其政策演变和实施方法，此处不再赘述。

（四）实施与调试

如果说美军外语战略实施的第一个五年，其核心目标是“能力建设”，那么第二个五年直至今天，其核心目标则转移到了“人事管理”。通过 2014 年的《实施计划》，美军勾画了一套与《路线图》配套的人事管理保障政策，而根据《战略规划》的实施流程，目前的人事管理保障机制处于实施的第四个阶段——“实施与调试”。

当前阶段，美军“以人事管理保障外语能力”的外语人事保障机制建设尚未达到战略目标要求，突出体现在外语岗位的适岗率方面。根据《实施计划》（U. S. DoD. 2014），转型 10 年后美军外语岗位的适岗率依然达不到 20%，FAOs 适岗率 2012 年仅达到 9. 3%，到 2018 年仅提高到 12%，说明大多数外语岗位的任职军官并未达到想定的水平能力。究其原因，一方面是美军极力吸引和培养的外语人才在军队留用时间不够、任职周期较短，另一方面是战略级人才队伍建设过程中，“外语素养”“军事素养”以及“政治素养”难以兼修并举：某些项目设立了周期较长的培训流程和机关实习经历，会导致军官远离任务区、忽略军事技能，而在部队任职的过程中，由于缺乏维持语言水平的条件，军官的外语能力可能处于下滑状态。为此，如何提高专业技能、监控并保证适岗率成为美军下一阶段外语军官管理需要解决的问题。

针对上述情况，美军也积极地尝试调试改良方案，包括加强外语人才分配的针对性，保证外域军官在各自重点研修的区域工作，能够始终发挥自身外语特长，再如对职业外语人实施定期轮训的职业规划，确保其外语能力不丢失、军事技能和知识得以更新，等等。国防语言和国家安全教育办公室还牵头研究开发军队外语人才适岗率的“匹配指数”和“纠错策略”，及时发现和纠正“误配”现象，使之成为确保 LREC 人才外语能力和岗位外语需求匹配度的重要技术手段。

五、监测评估调试

《战略规划》实施流程的第四阶段是“评估与调试”，多视角、多机构的检测评估调试是外语战略实施要点之一，有效的检测评估调试机制是军队外语工作的实践与外语战略方向一致、与国家安全战略、军事战略方向一致的重要保证。

从美国国防安全教育的历史来看，1957 年苏联人造地球“卫星一号”（Sputnik）上天是出台 1958 年《国防教育法》的直接原因，政府因此拨款资助国防教育项目，为美国国家安全和人才储备做出了贡献。在其后的半个世纪，美国经历了数轮人才危机，国防教育政策经历了数轮评估、调整，直至形成当前的国防语言文化战略。21 世纪美军外语战略得以出台和实施，其主要原因是国家安全部门将“9・11 事件”和“卫星一号”两件事相提并论，二者引起相同程度的全民恐慌。但是在实施过程中，二者的方法、目的以及经费投入均无法类比，政府和国防部门对此的重视和反应也有差异。为此，进入战略发展第二阶段，要保证 21 世纪美军外语战略的实施能达到“58 年的教育战略水准”（HASC O&I Report 2008：19 – 20），国防部更需要一套完整可行、全程追踪的监控评估调试系统，通过监控评估可及时发现问题、提出调整方案并体现在新一轮的战略规划、实施计划，通过跨机构评估、议会以及政府的监督问责以及自我监控调整等方式实施。

（一）跨机构监测评估

外语战略强调跨机构合作，《路线图》中“跨机构合作”是实现转型目标1（基础能力建设）的路径之一，跨机构检测评估也是外语战略实施过程的重要举措，教育部、跨机构圆桌会议等非军方组织、兰德公司等智库机构通过专题调研项目监控美军外语转型实施过程、发现问题并提出整改方案。

例如教育部负责对《国防安全语言行动计划》的初期运行进行检测、分析并形成整改报告（美教育部2008），评估 2006 - 2008 年间国防部完成 NSLI 主责项目情况，报告认可“旗舰语项目”取得效果（三年之内将本科以下旗舰语教育中心由 3 个扩展至 13 个，项目涵盖汉语、阿拉伯语、土耳其语、韩语、波斯语等战略关键语，项目所涉及的教育对象贯穿从学前教育至四年制学位教育的 16 年各个阶段），同时也指出语言专家储备方面、“国防语言服务团”项目实施过程中的一些问题。更重要的是，教育部建议国防部在加强原有国家语言服务团项目基础上进一步改革，包括：扩大其招募规模，发展飞行员国家语言服务团项目，开展跨机构合作，论证语言服务团概念之合理性并形成文件保证长期合法性等，而这些在后期的《战略规划》以及军兵种外语计划中陆续得到体现。

美国知名战略研究机构兰德公司，则接受国防部、空军委托对战略执行情况进行调研评估、对美军外语工作是否符合外语战略和国家安全战略需要进行论证，仅 2012 年就发布 3 份美军外语工作评估报告：针对国防语言学院英语中心工作情况的《优化国防语言学院英语中心》（Manacapilli, et al. 2012）、针对美军外语综合技能和战备关系的《对国防部、各军种在全军人员中测量追踪语言文化训练情况和能力状况的评估》（DeCamp, et al. 2012）以及《建立语言区域能力与军事战备联系》的研究成果（RAND & MITRE. 2012）。兰德公司以其特有的研究流程和专业视角对外语战略实施展开问题导向的现状调研和需求分析，在此基础上得出评估意见、提出实施中的问题并提供改良方案，帮助美军修改行动方案，确定未来发展方向。

（二）议会监测评估

议会军事委员会监督调查分委会（Oversight and Investigations Subcommittee of Committee on Armed Services, House of Representatives：后文

缩略为 HASC O&I）在美军外语战略的监控评估调试中起到了重大作用。一方面国防部相关人员根据议会流程将定期在议会“听证会”上述职并接受质询，另一方面该分委会也针对军队训练行动中的重要问题组织相关调研并形成评估报告，2008 年和 2010 年提交的两份外语战略转型调研报告成为国防部调整外语战略、制定《LREC 战略规划（2011－2016）》的重要参考。

1. HASC O&I 报告（2008/2010）

在《转型图》出台三年后，众议院军事委员会发现国防部外语战略目标和各军兵种外语工作现实之间存在显著差异，遂责成其调查监督分委会对军队外语战略的贯彻情况进行全面调研，调研重点关注国防部在外语战略实施中四个方面的工作情况，经过 2 次议会听证（述职者包括国防部高级语言权威、国防部计划副部长、马里兰大学高级语言研究中心主任、海军陆战队情报部部长、海军人事计划部部长以及教育、经济和财政预选等领域专家），1 次与国防部人事战备副部长的会晤磋商，15 次专题会议，数期实地调研（分别前往太平洋战区、南部战区、中部战区、特种作战司令部、国防语言学院外语中心、海军研究生学院等单位），终于 2008 年 11 月，形成调研结果并发布评估报告——“军事外语技能和文化能力建设：当今教育环境下国防部面临的挑战”（Building Language Skills and Cultural Competencies in the Military：DoD's Challenge in Today's Educational Environment：后文缩略为 HASC O&I Report 2008）。该报告以外语战略的重要部署为着眼点，重点关注《路线图》落实情况，将实施中的问题具体化并提出整改调试建议。

此后，HASC O&I 始终跟进检测国防部对 2008 年报告的反馈和整改情况，通过查阅审读国防部和各军种工作汇报、造访各军种外语文化中心及其高级语言权威、听取重要部门语言权威述职和组织问责局专员质询，一方面检测 2008 年提出的问题建议是否得到国防部重视并驱动它采取相应的整改措施，一方面评估 2008 年之后的新问题、新举措。2010 年 12 月，议会发布第二份美军外语战略报告“军事外语技能和文化能力建设：跨越鸿沟”（Building Language Skills and Cultural Competencies in the Military：Bridging the Gap：后文缩略为 HASC O&I

2010）。

2. 检测内容与评估结果

议会对于外语战略的检测评估几乎覆盖外语战略所有目标和实施环节，集中体现在《路线图》落实和外语转型实施中凸显的问题。例如：《路线图》对军队的具体要求是什么？国防部已经采取何行动落实《路线图》？国防转型战略所设定的目标在部队如何体现？国防部打算如何对部队进行转型？如果军队不能成功地提高 LREC 能力以贯彻国家安全战略，国家可能为此付出什么代价、面对何种风险？虽然国防部报告其 88% 的转型计划已付诸实践（Weaver 2008），但是议会通过对《路线图》设定的四个大目标 43 个具体任务的实施情况调研，认为美军整体现状离转型要求相差甚远，具体表现在以下几个方面：

（1）岗位 LREC 能力需求

问题：对于普通部队人员的 IREC 具体要求是什么？如何将《路线图》抽象的目标转化为具体的、和国家防务和军事行动密切相关的能力要求？军队哪些领域对此类能力有具体需求？在应急能力保障能力方面，未来的国防外语需求（未来 10－15 年可能出现的外语需求）是什么？

现状：对于如何确定各军事岗位的 IREC 具体能力要求，国防部尚未形成一个具体的、得到各方认可的步骤方案，对未来的 IREC 能力需求缺乏预测手段。各战区各自摸索岗位能力需求的核查办法、结果无法汇编。没有步骤方案，就没有能力要求，没有能力要求，就无法明确转型的具体结果，导致各兵种除了不断强调文化意识的重要性，很难采取具体行动以满足外语需求。目前国防部将盟友国语言作为关键语言，而这些语言已经是军队的主要外语，对于尚未成为盟友和敌人的小语种国家未做研究，更缺乏有效的防范措施。

评估：统一 LREC 能力标准及核查流程很重要，国防部有必要为各战区提供确定外语要求的细则、方法和程序，否则各战区无法开展外语战略。

（2）外语战略思路的统一

问题：全军是否贯彻《国防语言方案》（2009）中“外语和地区知识是国防行动中的关键作战能力”和“核心能力”的战略思想？

现状：各兵种规章制度条例相关文件并未充分体现“外语战斗力”理念，国防部在随后并未对各兵种下达命令以再次传达外语战略的精神，而2007年国防部的简报声称已经实现了这个预期目标，如在《作战和维稳行动战区手册》中，强调了维稳是美军的主要军事任务，提升了语言和区域知识的重要性。《路线图》要求将外语能力作为进职进衔的标准之一，同时明确表示未来的军队高层领导必须具有外语技能。2006年国防部副部长宣布：晋升条令必须强调外语能力等五个方面，同时国防部备忘录要求各兵种查看其晋升条令是否有相关要求。事实上，多数兵种、战区并未执行该命令，可见国防部和具体兵种、战区对外语的重要程度认同有差异：驻莫斯科和北京的武官必须经过海外军官项目的培训，而在其他部门担任高级职位的军官是否需要外语资质？各方对此意见不一，而国防部也并未出台晋升必须具有相应外语能力的强制性命令。

评估：国防部、各兵种对外语重要性认知存在差异，贯彻外语战略要求不统一。在强调外语核心战斗力问题上，各兵种的实施情况与国防部要求之间有距离。

（3）各兵种实施情况

问题：各军种是否完成《路线图》的目标任务？如何组织、训练和配备人员以提高LREC能力？

现状：各兵种按照《路线图》要求完成了制定外语战略纲领性文件、任命高级语言权威、建立外语战略落实机构和LREC培训基地或中心、着手制定相关战略外语列表、着力维持和提高外语水平和为相关岗位人员提供多种提高外语能力机会等工作。存在以下问题：

· 语言能力筛查和现状摸底不彻底：陆军仅完成53%人员的外语技能筛查，空军仅对外语岗位在职人员进行了筛查。

· 各战区岗位需求核定方法不一：太平洋战区根据其作战任务和紧急任务制订要求，依据各作战单位的类型和功能，将可能产生的“外语接触”分为四级：“无接触”（none）、“较少接触”（minimal）、“适当接触”（moderate）和“密集接触”（heavy），该战区覆盖范围广，以外语接触频率方式划分能力要求，产生的需求数据仅关注低水平外语能力，忽略了高层次外语专家需求。南部战区司令部将提高外语能力的重点放在了司令部参谋身上，要求大多数人员掌握至少一门关键外语，虽然其项目计划设计精密，但是针对成员较为单一，外语能力增容很难惠及部队成员。作为转型路线图的重点单位，特种作战司令部仅有不成文的外语能力要求。

· 外语水平奖励工资标准不一：《国防语言项目》规定仅 ILR2/2 以上熟练水平才可取得奖励工资，而海军陆战队自定标准几乎给所有 ILR1 级队员发奖励工资。

· 征兵中未凸显对外语人才的倾斜：仅陆军制定了详细的征兵计划，将母语为关键语者划为重点征兵对象，其他兵种、部门未出台相关政策。

· 任职培训不规范：国防部要求各战区司令部为即将赴外执行任务的军队人员提供外语和文化短训或浸入式适应型短期训练，但各战区对任职培训尚未制度化，各作战部队、战区自行设定课程和培训方式、时间，没有专门的训后效果追踪调查。

评估：各兵种在能力提升、维持、保障的实质性环节总体缺乏计划性，急需制度化、细则化的有效办法。虽然采取了一些初步措施试图了解其军事行动中对 LREC 的具体要求，但是离保障军事斗争潜在需求以及《路线图》所设定的战略目标还有相当距离。语言和文化能力在军事行动的任何领域均为关键战斗，包括非常规战争行动和传统阵地战，目前看来，各兵种转型措施对文化意识强调大于对语言能力培养，离“建立扎实的军队外语战斗力”差距甚远。

（4）外语人才管理

问题：国防部外语能力现状如何？外语人才管理是否能够保障能力建设和军事行动（如巡逻、扫雷、岗哨人员分配、执行海上安全行动、外军培训、参与当地的维稳建行动以及其他旨在“赢得民心”的行动等）？

现状：国防部要求进行大范围的外语能力筛查，按照军人强制、文职自愿的方式进行外语能力自测，以对军队人员的外语广度和能力深度进行普查。根据 2008 年筛查结果，有 21.72 万名军队工作人员自测具有一定的外语能力，范围涉及 360 种语言（包括方言），多集中于西班牙语、法语、德语等通用语种。12000 人自测有阿拉伯语、达里语、普什图语技能，和2001年相比，军队外语总体技能有了大幅上升。截止报告日，陆军尚未完成能力筛查工作，国防部未采用任何测试手段对自测结果进行检测。国防部要求全军建立各自的外语能力管理数据库（数据库同时有DFLPT的结果）以满足作战需求或紧急行动需求，然而仅海军开始着手此数据库工程。国防部“语言战备指数”工具和“国防战备报告体系”无法兼容，无法实现信息共享、互动。各兵种、战区在人才使用方面面临两难境地。除海军外，多数单位并未采用“语言战备指数”来报告其战备情况。国防部和军队至少有33000个职位需要外语人才，而2008年仅18000人获得外语熟练水平奖励津贴（FLPB），其中还有部分人员并未在外语急需岗位任职；议会2007年的《国防授权法案》责成国防部每年提交一份“外语人才短缺情况报告”，但是国防部尚未提交相关报告。

评估：军队外语人才政策不到位，外语人才储备、管理与转型的现状均不乐观，无法保障外语能力建设目标。

（5）国防部履责情况

问题：国防部在外语转型中如何扮演自身角色？在K－16教育体系中功能是什么？对于需要跨机构合作的国防语言教育领域，国防部如何形成长期有效的合作机制提高美军LREC能力？如何核准各作战司令部在军事行动中对外语能力的具体要求？如何管理、训练和装备部队以满足需求？

现状：截止评估报告发布之日，《线路图》中90%的任务已接近任务节点，说明国防部正按部就班落实转型任务。目前国防外语管理侧重高端的、分门别类的外语技能，而部队需要的是较低水平听说能力，根据各作战司令部、各兵种和国防部门提交的外语能力需求，2006－2008年间外语需求岗位从80000提至141000个，但多数岗位仅要求低水平外语。

评估：国防部对其在国防语言战略中扮演的角色不明，功能不凸显。虽然设定了野心勃勃的战略图景，将LREC作为关键的作战技能和军队的核心战斗力，但是对解决某些外语战略关键问题还缺乏积极有效的指导。国防部应重新审定外语能力需求的总体范围和水平，优化测评体系，提供可操作的、一体化的工作程序指导部队具体工作，国防语言办公室和参联会需积极行动并将转型工作延续。

3. 问题和方案

HASC O&I 归总 2006 – 2010 年期间美军外语战略初期落实情况的检测评估并列出急需解决问题：

（1）语言能力的重要性如何体现在军官的任用提拔上？

（2）如何评估部队的综合语言文化战斗力？如何测试文化意识和区域知识？

（3）语言技能、区域知识和文化意识的权重如何？

（4）部队对低水平的基本语言能力需求较大，国防部如何改进其语言测试方式，保证能够测评低水平语言能力？

（5）国防部的年度报告显示军队对于外语人才的需求（外语岗位）远远大于军队的外语能力储备，如何解决此问题？

（6）国防部判断何为急需的语言文化及区域技能的根据是什么？

（7）如何提高改善海外军官培训项目？

（8）关于外语奖励工资发放的规范问题，是维持现状，还是制订统一标准？

（9）《国家安全语言行动计划》对国防部的直接利益是什么？国防部是否有必要压缩其在国家安全行动中的投入？是否应该建立一个诸如协调机构以统领相关工作？

（10）是否有必要对军官培训机构、各专业军事教育机构、军事学院、培训中心在外语、文化等方面的课程设置和教学要求进行统一调研？

（11）国家安全语言行动对于国防部提升外语能力有何影响？其 NSEP 项目所资助的人员、其招募的母语者是否对国防部工作有帮助？

HASC O&I 提出这些问题的初衷是为国防部发现问题：国防部需要从专业的视角寻求科学的解决方案，形成可操纵性的工作流程来逐一解决这些具体的问题，方可为全军提供外语能力生成的范式，以深入推进外语转型、落实外语战略。同时，HASC O&I（2008）也博采各方意见，为解决上述问题提供了 9 条建议，我们将在“调试整改”一节逐一对照 9 条建议以及国防部的整改情况。

（三）政府监测问责

军队外语项目是以政府财政预算为支撑的，因此政府问责局（GAO）定期审核预算项目与实际经费使用情况，既为下一财年预算提供依据，也对军队工作实施监督，由此产生针对美军外语战略的多份调查评估报告，包括：

（1）1982年提交陆军部长的《国防语言学院本部外语培训能力不足影响外语人才素养》（Military Training：Weaknesses in the Resident Language Training System of Defense Language Institute Affect the Quality of Trained Linguists. Report to the Secretary of the Army.）。

（2）1994年提交国会拨款委员会的《国防部训练：大量语言人才未达基本熟练水平》“DOD Training：Many DOD Linguists Do Not Meet Minimum Proficiency Standards”。

（3）2009年提交议会军事委员会的《国防部语言区域能力发展指导工作调查：制定战略计划、改良作训条目、改进需求数据》“DOD Needs a Strategic Plan and Better Inventory and Requirements Data to Guide Development of Language Skills and Regional Proficiency”。

（4）2011年提交议会各分委员会的《军事训练：提高陆军、海军语言文化训练计划与协同的必要行动》“Military Training：Actions Needed to Improve Planning and Coordination of Army and Marine Corps Language and Culture Training”。

（5）2011年提交议会各分委员会的《语言和文化训练：陆军、海军知识技能得以提高的机会》“Military Training：Language and culture training：Opportunities exist to improve visibility and sustainment of knowledge and skills in Army and Marine Corps General Purpose Forces”。

问责局将上述报告以备忘录形式提交参联会和国防部，国防部必须针对报告中的问题和建议进行调查、反思和回复，并采取相应的整改措施。虽然问责局与议会均对美军外语工作展开调查，但是问责局更关注国防部的高层指南、外语需求核实以及测评表现等方面，二者分工有一定差别。议会的调查监督更为全面、具体，同时借助问责局的评估团队对专项问题展开调查，问责局本身的评估、建议和要求构成议会军事委员的评估证据，也对军队外语建设形成多层监督调查。

（四）自我监测评估

不论是来自政府机构的财务问责，议会组织的听证调查，还是学术机构的专业评估，对于美军外语战略实施均有监督和纠错功能。同时，美军也开展自我检测评估，针对各方面提出的问题自查自纠并提出整改方案。国防部及军兵种的所有外语战略规划，均包含“评测”类要素，要求对战略实施进程和效果进行全程的跟踪评测，以对下一步行动方式、方案执行进行调整和内容增减，使之符合外语战略的总体要求。如《路线图》43 个行动方案的“负责机构”、“预期效果”和“完成日期”（Dates of Full Operational Capabilities），一方面将任务要求以具体的方式布置给落实部门，另一方面也是给检测评估部门提供标准。《战略规划》，针对议会 2008 – 2010 年两份报告提出的 11 类亟待解决问题，对《路线图》中外语转型的目标方法进行调整，提升了战备指数建设、人事保障体系建设和跨机构合作机制建设的重要性，既符合变化的宏观、微观语境要求，又提升了外语战斗力建设效度，其中第五部分“表现评测”强调行为检测、政策调试，对测评标准和方法提出具体要求。《实施计划》所有内容均是对 21 世纪第一个 10 年国防部 LREC 工作的调整优化，尤其是为新拟定的行动计划制定了更加具体的评测方案。例如，《实施计划》规定了“年审”制度，即由“国防语言指导委员会”逐年审查该计划的落实情况，同时根据相应财年的国家战略、预算情况和各项环境变化对《实施计划》做适时调整。

在战略实施过程中，负责整个美军外语工作的高级语言权威（SLA）一方面监控全军外语转型工作的落实，另一方面也负责向政府、议会以及相关研究机构报告《路线图》和《战略规划》中任务的实施进程、相关经费的使用情况以及自我检测评估情况。例如国防部 SLA 南希·韦弗在 2008 年 6 月 13 日分别向跨机构圆桌会议提交《国防语言办公室工作总结》、2009 年 6 月 5 日书面答复政府问责局报告《国防部语言区域能力发展指导工作调查：制定战略计划、改良作训条目、改进需求数据》（GAO 2009）并提出整改意见、2010 年 6 月 29 日在议会军事委员会听证会上做国防部陈词并对议会质疑进行答辩。

循环式的“项目启动→实施→检测评估→质疑答疑→评估报告→整改调试”工作流程，是美军及时发现问题、改正问题、调整方案并确保战略方向争取的保证。

（五）调试整改

鉴于议会军事委员会和问责局的评估曾经被相关部门忽略，未得到相应的回复，或者国防部未采取任何实质性调整措施，导致延误了纠正错误的时机并造成更大的损失和经费流失，HASC O&I 对国防部是否采取调试整改措施非常关注，其问责程序要求国防部对相关问题给与答复和整改计划，并得到议会或者问责局的认可。国防部一般会积极对待议会和问责局的评估和建议，在评估报告发布后采取相应整改措施，进一步改进其外语战略规划、计划和实施方案以获得纳税人支持，获得政府支持。例如，2010 年 6 月 29 日，国防语言办公室主任南希·韦弗代表国防部参加 HASC O&I 的听证会时，表示“我们正在逐步超越路线图的要求，将语言和区域能力需求生成和排序流程更精细化；通过把握战略方向、改进现有项目确保美军持有充足的语言和区域技能”，上述述职中的“流程细化”“把握方向”和“能力提高”举措是国防部应对 HASC O&I 所提出的问题采取了整改措施。

HASC O&I（2008）指出外语转型工作还需要解决一系列问题并提出 9 条改进建议，通过对 2008 - 2010 年美军工作的剖析以及对 HASC O&I（2010）的更进性评估，我们发现国防部在两年期间确实采取了一系列针对性的整改措施，以更好地发挥以外语转型保障军事战略和国家安全战略顺利运行的效果。

整改 1：强化 LREC 的核心战斗技能概念

HASC O&I（2008）的第一条建议是在全军统一“外语军事技能”的思想认识，在各兵种相关政策中明确体现“LREC 是决定军事行动成败关键能力”的战略思想，而不是将外语和语言意识作为核心战斗技能之外的“增强因素”。

在国防部 2009 年发布的《国际安全援助部队备忘录》中，美军选拔编制国际安全援助部队（ISAF）的标准明确体现了“外语关键技能”观念，其中的“美军反叛乱训练指南”将语言能力定义为“和其他作战能力同等重要的技能”，要求派往阿富汗执行任务的军官必须具备一定外语能力，规定每个士兵必需能够用达里语进行基本问候、表达感谢等日常基本表达，每个排除了专职口译员外，至少有一个指挥成员外语水平达到口语 IRL1①。2010 年，国防部长盖茨发布的备忘录要求所有军种将 ISAF 外语要求作为部队作训标准。中部战区指挥官也明确指出“外语的作用”远远大于“促进”（enabler）和“加强”（enhancement），表明通过国防部的努力，外语核心战斗力思想已逐步渗透到战区指挥人员的作战理念之中。

整改 2：制定详实的 LREC 战略规划

HASC O&I（2008）和 GAO（2009）均认为路线图不够细致，没有提供测评目标是否实现的具体行为表现，对于经费投入的重要性排序缺乏明确规划，未对各军种提供有效的外语战略实施指导，而这个问题如果不解决，结果不仅是军队语言教育训练的效果不理想，而且会对伊拉克和阿富汗的美军战场行动构成威胁。因此 HASC O&I（2008）提出的第二条建议是国防部制定比《路线图》更细致的 LREC 战略规划，明确工作重点、主次，部署资源分配。

此后不久，空军于 2009 年 2 月发布《空军文化、区域和语言飞行计划》、陆军于 2009 年 12 月发布《陆军文化和语言战略》、海军陆战队于 2010 年 5 月发布《海军陆战队语言、区域和文化战略：2010－2015 草案》。国防部也着手制定 2011－2016 年战略规划和实施计划，议会和问责局检测评估中提出的问题和建议在战略规划和实施计划中均有所体现。

同时，国防部还发布了外语测试、外语奖励津贴等方面的指导方案和工作细则，人事战备副部长办公室负责组织人员根据历年评估情况对所有方案、细则进行调整，一般要求 5 年之内必须发布相关文件的更新版，或者是发布新方案、细则，同时废除旧方案细则。例如，2013 年的《军事外语能力水平津贴》发布同时就废除了 2007 年的《外语熟练水平津贴》，2015 年发布的《国防部 LREC 项目》取代了

---

① 参见美军派驻阿富汗国际安全援助部队司令部 2009 年 11 月 10 日发布的备忘录：Headquarters, U. S. Forces Afghanistan/International Security Assistance Force Memorandum, “COMISAF/USFOR－A Counterinsurgency (COIN) Training Guidance”。

2005 年的《国防语言项目》，2016 年发布的《国防外语、区域能力和文化能力管理办法》取代了 2007 年的《国防部外语区域水平能力管理办法》。

整改 3：形成确认作战需求的流程格式

虽然国防部规划了 LREC 需求确认的大致流程，但是由于允许各战区结合自身情况酌情微调，导致上报的需求数据标准不一，国防部希望能够形成一个军队总体需求，实现跨战区的需求整合和排序工作，而依据现有的上报数据，是无法实现此目标的。因此 HASC O&I（2008）建议国防部为各战区提供一个能够根据行动计划生成需求数据的可操作性工作程序，该工作程序要考虑未来的能力需求和突发情况下的能力需求，能够服务于全军的 LREC 需求重要性排序。

为此国防部采取了一系列措施。参联会发布了一个需求上报“通用格式”，并对此运行了两轮测试，测试名为“基于能力的评估”（Capabilities - based Assessments：CBAs）。参与测试的是陆军和海军，两个军种此前的需求数据来源于部队所参与的演习和军事行动，如今它们从行动计划和应急计划中生成语言需求，并以此参加 CBA 测试。CBA 模式在国家安全局面较为稳定的、军事行动在可预测范围的情况下，可以实现“生成需求数据”的目标。但是针对突发的、未能列入行动计划的突发需求，还缺乏应对措施，国防部正在进一步研究解决方法，争取将“突发需求”纳入工作范畴。

整改 4：全面管理语言技能数据

议会调查中发现各军兵种无法全面搜集和跟踪非专业语言人才的相关信息，尤其是那些有一定外语能力但是水平又未能达到 ILR2 的军人以及文职人员。有鉴于此，HASC O&I（2008）提议各兵种通过专业码或者其他特殊方式标示具有语言技能的军队人员，此类数据应进入各兵种的人力资源数据库，便于指挥官分配任务。

国防部整改中发现，无法追踪外语能力在 ILR2 级以下的相关人员数据，其中一个重要的原因是缺少低水平能力外语测试机制，因此要求国防语言学院开展相关研究，力图开发基于计算机的低水平语言能力测试系统。同时，各军种也开始尝试标识非专业外语人才的外语能力或外域经历。例如，空军将“特别经历标识符”（Special Experience

Identifier：SEI）范围扩展至非专业外语人才——听说能力均达到或超过 ILR2，或者听说读中有一种技能达到 ILR3 均可申报 SEI。陆军征兵入伍时就对相关人员的外语能力进行了测试，或者录入了自报信息，因此其人事和作训数据库中包含了所有军人的外语能力信息，2008 年后开始给外语听说能力均达到或超过 ILR2 的士兵配“技术合格标识符”（Skill Qualification Identifier：SQI），2010 年开始海军陆战队也采用二级专业码的形式追踪关键语人才。

整改 5：以预备军官训练团促能力提升

鉴于美军的整体外语能力距离实战和未来需求还差很远，议会建议国防部充分利用预备军官训练团（ROTC），一方面要求所有 ROTC 成员学习关键语，尤其是非通用语和稀缺语；另一方面强化已经实施的语言文化项目，并将其扩展到 5 所高级军事院校、其他军事院校和培训机构，要求更多的军官提升外语能力并铺设学习通道。

2009 年国防部接受议会建议开展“全球军官项目”（Project Global Officers），项目通过“国家安全教育项目”（NSEP）提供年均 50 万美元的经费，在 24 所 ROTC 机构开展外语教育。另外，各兵种也在各自作训计划中加强外语投入、提高外语要求，例如空军规定了 ROTC 培训的外语课时数（非技术专业开设 4 学期外语课，其他专业 2 个学期），2010 年非技术专业的空军学员有 21% 选学了非通用外语；“空军外语直通车”（Air Force Foreign Language Express：FLEX）项目给有志于选择空军战略语专业的 ROTC 学员发放奖学金；对在海外学习、参加浸入式项目的 ROTC 学员、以其他方式学习战略语的官兵，空军额外发放奖励津贴。

整改 6：加强 NSEP 项目管理

国防部虽然是国防安全语言行动的主要参与单位，国防语言办公室是国防安全教育项目的总负责机构，但是却缺乏有力手段吸引很多接受资助的非军队人员到国防部工作。根据《国防安全教育项目 2008 -2009 报告》，1996 名资助学者中，有 739 名服务于政府机构、157 名服务于教育、21 名在政府和教育部门具有服务经理；1228 名资助学生中，437 名服务于政府、432 名服务于高等教育、41 名在政府和教育机构均工作过。总体看来，有近一半的资助对象并未履行服役职责，其原因有二：一是某些 NESP 资助对象不遵守承诺，二是政府和国防部求职程序对其不利。针对这种情况，议会建议国防部采取措施确保资助对象按照规约，完成在国家安全、国防部门的服务，并在外语岗位任职。国防部采取的整改措施是加强“职业发展项目”（Professional Developmental Program：PDP），目的就是通过培训帮助 NESP 成员在政府部门求职时具有竞争优势，通过 PDP 国防部成功地引进 NESP 外语专家，例如国防部部长办公室有四名外国事务专家和空军部分外语教师就是通过该渠道服役于国防。

整改 7：维持和使用 LREC 能力

HASC O&I（2008）指出在军人职业生涯过程中体现外语优势是维持军队整体外语能力的主要方法，因此提出各兵种在外语人才管理方面应充分了解国防部在人员招募方面重视 LREC 能力的初衷，确保所招募人员在其职业生涯能够维持外语水平，并任职于可充分发挥外语文化能力的岗位。

空军首先在征兵环节体现外语优势，其《语言特长飞行员计划》（Language Enabled Airman Program：LEAP），在招飞环节注意挖掘具有语言能力的报名者，和人事部门合作为其打造外语深造机会（例如浸入式学习），在作训待岗期间优先考虑外语培训和外语人才。2010 年该计划名下有 192 名参与者，其中 20% 的外语能力达到听读 ILR2 级，包括 14 名阿拉伯语飞行员和 12 名汉语飞行员。陆军除了优先录用关键语母语使用者以及母语后裔外，还启动了“军队人才引进国家利益攸关项目”（Military Accessions Vital to National Interests），海军启动了“海军母语后裔征兵”项目，几乎每年通过此项目引进 200 名外语人才，这些人并非专业翻译和情报人员，而是在其他岗位上通过外语提高部队战斗力的作战指挥人员。

第五章

外语新战略的重点项目

在实施外语新战略的过程中，国防部发现要真正达到其战略愿景、实现其战略目标，需要解决一系列问题，例如哪些是美军需要优先发展和提高的关键语？哪些语言技能是美军急需获取或增强的？如何确定相关人员的语言能力高低？如何管理外语人才以确保整体外语能力持续提升而不是陆续流失？军队和政府、非政府机构现有的外语教育项目中有哪些可以真正地服务于美军外语能力提升，哪些方面的外语需求是现有的项目所无法解决的？如何将外语能力建设和美军作战行动更紧密地结合、更好地服务于国家安全？

面对以上问题，国防语言办公室、国防语言指导委员会、高级语言权威等广泛听取议会和各类学术、教学、研究机构的意见建议，结合国防部多年的外语建设经验总结，确立了在转型阶段的数项“行动计划”（initiatives），行动计划涉及制定战略级清单、确定能力分级办法、完善国防语言测试系统、落实外语能力奖励津贴、加强外域军官项目和开展语言战备指数建设等重点项目，以及旗舰语计划、国家语言服务团等一些跨机构合作项目。这些项目大多在外语转型之前就已经开始，但是由于战略思路不明确、总体部署不利、标准不一且操作流程混乱，并没有很好地解决上述问题。因此，改进、完善和加强现有的国防语言重点项目，保证相关项目制度化，切实保障军事行动和国家安全需要，成为外语战略实施中的聚焦点。

一、战略级外语清单

制定年度“战略级外语清单”（Annual Strategic Language List：ASLL）是外语战略第一目标“基础能力”建设中的一项重要行动，该行动要求国防部人事战备副部长根据防务、政策副部长提供的年度政策战略评估以及国防部情报副防长、参联会主席、战区司令部以及各军事部门提供的信息，将国防部在“当前以及可预期的未来”的外语需求进行重要性排序并提供列表，此列表是国防部开展训练测试、发放奖励津贴和进行资源配置的重要参照，是国防语言学院外语中心制定保障计划、申请国防部支持的依据。《路线图》要求国防部在 2005 年 6 月提交第一份清单，国防部 2006 年的 ASLL 清单上有 30 门语种，分为“急需投入”（immediate investment）和“长期加强”（stronghold languages）两类，分别针对当年军事行动的需求和未来国家安全可能出现突发需求的语种，这 30 门外语被列为美军 2005 - 2015 年间需要优先提升能力的语种。

每年国防语言指导委员会需根据军事战略对清单所列语种和排序进行调整，2018 年 10 月发布的最新关键语列表包括 23 个大的语种：阿拉伯语、阿塞拜疆语、阿姆哈拉语（埃塞俄比亚）、俾路支语（巴基斯坦俾路支人讲的伊朗语）、汉语普通话、达里语（阿富汗，伊朗，塔吉克斯坦的官方语言）、波斯语、法语、豪萨语（西非）、印地语、印尼语、日语、朝鲜语、马来语、葡萄牙语、俄语、斯瓦希里语（非洲，坦桑尼亚、肯尼亚、乌干达等国官方语言）、索马里语、塔加洛语（菲律宾）、泰语、土耳其语、乌尔都语（巴基斯坦）、越南语①。

各军种、战区需结合国防部 SLL 制定自身的军种关键语清单，作为计划外语教育训练项目、制定外语能力要求细则以及发放外语奖励工资的重要参照。目前国防部要求各军种将其 SLL 语种分为三类：

---

① 参见：Strategic Language List（Defense Language and National Security Office 2018 - 10 - 10）https：//www. dlnseo. org/content/flpb#sll

（1）“急需语种”（Immediate），指当前急需发展满足即时需求的语种。

（2）“潜在语种”（Emerging），指在可预期的将来需要发展增强的语种。

（3）“长期语种”（Enduring），指满足长期需求有待储备发展的语种。

（一）海军战略级外语清单

表 5.1　2012 年海军战略级外语清单

急需 (9)	阿拉伯语（伊拉克）、阿拉伯语（也门）、俾路支语（巴基斯坦） 普什图语（阿富汗）、斯语之达里语（阿富汗）、波斯语（伊朗） 索马里语、斯瓦西里语（非洲）、乌尔都语（巴基斯坦）
潜在 (28)	阿姆哈拉语（埃塞俄比亚）、阿拉伯语（苏丹）、亚美尼亚语 阿塞拜疆语、班巴拉语（西非）、孟加拉语 迪维希语（玛尔达夫用）、富拉尼语（西非）、古吉拉特语（印度） 印地语、哈萨克语、克里奥尔语（拉美、西非） 林加拉语（刚果、扎伊尔通）、马都拉语（印尼、马拉地语（印度） 尼泊尔语、旁遮普语（印度）、信德语（印巴边境） 僧伽罗语（印度、斯里兰卡）、塔吉克语、柏柏尔语（西北非） 泰米尔语（斯里兰卡、泰卢固语（印度东部）、提格里尼亚语（埃塞俄比亚） 维吾尔语、乌克兰语、乌兹别克语、沃洛夫语（塞内加尔和冈比亚）
长期 (48)	非洲方言（豪萨语、伊博语、约鲁巴语） 阿拉伯方言（阿尔及利亚、埃及、海湾、地中海、马格里布、摩洛哥、现代阿语） 汉语（广东话、普通话、闽南话） 吉普赛语、捷克语、法语、格鲁吉亚语、德语 克利奥尔语（海地）、希伯来语、意大利语 印度尼西亚方言（印尼语、爪哇语）、日语、韩语 库尔德方言（北库尔德、索拉尼）、老挝语、马来语 菲律宾群岛方言（塔加洛语、宿务语、伊洛卡诺语、马京达瑙语、马拉瑙语、苏禄语、莫罗语、雅坎语） 葡萄牙方言（巴西葡语、欧洲葡语）、俄语、塞尔维亚 - 克罗地亚语 西班牙语、泰语、土耳其语、土库曼语、 越南方言（中部、河内、西贡）

《海军 LREC 战略》（2008）要求海军 LREC 中心确定找准与海军需求一致的语言并制定海军战略语清单，借助此清单谋划海军 LREC 发展的规模、样式。2007 年发布的第一份海军战略级清单（Navy Strategic Language List：NSLL）包含了国防部 SLL 中所有语言，并根据海军任务使命要求增加了数种语言和方言，对战略级语言进行了重要性排序，NSLL 对海军的征兵入伍、教育训练等各项工作均产生影响，也是海军外语津贴定资的主要依据。NSLL 随海军任务变化和语言文化能力重塑，列表中的语种及其归类和排序也不断调整，例如 2012 年的清单清除了 2007 年清单中的保加利亚语、瑞典语，将广东话、部分越南方言和非洲语言降为“长期发展”类别，增加了阿拉伯语的方言种类（参见表 5.1）。由于列表语种类别与外语奖励津贴直接挂钩，保证了海军官兵对于关键语的学习热情和语言能力的维持力度，对于海军 LREC 战略起到了制度保障作用。

（二）空军战略级外语清单

《CRL 飞行计划》（2009）要求空军语言文化中心根据国防部 SLL 和空军军事战略，制定空军战略级外语清单（AF SLL），空军根据此清单开展外语测试、训练、征兵、流转工作并外语奖励津贴。当前空军执行的是 2012 年拟定的 AF SLL，它将战略级外语分为两大类和一个次类（参见表 5.2）：

（1）“加强级”语种（Enhancement Rate）：包括此前的“急需”和“潜在”两个类别涵盖的范围，指急需发展以应对现实和潜在需求的语种，或者国防部已经预测到在不久的未来需要使用的语种。

（2）“维持级”语种（Sustainment Rate）：指此前的“长期”语种，指美军在未来 10 - 15 年持续需要使用的语种。

（3）“覆盖级”语种（Prevalent in the Force：PIF）：在“维持级”语种中，AF SLL 专门标注了 PIF 语种，指具有长期需求、但是空军当前的外语能力足以满足该需求的语种。在空军外语奖励津贴政策中，如无特别任务和授权，将不对 PIF 语种给予奖励。

表 5.2　2012 年空军战略级外语清单

加强级 (20)	阿拉伯语：伊拉克（海湾）、地中海（叙利亚）、也门 印度：僧伽罗语、迪维希语、旁遮普语、泰米尔语、泰卢固语 波斯语：-阿富汗、伊朗；普什图（阿富汗） 阿姆哈拉语、阿塞拜疆、俾路支语（伊朗） 孟加拉、富拉尼语（尼日尔刚果）、柏柏尔语（西北非） 希伯来语、尼泊尔语、索马里语
维持级 (36)	阿拉伯语：阿尔及利亚、埃及、黎巴嫩、马格里布、摩洛哥、半岛、现代阿语 非洲：豪萨语、伊博语、信德；库尔德人：库曼杰语、索拉尼语 南非荷兰语、阿尔巴尼亚语、亚美尼亚语、缅甸语、芬兰语、佛兰芒语（比利时）、车臣方言、格鲁吉亚语、印度尼西亚语、吉尔吉斯语、马其顿语、蒙古语 马来语、吉普赛语、塞尔维亚-克罗地亚语、斯洛伐克语、斯洛文尼亚语、塔吉克语、泰语、藏语、提格里尼亚（埃塞俄比亚）、图皮语（南美印第安人）、土耳其语
维持 -覆盖级 (43)	菲律宾方言：宿务语、查瓦卡诺、伊洛卡诺、马京达瑙、马拉瑙语、雅坎方言、塔加洛语、陶撒格语；葡萄牙语：-巴西、-欧洲 汉语：厦门方言、广东话、普通话；越南方言（中部、河内、西贡） 古吉拉特语（印度方言）、保加利亚语、柬埔寨语、捷克语、韩语、老挝语、丹麦语、荷兰语、法语、德语、希腊语、海地-克里奥尔语、匈牙利语、日语、意大利语、爪哇语、西班牙语、斯瓦西里语、立陶宛语、挪威语、波兰语、罗马尼亚语、俄语、约鲁巴语、瑞典语、祖鲁语、土库曼语

（三）陆军战略级外语清单

《陆军外语方案》将战略级外语分为 A、B 两类，A 类包括急需发展语言能力的语种；B 类包括潜在需求语种和长期需求语种。同时，逐年更新的外语清单还列出陆军“通用外语”（Dominant Languages），特指当年在陆军已经实现需求和能力匹配的语种，如最新版的陆军 SLL 中列出了 9 门“通用外语”，近期如无特别需求将不再对这些语种施以特别外语政策（参见表 5.3）。

表 5.3　2015 年陆军战略级外语清单

A 类 急需（7）	阿拉伯语（也门）、俾路支方言（伊朗语）、普什图语（阿富汗） 波斯（阿富汗—达里语）、古波斯语（伊朗）、索马里语、乌尔都语
B 类 潜在（11）	阿乔利（乌干达方言）、阿姆哈拉语、阿塞拜疆语、孟加拉语、缅甸语、印地语、吉尔吉斯语、旁遮普（印度）语、塔吉克语、乌兹别克语、阿拉伯语：地中海
B 类 长期（15）	阿拉伯方言：阿尔及利亚、埃及、马格里布、海湾、苏丹 非洲：豪萨语、伊博语、斯瓦西里语、约鲁巴语 印尼：爪哇语、印尼语；土耳其方言：土耳其语、土库曼语 菲律宾：宿务语、马京达瑙语、马拉瑙语、陶撒格语、雅坎方言 库尔德：北库尔德方言、索拉尼方言 格鲁吉亚语、希伯来语、日语、罗马尼亚语、马来语、泰语、乌克兰语、越南语
通用（9）	现代阿拉伯语、汉语、法语、德语、韩语、葡萄牙语、俄语、西班牙语、塔加洛语

二、能力分级办法

外语战略的总体目标、分类目标的实现、数项行动计划的展开，都取决于外语水平和需求能否核准、全军是否遵循统一的核准标准，即 LREC 能力的分级标准。《路线图》中一共 29 次提及“分级”（level），例如“基础能力建设”目标的预期结果是“军人具备达到任务需求的相应级别（level）的语言能力”，“专家队伍”目标是“建立一支读/听/说能力至少 3 级（level 3/3/3）的语言专业人才队伍”（参见图 3.6）。可见，美军需要一套科学有效、统一使用的 LREC 能力分级办法，这是《路线图》成功推进的必要条件，是在外语转型中提高和维持军队整体外语能力、有效管理外语人才建设外语队伍的基础。

（一）外语能力分级

对于语言能力分级的需求在二战中就体现出来，二战开始美军需要大量招募日语人才，在朝鲜战争中又需要大量韩语人才，其时美国无统一的外语能力分级标准，根据“自我语言能力报告”所登录的结果显然缺乏可信度，导致其征用的外语人才水平良莠不齐、人才管理无序。战后政府要求内务委员会建立外语类工作人员档案、记录其外语能力，并依托外事学院建立“跨机构语言委员会”（ILC：Interagency Language Committee）。ILC 研发了 1－6 级外语分级标准，依据其标准于 1955 年和 1956 年两度调查了美国外事官员的外语水平，发现大多数官员自行报告的语言能力失真，根本无法满足外事需要，只有 25% 官员的外语水平达到“可用”水准（useful level）。1956 年 11 月，新的国家语言政策要求所有外事官员必须参加外语水平测试，开启了美国政府利用外语分级制度管理外语人才的先河。

早期的外语测试主观性强、效度很低，ILC 不断总结经验吸取教训，将总体分级细化为技能分级，即对听说读写技能各自进行分级能力描述，研究决定每种技能高低的主要语言因素和体现方式。自 1968 年开始，新的外语技能分级标准得到美国政府认可，成为人事管理的重要参照。由于 ILC 慢慢形成一种“跨机构语言圆桌会议”（Interagency Language Roundtable：ILR）的工作机制，美国政府文件中出现“以 ILR 作为语言熟练水平的衡量标准”的规定，1980 年，美国外语教学研究会（American Council on the Teaching of Foreign Languages：ACTFL）认可了 ILR 的科学性并发布基于 ILR 的外语熟练水平测试指南，ILR 分级办法成为政府外语管理工具之一。1986 年，ACTFL 在 ILR 分级的基础上根据学术语境的外语使用特点研发了包括“听”、“说”、“读”、“写”四类技能的分级方法，ACTFL 分级方法在教育领域得以广泛应用。

美军语言分级标准主要采纳了 ILR 方法对听、说、读 3 种外语技能进行 0－5 级的分类，每个级别中又有一个附加级，最高级 ILR5 为“达到受过良好教育的母语者水平”；对口译能力进行了 1－5 级分类，其中 2－4 级有附加级；对笔译能力进行了 1－5 级分类，其中 1－4 级有附加级；对听译能力进行了0－5级分类描述（见表5.4）①：

表5.4　国防部外语、文化能力分级办法（2007）

分级		听、说、读	口译	笔译	听译	跨文化交际
0	0	无此外语技能	×	×	无此外语技能	无此外语技能
	0＋	仅限死记硬背	×	×	逐词能力	仅限死记硬背
1	1	基本能力	×	最低能力	基本听译能力	基本能力
	1＋	较高基本能力	最低能力	略优于最低能力		
2	2	有限工作能力	有限口译能力	有限笔译能力	有限工作能力	有限工作能力
	2＋	较高有限工作能力	较有限口译能力	较有限笔译能力		
3	3	普通专业应用能力	普通口译能力	普通笔译能力	专业听译能力	专业能力
	3＋	较高专业应用能力	较高口译能力	较高笔译能力		
4	4	熟练专业能力	专业口译能力	专业笔译能力	熟练听译能力	高级交际能力
	4＋	高级熟练专业能力	高级专业口译能力	高级专业笔译能力		
5	5级	无障碍语言能力	口译专家	笔译专家	无障碍听译专家	跨文化交际专家

完善的外语技能分级机制为美军外语战略的实施提供了保障，在执行外语专业人员录用、外语培训招生、岗位外语需求认定等重要任务时，参照规范的语言能力级别可工作的主观性，增强工作的持续发展性和可信度。例如陆军各岗位外语熟练水平要求（Defense Language Proficiency）即以ILR为认定标准，它按照听、读、说三项技能调研评估当前陆军对语言专家的需求，包括岗位需求、相应岗位外语专家的责任和能力水平需求，明确各岗位对于外语各项技能熟练水平的具体需求，并以语言熟练水平指数（LPIN：Language Proficiency Indicator）的形式明确各岗位对听、读、说三项技能的具体级别要求，以便在陆

① 各级别能力的详细描述参见：《外语项目指南》（国防部情报副部长办公室，2007年7月16日发布）。

军内开展针对性外语培训和外语人才的引进。

（二）文化区域能力分级

除传统外语能力外，新战略的 LREC 还包括了“区域知识”和“文化能力”分级，为此国防部也试图对“区域水平”和“跨文化交际能力”，目前对于跨文化交际能力的级别描述还是依据 ILR 标准（参见表 5.4），但是对于“区域能力”的分级描述则出现了多个版本的演变和共存，体现了美军外语战略特有的思路。《国防部语言和区域能力管理办法》（2007）将“区域能力”定义为“对于特定地区或者国家的区域特点和文化因素的了解”，通过对军人在区域知识、人文社会规范、接触经历、理解沟通水平和综合运用能力等方面的差异分级，包括 0 + —5 共 6 个级别，分别是“PRE - NOVICE”（菜鸟级）、“NOVICE（入门级）、“ASSOCIATE”（业余级）、“PROFESSIONAL”（专业初级）、“SENIOR”（专业高级）和“ERPERT”（专家级）（见表 5.5）。“菜鸟级”（0 + 级）的标准是：了解特定国家、地区或文化基本事实（地理位置、面积、周边国家、主要语种以及政府、重要人物、宗教、近代历史、与美国的关系等）；了解主要的社会规范（如“做与不做”的原因）；接受过关于该地区的知识培训（但直接接触该国家、地区或文化的时间很短暂），或任职前曾短暂访问过该国家或地区，或与该地区后裔居民侨民有交往；在该区域无法自主取得理解、进行沟通；了解最基本的沟通技巧（如常见的、基本问候语），或会说“多少？”之类的词或短语，但在没有手势、绘图帮助的情况下无法理解对方回答。“专家级”（6 级）能力体现为：具备 7 年以上相关领域从业经验，有足够深度和广度的区域知识，对于该区域问题和发展趋向有深刻理解，并能够预测事件、得出解决办法；与大多数受过良好教育的人相比，对于该地区的情况、区域、国家的相关话题有更深入的了解，并且能够在抽象的、政治理论框架下讨论区域问题、解读评价特定行为，甚至比当地受过良好教育的人更了解该地区问题的深层结构；定期撰写该地区问题报告并递交高层军官；等等。总之，“专家”不仅体现在语言技能、区域知识的专业性，还需要洞悉美国在该区域的战略、行动目标，能够全面考量如何综合美国各方面实力，并就如何谋取该地区军事行动的预期效果做出批评性分析。2016 年的国防部《LREC 管理办法》沿用上述定义和级别描述。

参联会的《语言和区域专家》则将“区域能力”细分为两个方面——“了解、理解特定地区的主要文化价值、行为方式、观念信仰和社会规范”的知识能力和“在计划、行动和决定过程中描述、评估和应用区域知识”的行动能力，综合考量两种能力可以将区域水平（Regional Proficiency）分为三个级别“基本能力”（Basic）、“全面能力”（Fully Proficiency）和“专家能力”（Master）。国防语言办公室的分级描述更为细致全面，为各军种战区制定外语计划提供参照，参联会的分级描述则更贴近军事现实，同时和军队其他军事能力的标准兼容性更强。美军迄今尚未统一区域能力分级标准，两类标准内涵基本相同，均在试用中（参见表 5.5）。

表 5.5　国防部和参联会区域外语能力分级办法对比

国防部 LREC 管理办法（2016）	参联会语言和区域能力令（2013）
0 + “菜鸟级”（Pre – Novice）	“基本能力”（Basic）
1 “新手”（Novice）	“基本能力” →“全面能力”（Fully Proficiency）
2 “实习生”（Associate）	
3 “专业能力”（Professional）	“全面能力” →“专家能力”（Master）
4 “高级专业能力”（Senior Professional）	
5 “大师级”（Master）	“专家能力”

三、国防语言测试系统

为检测、评估美军官兵以及预备役、文职人员的外语应用能力及其外语提高空间、拓展美军外语潜在人才的储备和应急保障能力，有的放矢地实施外语能力建设的配套项目，《线路图》要求对国防人员的外语水平和外语学能进行系统性检测评估系统，提升现有测试的科学性、有效性、针对性可覆盖面。2009 年 1 月，国防部通过《国防语言测试项目规定》（DoD. Instruction on DoD Language Testing Program），部署外语测试系统建设的系列工作，主要任务包括：

（1）DLPT I－IV：维持和沿用第一至四代“国防语言熟练水平测试”（Defense Language Proficiency Test：DLAP），其形式为卷面测试。

（2）DLPT V：开发和完善基于计算机的第五代“国防语言熟练水平测试”，形式为联网机考，它将逐步取代早期的纸质测试。

（3）DLAB：将“国防语言潜质测试”（Defense Language Aptitude Test：DLAT）更新为“国防语言学能测试系统”（DLAB：Defense Language Aptitude Battery：DLAB）

（4）OPI：将“口语熟练水平测试”（Oral Proficiency Interview：OPI）应用于更多的关键语测试。

（5）开发更多形式、更多类别 LREC 技能的测试方法（如口笔译能力测试），应对突发语言需求。

语言测试项目由国防部人事战备副部长及其计划助理负责国防语言测试项目的落实，为提升测试的科学性和一致性，国防部授权马里兰大学高级语言研究中心（CASL）加强对测试内容、效度的研究，责成国防语言学院外语中心（DLIFLC）按照《路线图》要求加强对两个系统的研发、更新、维护和管理。

（一）国防语言熟练水平测试

“国防语言水平测试系统”（DLPT）是美军国防部授权开发并唯一认可的标准化语言能力测试系统，DLPT 成绩决定外语能力奖励津贴的级别，也是外语需求排查和外语战备指数报送的主要参考。

早期纸质 DLPT 仅包括较低级别的外语熟练水平测评（IRL0－3），且对听力素材的真实性、阅读素材的覆盖面关注不够，第五代测试系统（DLPT V）力图规避上述问题，其阅读、听力材料采用真实语料，阅读段落较之早期材料字数增多、内容更丰富、语类更多样，测试题所考察的能力更全面。而且，DIPT V 逐步将伊拉克语、俄语、汉语、朝鲜语、西班牙语、库尔德语等 31 门“关键外语”纳入其测试范围，将能力评定范围扩展至 IRL 的所有级别，将测试形式改为网络在线系统下的计算机问卷式标准化考试，其评分标准为国防部认定的 ILR 语言能力量表，对应其 11 个级别为军人外语熟练程度评分定级（参见表 5. 4）。

DLPT V 分为“听”和“读”两种能力测试，每种能力测试分“低段”（ILR 0 + →3）、“高段”（ILR 3 →4）两个等级，高等级测试考察更复杂的语言判别力，例如语用能力、语篇分析能力等。受测者只有获得“ILR 3”级证书，才可选择“高等级”考试。“听”、“读”两场测试可选择在同一天完成，或者是分成两天完成。每场测试 3 个小时，正式测试前有“模拟题”帮助被测试者了解测试流程，测试中休息 15 分钟，提前完成测试的可自行提交离场。整场考试为无纸化测试，考生不得做笔记。

每一门类的考试试题，都是由一个测试团队负责，其中至少包括 2 名以测试语为母语的出题者，一名测试专家（兼任项目经理），每套试题将由母语为英语的数位评估者试测评估。测试默认考生母语为英语，因此试题指令为英文，回答问题要求用英文答题。阅读、听力测试均包括 60 个左右问题，试题题型包括“多项选择”和“回答问题”两种。评分中“多项选择”由机器判分，“回答问题”则需人工判分，判分者由 DLIFLC 负责培训认证。测试中包含一些“不计分”试题，此类试题留作进一步完善考试的研究资料，或作为判定考生是否盲目选择的证据。测试完成一周后，应试者可通过系统查分并打印成绩证明。

为帮助考生熟悉了解测试过程和难度题型，DLIFLC 在其校园网站上发布了《考试指南》（Familiarization Guides）。“DLPT V 指南”介绍了命题理念、题型分值、评分标准、考前准备、测试过程、测试技巧和查分方式，提供了样题以及 ILR“听”、“读”能力分级标准。试题采用统一格式，每个段落由四个部分组成，表 5. 6 以汉语普通话测试（Chinese – Mandarin：CM）为例展示 DLPT V 的试题格式。

DLPT 成绩自动进入国防部人力资源数据库，为国防部及各军种预测相关人员在真实交际环境下外语表现提供依据，是对美军战备检测分级的重要指数（LRI：Language Readiness Index），亦作为外语培训对象选拔、外语人才管理和外语奖励津贴的量化标准。国防部对 DLPT 测试结果采取年度有效认证，即考试结果有效期为一年。国防语言学院的学员无论专业课程成绩如何，都必须取得 DLPT 听、读的二级资质才能够获得学位，国防部认定的语言专家，申请外语加薪的美军官兵也必须提供 DLPT 成绩证明。

表 5.6　DLPT V 试题格式（以 CM 为例）

顺序	标题	内容	语言	实例（阅读 ILR 1）
1	导引 Orientation	交代听读素材的来源	英语	From the news briefs in a newspaper
2	段落 Passage	测试素材：来自各类街头标识、报纸广播、电视和网络真实语料，内容涉及社会、文化、政治、经济、地理、科学和军事等各类话题	汉语	瓦比安是日本科学家研发成功的人形机器人，它身高 166 厘米，体重 107 公斤。瓦比安能手拿汽水罐，也能在实验室中迈步。
3	问题 Question Statement	完整疑问句，或留有空白的陈述句。问题可针对表达，也可针对内容，每个段落的问题数量与段落的长度和复杂度相关	英语	What does the article say the robot can do?
4	选项 Answer Choices	每个问题提供 4 个选项，只有 1 个选项是正确的，考生通过在屏幕上点击相应按钮答题。	英语	(A) Lift heavy things. (B) Pick up a bottle of water. (C) Shake hands with a scientist. (D) Hold a can and walk.

（二）汉语普通话熟练水平测试

“中国话”是美军 21 世纪战略级外语清单中的关键语言，DLIFLC 战略级语言清单中包括 6 门与中国相关的语言和方言：普通话、广东话、吴语方言、赣语方言、闽南话和维吾尔语。汉语普通话熟练水平测试（DLPT5 – CM）已经研发成熟，粤语（Chinese – Cantonese）听力测试自 2014 年 3 月 18 日成为研发项目，2015 年 2 月 23 日开始第一次试测，目前仍处于研发阶段、试测和修订阶段。

DLPT5 – CM 包括听力和阅读两类考试，参加 DLPT – CM 测试必须预先报名并获得准考证，考试为全程机考，时间为三小时（不包括考试指令阶段和中间 15 分钟休息时间），考试在 DLIFLC 认定的考试中心进行，应试者需先登陆考试界面确认考试信息。由于 DLPT 考试的对象需以英语为母语（或熟练语种），所以登录界面所有指令均为英文，登录信息包括“用户名”（凭准考证上的 ID 号）和密码。

DLPT5 – CM 测试阅读或者听力水平，包括低段测试（ILR0 + → ILR3）和高段测试（ILR3 →ILR4）两个级别，通过低段测试方可申请高段测试。每门考试有 36 – 60 道多项选择题，考试中听读的素材 14 – 40 段不等。4 类考试的主要情况参见表 5. 7。

表 5. 7　汉语 – 普通话 DLPT V 测试办法

测试类别	低段测试（ILR0 + →ILR3）		高段测试（ILR3 →ILR4）	
	阅读测试	听力测试	阅读测试	听力测试
素材	36 篇书面短文	40 段听力材料	14 篇短文	14 段材料
难度	每段不超过 600 字	每段不超过 2 分钟	每段不超过 800 个汉字	每段不超过 2 分 40 秒
选择题数（每题 4 个选项）	60	60	36	36
每个段落后问题数	1 – 4 题	1 – 2 题	1 – 5 题	1 – 3 题
其他	繁体字段落从 ILR1 的 20% 递增至 ILR3 的 50%	素材播放一遍	繁体字段落占 50%	素材播放两遍

DLPT5 – CM 素材来源于汉语原版真实材料，素材内容广泛，不同类别、级别测试素材在理解难度上有明显差异，测试推进过程中对于

能力的测试也逐渐从字面意思理解过渡到辨析能力和批评性思考能力。表 5.8 提炼了 DLIFLC 官方网站 2015 年发布的《汉语普通话熟练水平测试指南》模拟题中各级别素材的特征。

表 5.8　汉语普通话熟练水平测试素材

ILR 级别	阅读			听力		
	素材来源	字数	话题	素材来源	字数	话题
1	报纸：新闻简讯	53	科技发明	大学生对话	107	旅行计划
2	日报新闻：百姓生活栏目	192	不良社会现象	朋友交谈	255	环保活动
3	报纸：编者案（繁体）	403	知足长乐	大学教授讲座	389	文人相轻问题
4	专著节选	901	马克思主义和韦伯的历史观	采访王朔	804	《顽主》和文学观

（三）国防语言学能测试系统

国防语言学能测试系统（DLAB）用于测试评定人（母语为英语）在学习外语方面的潜力，即外语学能。DLAB 对应试者学习外语的成功概率做出预测，国防部要求所有服役人员（包括文职人员）均参加学能摸底测试，DLAB 成绩录入国防部人力资源数据系统，作为挑选外语培训对象的主要参考项，可为应急突击培训招生做好准备。在征兵工作中，DLAB 为职业军人潜质测试（Armed Service Vocational Aptitude Battery）合格后的附加测试，是军方从地方征兵、决定其培训方式、专业方向和岗位分配的重要依据。

国防部将 28 门关键外语按照学习难度分为四类，难度越高，对于学习者的学能要求也越高，因此规定了四类外语的 DLAB 培训入门标准（参见表 5.9）。

表 5.9 DLAB 外语类别分层表

类别层次	分数线	语种
一类语言	95	荷兰语、法语、意大利语、葡萄牙语、西班牙语
二类语言	100	德语、印度尼西亚语
三类语言	105	白俄罗斯语，捷克语、希腊语、希伯来语、伊拉克语、阿拉伯语、波斯语、波兰语、俄语、塞尔维亚－克罗地亚语、塔加路语、泰语、土耳其语、乌克兰语、越南语
四类语言	110	汉语、日语、韩语

各军事部门依据此标准挑选外语培训对象，并根据实际工作需要做适当调整。特殊情况下，各部门可在通盘考量学习对象的年龄优势、学习培训经验等因素，适当调低 DLAB 标准，满足应急强化训练的需求，例如海军将一类语言的录取起评分降低到 80 分，二类降到 85 分，以暂时解决其外语人才严重不足、急需突击培训的问题。国防语言学院在挑选外语培训对象时则提出了更高的要求，如 2014 年 DLIFLC 网站公布了当年基础能力外语培训录取的 DLAB 起评分为 110 分。此安排便于培训机构在制定教学计划时有的放矢，忽略学习者个人能力参差不齐因素，根据语种难度确定学时，保证教学进度的顺利推进和所有学员毕业时达到规定的 IRL 级别（见表 5. 10）。对于申请外域军官项目的军官，国防部则建议将 DLAB 要求提高到 130 分。

表 5. 10 DLIFLC 外语基础班 DLAB 要求和教学安排（2014）

类别层次	分数线	开课语种	课程时间
一类语言	110	法语、意大利语、葡萄牙语、西班牙语	26 周
二类语言	110	德语	35 周

类别层次	分数线	开课语种	课程时间
三类语言	110	达里语、希伯来语、印地语、波斯语、旁遮普语、俄语、塞尔维亚－克罗地亚语、塔加路语、泰语、土耳其语、乌尔都语、乌兹别克语	48周
四类语言	110	阿拉伯语、汉语、日语、韩语、普什图语	64周

DLAB考试由国防语言学院组织，为无纸化网络测试，满分为164分。考试总时长一般不超过2个小时，分为三个环节：

（1）个人情况：考生回答有关个人情况的问题，时间大约为90秒。

（2）听选：大约80分钟，考生需带耳机，根据听力材料答题。试题分成5个部分。第一部分是重音辨析，其余四个部分则是语言结构辨析。

（3）视选：大约25分钟，考生根据视频答题。

根据应用语言学和教育学相关研究，外语学能主要涉及4个方面的能力（见表5.11），因此DLAB考试主要测试4个方面能力。

表5.11　外语学能的构成要素

学能构成	能力描述
语音编解码 Phonetic Coding	感知语音差异能力；符号语音关联能力；记忆符号语音关联性能力
语法记忆 Grammatical Memory	识别句子中词或短语的语法功能（未经语法训练、陌生语言）
联想记忆 Associative Memory	识别陌生语言中词和意义相关性的能力； 记忆此相关性关系的能力
归纳推理 Inductive Learning	归纳推导陌生语言的结构规律的能力

2005年开始，受国防部委托，CASL承担了DLAB改良研发工作，

CASL 针对语言学习中的困难因素、个体差异与学习潜质的相关性、外语学习潜质测试手段等方面展开系列研究，研究范围涉及“认知能力”“感知能力”“执行力”“外语学习经验”“外语接触”“一语听力理解能力”等个体因素与二语学能的相关性，“语音辨析能力测试手段”“语言进步测试手段”等问题。通过上述研究，CASL 排除了一部分“困难范畴”（LDC：Language difficulty category）对外语学习的影响，明确了某些新类别 LDC 的测试必要性，尝试将此类 LDC 归入 DLAB 的测试范围，研究结果可直接应用于对测试内容和手段的改良以及对于测试结果的预判，使之更好地为军队外语岗位任命和外语培训招生提供科学依据。例如图 5.1 试题指令是：“根据四张图片中图片 - 词关系，推导下列图片在相关语言中的表达”，要求根据图片和“乱语”符号提示推断复杂图像的“乱语”表达方式并选择答案，就是将经验类型判别能力、符号类比能力、归纳类推能力等认知因素纳入 LDC 范畴的改良题型。

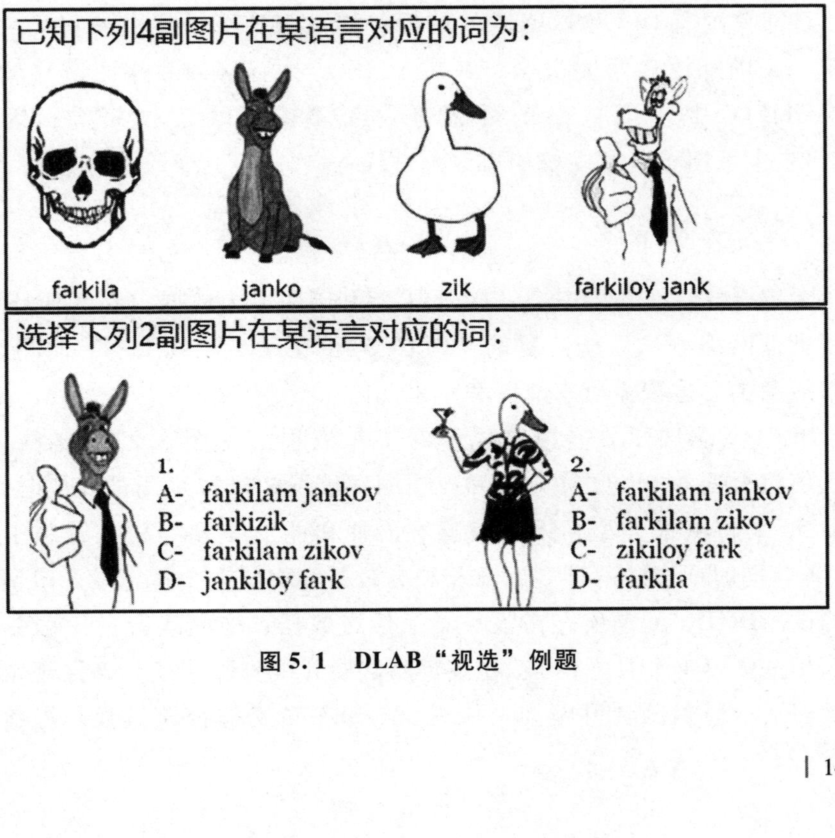

图 5.1　DLAB“视选”例题

（四）口语熟练水平面试

外语战略要求以更科学的方式对更多的语言和更具体的语言技能进行针对性能力测评，为此美军研发并逐步使用 OPI 这一标准化的口语测试流程。OPI 测试范畴涵盖 ILR 所有级别的口语能力，测试中受测者通过外语口头表达完成特定交际任务，测试官根据 ILR 标准对其口语表现进行评估并给出等级。测试官为有资质的专业人员，测试一般以面试形式进行，特定情况也可采用电话测试或者其他国防部允准的方式。面试中一个面试官和 2 名测试对象进行 20－30 分钟谈话，据此给予相应的 ILR 口语水平级别。OPI 是 DLIFLC 在校外培训项目的必考项目，以保证该学院的毕业生具有任务区的口语交际能力。OPI 也是具有口语交际需要的战斗岗位（如参加特种行动的部队指挥官）之年度考核项目，考试结果决定其任职资质。对于某些语种/方言，现有 DLPT 系统仅包括阅读技能测试，OPI 将同时作为“说”和“听”两种能力分级的来源。

目前美国有 OPI 测试资质的单位包括：DLIFLC、中央情报局、国务院、美国外语教学委员会，其中 DLIFLC 具有培训 OPI 面试官的资格，DLIFLC 中相当数量的外语教师都具有 OPI 面试资质，因此 DLIFLC 也承担了美军主要的口语测试任务。

（五）系统管理

国防语言学院外语中心（DLIFLC）和国防人力数据中心（DMDC）负责管理网络测试系统。目前，DLPT V 正在逐步取代 I－IV 代测试，网络机考中心也覆盖所有战区和军事部门。

DLPT V 测试开放需遵循规定的工作流程（见图 5.2）：各战区、军事部门根据本单位工作规划和申请测试情况初步拟定测试开放时间，提前 55 天将测试类型、人员信息、语种和能力类别等相关资料上交 DMDC，同时向国防部计划副部长和高级语言权威上交备忘录，申请开放测试。DMDC 负责预先在服务器上传送数据、检测运行（一般是在获取相关资料 1 个月之内）、在规定测试期开放测试系统，确保规定时间段内、申请测试者可顺利上机考试。SLA 负责监控该流程，提前十

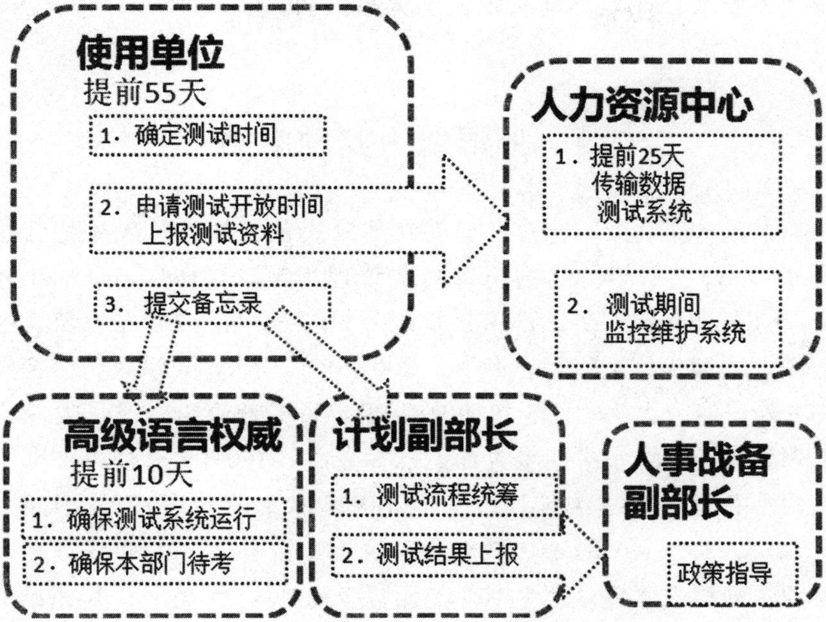

图 5.2　DLPT5 运行管理流程

天确保所有测试准备工作顺利完成，保证规定测试时间段内，各战区部门可得到测试系统保障。如果测试涉及到国家安全局、情报局等保密单位，或者保密信息，则由 DLIFLC 负责保密单位和 DMDC 之间的资料传递工作。

网络测试系统的默认使用单位是国防部、各兵种战区以及海岸警卫队，其他部门机构如有使用需求，可提前 90 天向国防部计划副部长提出申请。国防部按照规定流程受理申请，包括：审核测试目的、测试对象、测试人数、测试地点，权衡测试管理成本，评估系统受损风险，等等。一经批准，国防部将协调 DLIFLC 和 DMDC，对申请单位给与技术指导并进行管理监督。获批有效期为五年。

不具备网络机考条件的单位，如果需要用其他测试形式考察、核定语言熟练水平，需向国防部计划副部长和 DLIFLC 校长提出“它类测试”（Non－DLPT）申请，申请中需包括被测人员数目和年度测试频次。DLIFLC 校长在接到申请 30－60 天内，需对申请是否有效做出回复，如果核准有效，DLIFLC 校长将向国防部计划副部长提供核准报告以及相关要求，计划副部长依次向人事战备副部长提交“它类测试”建议。

四、外语能力奖励津贴

美军在《路线图》出台之前就在部分岗位发放外语人才特殊津贴（Special Pay），每年的《国防部财政管理规定》（DoD Financial Management Regulations：DoD FMR）规定外语奖励津贴的颁布对象、办法和额度（一般为第 19 章）。例如，2002 年 FMR 第 19 章题为“特殊津贴——外语能力水平”。其中 190101 规定了专业要求、受训要求、任职要求和外语能力水平四个方面的加薪条件，190102 对外语加薪工作中的两个关键概念“关键外语”（Critical Language）和“外语能力水平”（Language Proficiency）做出明确的操作性定义，190103 规定了奖励额度：外语人才每月至少 100 美元，级别差为 25 美元；其他人员由各军事部门自行确定最低额度，级别差为 12.5 美元；奖励津贴不在政府纳税范畴。2002 年国防部 FMR 规定美军外语津贴最高额度是 300 美元。

《路线图》提升了外语奖励政策在美军外语人才管理工作中的重要性。转型目标 3“高水平专家队伍建设”要求美军以奖惩方式激励所有人员（包括现役官兵、文职人员、国民警卫队和预备役人员）积极加入外语行动，鼓励美国官兵学习“关键外语”。具体任务包括：确定外语奖励理念和机制，制定和实施颁发外语水平特殊津贴的政策，通过奖励的方式认可高级别外语熟练水平的国防价值，探寻鼓励和保留高水平外语人才的其他奖励机制，研究低水平外语能力的加薪奖励机制。国防部人事和战备副部长负责统筹、管理和指导上述工作，是签发特殊语种津贴、认证特殊语种能力的责任人。

2006 年后，美军根据《美国法典》和《国防部第 7280.3 号令》（2007）对外语熟练水平特殊津贴的规定，统一将现役人员外语熟练水平奖励称为 FLPB（Foreign Language Proficiency Bonus），将国防部文职人员外语津贴称为 FLPP（Foreign Language Proficiency Pay）。继 2005

年的《路线图》和2007年的“外语熟练水平奖励”行政令，2013国防部又发布题为“军事外语技能熟练水平奖励”（Military Foreign Languages Skill Proficiency Bonuses）的行政令，将高级预备役军官训练团外语熟练水平奖励（Senior Reserve Officers' Training Corps Foreign Language Sill Proficiency Bonus：SPB）纳入奖励范畴。外语加薪政策自转型开始不断调整完善，主要的调整包括（见表5.12）：

（1）将加薪条件从2002年的“需要满足所有”4项条件降低为“满足至少1个条件”，将奖励对象从军人扩展到预备役人员；

（2）将“潜在语种”从B级别调整到A级别奖励，取消C类；

（3）年最高奖励额度从2002年的3600美元提高到12000美元；

（4）提高奖励数额和级别差，将每级25美元上调到50美元，尤其是“急需语种”3/3/3及以上级别，级别差飙升到每月100美元；

（5）将“按需分配”的权利交予兵种、下级军事部门，准允其将不在国防部SLL之列的兵种特需语言方言列入奖励范畴，并在一定范围内调整B类语言能力的级差。

表5.12 外语奖励津贴类别及发放标准

时间	外语级别（IRL）	A－级津贴（$/月）	B－级津贴（$/月）	C－级津贴（$/月）
2007－2013	7个级别	SLL急需语种	SLL潜在语种 SLL长期语种	非SLL语种
	1/1	100	50	25
	2/2	200	150	125
	2/2＋	250	175	150
	2/2＋或2/3	300	200	175
	2＋/3	350	250	200
	3/3	400	300	275
	3/3/3或4/4	500	400	300

时间	外语级别（IRL）	A－级津贴（$/月）	B－级津贴（$/月）	C－级津贴（$/月）
2013—	8 个级别	A－级津贴（$/月）SLL 急需语种 SLL 潜在语种	B－级津贴（$/月）SLL 长期语种	B－级津贴（$/月）非 SLL 语种
	1/1	100	0－100	0－100
	1＋/1＋	150	0－150	0－150
	2/2	200	0－200	0－200
	2/2＋	250	0－250	0－250
	2/2＋或 2/3	300	0－300	0－300
	2＋/3	350	0－350	0－350
	3/3	400	0－400	0－400
	3/3/3 或 4/4	500	0－500	0－500

转型开始后不断更新的相关奖励措施充分地体现了美军全方位提高外语能力的决心，它产生的直接效果就是奖励人数呈逐年上升趋势，转型的第一年（2006－2007）美军成功申请到 FLPP 的人数就上升了 21%。根据国防部国防语言和国家安全办公室 2018 年公布的数据，美军各军种每个月约发放外语津贴 700 万美元，涉及约 27000 名现役人员和 3000 名预备役人员，奖励涉及约 120 门语言，约占世界语言总数（7106 门）的 1.6%①。这些数据也间接体现了美军整体外语能力的提升幅度和范围。

（一）奖励津贴数额

FLPB/FLPP 一般通过月津贴的形式体现，对某些特殊情况、特殊任务可单列奖励项目，或者是一次性发放奖励津贴。津贴数额根据掌

① 参见国防语言和国家安全办公室官网对于外语奖励津贴的相关介绍：https://www.dlnseo.org/content/flpb#sll。

握的外语类别和门数、外语熟练水平对应 ILR 级别及其岗位任职情况综合评定，国防部对 FLPB/FLPP 规定了上限。当前限额标准为：

（1）每人每月的一门外语奖励津贴数额不得超过 500 美元；

（2）每人每月的数门外语奖励津贴累计不得超过 1000 美元；

（3）每人每年的总奖金不得超过 12000 美元。

具体的加薪数额标准，由各军事部门根据国防部每年公布的战略级外语清单中的“急需语种”、“潜在语种”和“长期语种”，结合兵种、战区及各部门的具体任务需求和战略规划，制定出 A、B 两个级别的奖励发放标准。如果某门外语虽然列入国防部清单，但是本军种或者战区拥有的外语能力已经饱和甚至超过需求（即“通用语种”），可不列入奖励范畴（见表 5.12）：

“外语级别”的核准标准是：一门外语至少在“读”“听”“说”三种能力中有两种达到一定级别。如果没有特别要求，两种能力的组合可以是任意的，例如“2/2”指申请对象某种外语的“读”“听”“说”能力中的任意两种达到 ILR 的 2 级标准。如果是 3/3/3 则是要求“读”“听”“说”三种能力均达到 ILR 的 3 级标准。

2013 年之后，国防部要求各兵种对于 A 类语言能力，必须根据 FMR 规定给与加薪奖励并固定了 A 类语言的加薪数额；对于属于“长期语种”的 B 类语言能力，国防部仅规定额度范围，委托各军种部门确定具体数额，可酌情提高门槛（如不奖励 1 +/1 + 以下级别）或者降低级差（一般以 25 美元为一个级别），例如对于 B 类外语能力为 1/1 的，相关部门可在 0/25/50/75/100 这 5 个数额中选择一个加薪标准。对于非 SLL 列表语言，如有特殊需求，各兵种、军事部门可根据任务需求自行规定；对于 SLL 语言能力 0 - 2/2 级之间的申请者，是否需要发放奖励津贴，由各军种、部门结合自身需求做出相应规定。对于能力测试在两个级差之间的，按照低一级水平实施奖励。

（二）申请加薪条件

根据国防部 FMR 规定，美国军人、国民警卫队员、预备役和文职人员符合至少一项以下条件可申请 FLPB/FLPP：

（1）能够胜任一个需要外语能力的军队岗位；

（2）参加以提高外语水平为目的的相关培训；

（3）任职于有外语需求的军事岗位；

（4）获得关键外语水平证书。

条件（1）—（4）中的任职能力、培训资质、岗位需求、水平证书均需得到国防部或该兵种核定认可，且核准有效期仅为 1 年。国防部相关规定包括：

测试要求：凭借条件（4）申请加薪者，其水平证书需通过国防部认可的能力水平测试获得，加薪期间其水平证书需在一年有效期内。例如，某军官在 2018 年 1 月 1 日参加阿拉伯语（急需语种）DLPT 测试获得 3/3/3 水平证书，可申请 2018 年 1 月—2018 年 12 月的 A 级外语津贴，可获每月 500 元、共计 12 个月的加薪，第二年如果继续申请，则需要重新参加 DLPT 测试。如果现有的 DLPT 系统尚不能提供某种语言/方言的“听”“说”“读”中两种能力测试，则可通过 OPI 测试其能力，或者用相同语系其他方言的测试成绩来顶替。如果在执行任务期间 DLPT 证书到期且申请人没有条件参加测试，可向相关部门申请延长加薪并在后期休假时补考，军种部门有延长 6 个月加薪的批准权限，但是如果申请人 6 个月内未参加补考或者补考没有达到相应级别，军种有权要求其退回相应的奖励津贴。

任职核准要求：在特定地区执行语言相关任务但无法参加外语水平测试的人员，或者临时执行紧急任务来不及参加测试的人员可根据条件（1）或（3）申请加薪，其战区司令或单位负责人可为其开具能力证明，但是此类人员至多连续 2 年申请加薪。核准具有（或高于）3/3/3 级别能力的外语专业人才，其能力有效期为 2 年，到期后由各单位根据具体情况组织安排外语级别核准工作。

外语培训要求：凭借条件（2）申请加薪者，需参加正规外语培训，具体标准为 150 小时以上的外语课内课时，或者是为其 6 周以上且每天外语课时不少于 5 小时。其他外语培训项目，若经海陆空军种部长、国防局或者是国防部战场行动部门特许核准，也可视为条件（2）准允范畴。加薪时间仅限培训期间。培训结束后，可要求将前期加薪延期，或者根据新的测试结果重新申请。

申请流程：符合条件的相关人员可根据自身外语技能的语种类别

和 ILR 水平向各部门负责单位提出加薪申请，核定级别和奖励额度后，其奖励周期为一年，到期后需重新申请。一年后申请者如果有岗位变动或者外语水平起伏，需根据变化申请相应的外语津贴或放弃申请。

外语加薪和其他专业技能加薪可同时申请，彼此不冲突，例如具有外语技能和飞行能力的空军密码分析专家可同时申请三类能力加薪：飞行员津贴、情报分析专业津贴和外语加薪。

根据国防部外语能力水平奖励管理办法，各军种相关部门需和加薪对象签订书面协议，协议内容包括：FLPB 数额、期限、资格初审和复审时间；申请人承诺失约赔偿——如果水平认证过期或未在规定时间参加 DLPT 补考，需退回相应奖励津贴；申请人履约承诺——在军队需要其发挥外语能力时随时听候调遣。

（三）管理办法

国防部要求各军种、国民警卫队和国防部分别针对本机构的工作需求制定相应的 FLPB/FLPP 管理办法和奖励额度，对申请条件、资格认证、发放标准、上报方式等做出相应规定。

例如《陆军外语项目》（2009）第六章为 FLPB 管理办法，规定奖励津贴工作由负责人事的助理陆军部长负责，陆军 FLPB 发放对象是：在有语言需求的岗位任职（分为特殊军事行动岗位和语言需求岗位）、掌握 SLL 清单中具有“军事重要性”的语言、熟练水平经当年 FLPT 测试不低于 ILR 2/2 级。2009 年陆军外语清单将“军事重要性”语言分为 A、B、C 三类，A 类包括阿拉伯方言、汉语、法语、印地语或印度方言、日语、韩语等 14 项 31 门语言（包括方言）[①]，B 类包括阿塞拜疆语、孟加拉语、柬埔寨语、非洲方言等 17 项 26 门，其中阿尔巴尼亚语、吉尔吉斯坦语、塔吉克语、索马里语是陆军特有的战略性外语，并未出现于国防部外语清单上，C 类包括埃塞俄比亚的阿姆哈拉语、亚美尼亚语等 9 项 9 门。三类语言的奖励标准和级差不同（见表

---

① 1 项指一个语系，1 门指特定语言或者方言，例如在 A 类的第 2 项“汉语”中就包括了 4 门方言：广东话、普通话、赣语方言、吴语方言。

5.13），单门外语加薪每月不得超过 $ 300，熟练掌握多门外语者可获叠加奖励，奖励额度不超过每月 $ 1000。部队人事管理人员每月按照规定格式上报所在单位的 FLPB 情况，包括获奖人员信息、岗位信息、语种信息、级别信息和加薪数额的具体内容。

表 5.13　陆军外语奖励津贴发放标准（2009）

能力水平（ILR 级别）	A 类外语 14 项 31 门	B 类外语 17 项 26 门	C 类外语 9 项 9 门
2/2	$ 200	$ 150	$ 125
2+/2+	$ 300	$ 200	$ 175
3/3	$ 400	$ 300	$ 275

五、语言战备指数建设

美军认为21 世纪军事斗争所面临的一个重要挑战是如何确定 IREC 能力需求、找准能力差距，为此新战略提出要建设“语言战备指数”（Language Readiness Index：LRI），通过这一“战略性的、贴近现实的网络工具”比对各战区、各军种现实语言能力和任务任职需求差距，生成揭示语言储备资源和实际需求之间差距的战备数据，帮助国防部以及决策部门开展风险评估、审查危机预警措施并构画军队未来发展方向（《外语战略 2011－2016》）。《路线图》中，美军首次提出 LRI 建设任务，将“开发语言战备指数系统”（目标 1 行动 8：1. H）作为实现战略目标 1“基础建设目标”的重要举措之一，由人事计划副部长负责，于 2005 年 9 月启动。

由于“语言战备”是外语新战略提出的一个创新理念，是国防部基于现有国防战备指数体系而构画的一个朝向理想愿景的创新举措，其体系建设缺乏现成的参照模式，相关人员、部门需要根据《路线图》结合本部门、军种情况理清思路、制定方案并付诸行动。

（一）解读《路线图》

根据《路线图》，“语言战备指数建设”是43项任务中的一项，然而它远非单一任务，该指数系统得以运用需以《路线图》中目标1所要求的以下行动为前提：

- 行动1. E.：确定各战区外语人员和翻译的需求
- 行动1. F.：建立语言需求确认流程、了解语言需求的真实状况
- 行动1. G.：每年发布战略语清单
- 行动1. I.：在国防部统一语言、区域识别码
- 行动1. J.：针对所有职业军人和文职人员的语言技能自我报告
- 行动1. O.：改进《国防语言计划》中的语言测试系统
- 而上述工作的开展和落实又依赖于其他任务的实施，包括：
- 行动1. A.：成立国防语言办公室、监督贯彻所有相关任务行动的开展
- 行动1. B.：修改《国防语言计划》，融入外语新战略理念
- 行动1. C.：发布《国防部语言区域能力管理办法》，指导《国防语言计划》的落实

可见LRI建设是一个多机构合作、分步展开的系列工程，为此各战区、军种需首先制定配套方案，再据此部署行动。

（二）方案制定

在上述总体目标、行动要求的指导下，国防部、陆、海、空司令部及国防语言学院各自组织专家进行相应领域的调研，对现有的外语建设方案进行评估，据此相继制订行动方案和管理办法，作为各部门、军种和单位LRI建设的工作指导和具体要求。然而，由于外语转型初期对于“语言战备指数”任务的复杂性认识不清，各军种和相关单位则是“摸着石头过河”，依据对《路线图》相关内容的模糊解读提出了各自的落实办法，其务实程度大相径庭：

（1）国防部：《管理办法》（2007）未明确提及“战备指数”理

念，仅在“职责”中为“人事和战备副部长”指派一项相关工作（5.1.2）：“根据《能力级别指南》，寻找开展有效的语言区域能力发展评估方法”。《国防部语言项目指南》则在第二章、第四章针对“外语任职岗位”和“外语水平能力”相关工作提供指导，同时列出外语能力水平分类分级清单。

（2）陆军：《陆军外语项目》（2009）亦未明确提及“战备指数”，但是它所规约的数项工作成为战备指数的重要来源，包括第二章的“语言人才需求认定”、第三章“语言人才管理”中的“国防语言学能测试”、第五章“国防语言能力测试”和第九章“语言人才战备报告”等。

（3）空军：《飞行计划》（2009）的目标 1 是“确定三位一体的外语能力需求、为空军执行任务提供能力保障”，在实现该目标的任务计划中明确指出要更新现有的战备报告系统、重新规划标准，将“语言战备”纳入现有系统，视作行动增效手段。

（4）海军：《LREC 战略》（2008）的“战备”相关内容出现在“重要任务列表”中，包括要点 2“确认外语能力的范围、深度和广度，确定现有外语能力，加强对于战备情况、水平能力测试的监控，将相关外语要求体现于《舰队要求》”、要点 3“准确定义海军外语需求、准确表达具体岗位（如口译、笔译、外域军官等）的能力需求、专业水准和现状能力”以及要点 4“找准能力差距，通过培训和调配人员解决问题”。

（三）行动部署

“语言战备指数”要求全军建立并运行一套全面、连贯而有效的工作流程，以对全军的外语需求（包括人员需求和技术需求）进行摸底、确认，按照战区兵种衡量其外语能力与其任务任职外语需求的匹配度，通过测试方式比对语言相关任务的能力水平需求和任务参与者的实际语言能力，将比对结果按照需求迫切性生成语言战备指数报送国防部相关部门。其具体实施既有纵向的线性流程，也涉及战区内、兵种间、跨部门的多类行动。根据国防部和各兵种实施方案和相关报道，语言战备指数建设应涵盖所有岗位，其行动部署可分 5 个步骤，5 个步骤的制度化、标准化有助于战备指数有序运行，其顺利实施将形成一个规范完整的需求核准+能力评估系统，帮助国防部及重要决策机构针对外语问题形成快速可靠有效的判断、决策和规划。

1. 方法手段设计

设计并采用一套有效的战备指数方法手段，确保：能够根据国防部现在与未来完成任务的需要，结合自身的任务、部署、军种特点，识别并确定 LREC 需求；能够按照国防部统一要求报送上级，能在“战备指数系统”中识别、获取和接纳相关数据，能够为战略构想、危机识别提供严谨可靠的预警性信息。指数工具若要实现上述目的，就必须解决 IREC 能力的描述规范问题，这是数据汇入战备数据库后得以识别调用并助力战略分析的关键。为此国防部要求战备指数工作中对听、说、读、写、口译、笔译、听译[①]和跨文化交际 8 种外语技能的能力需求分级、能力确认工作均按照跨机构圆桌会议的 6 级 11 层分级办法，对区域能力的描述和分类课参照联参部拟定的 6 级分级表及其根据战场环境而设定的区域能力分类表（参见表 5.4、5.5）。各军种普遍将《指南》提供的能力分级作为语言需求/能力参照，例如陆军将每一个岗位的基本外语技能需求按照 ILC 标准确分级并转化为四位码，称之为岗位“外语熟练水平标签”（LPIND：Language Proficiency Indicator），如“LPIND 0”指该岗位无外语能力需求。

2. 识别核准需求

根据现有人员情况和各种任务要求，采纳一套可行标准识别并核准本部门 LREC 需求，作为国防部战备指数的一部分，为军事战略方针和军事行动计划的制定以及外语培训、保障工作部署提供支撑信息。

以国防部为例，其外语工作办公室首先对本部门的进行岗位摸查，列出了“侦听破译”“人力情报搜集”“口译”“笔译”“教师”和“反情报搜集”六大类外语岗，针对岗位职能和任务特点提出了分技能、分级别的外语需求。《陆军外语项目》同样要求对陆军对岗位外语熟练水平要求进行认定，具体措施包括：调研评估当前陆军 IREC 需

---

① 听译（audio - translation）指现场将有声外语资料转写成目的语书面资料，它是口译与笔译的结合，并且对于抗输入干扰提出了较高的能力要求。ILR 对此项能力也提供了六级 11 层指标。

求，包括岗位需求、相应岗位外语专家的任务和能力水平需求，编写“外语熟练水平标签”（LPIND），例如军情部门反情报专家的 LPIND 标签码为“4545”，指最低外语需求为听、说、读均达到 4 +。

3. 能力需求比对

根据军事行动需要，通过检测 IREC 能力水平，了解所在部队部门 IREC 能力的现实状况，尤其是战略级外语和非通用语的人才储备情况，与步骤 2 所核准的需求目标进行比对，提供能力差距信息。检测方法包括自主报告和测试考察等。

自报：陆军人员档案中包含一个“个人语言自报记录”（Individual Linguist Record：ILR），内容包括个人基本信息、语言特长（级别）、外语学习工作经历和外语水平变化信息，外语岗位任职人员需填写此表；海军要求在入伍入职环节记录外语水平，追踪所有的现役、预备役和文职人员档案并及时更新，录入其语言能力水平相关资料。

测考：陆军和空军均根据《国防语言测试规定》（2009），通过国防部测试系统获取人员 IREC 水平和学能信息；海军则采用了“基于任务”的能力评估模式，例如考察海军翻译人员在医疗场合是否能有效体现岗位职能。海军认为 DLPT 分数反映的并非实用能力，而“基于任务”的测试方案更符合海军任务需要、更客观地反映战备情况。

4. 需求优先排序

通过对于所有 LREC 需求的“关键性”（criticality）和“紧迫性”（imperativity）评估，决定需求重要性顺序。指数建设的第一步是各部门开展基于自身需求的重要性排序，而长期目标是国防部设定统一标准，结合汇总的战备指数，开展全军范围的优先排序，这对全军外语工作的宏观布局有重要帮助，也是以透明公开方式进行外语人才管理决策的保证。

5. 传报战备信息

将核准并做优先排序的 LREC 需求和经检测的人员语言能力水平传报到国防部战备指数相关部门，传报内容纳入战备指数体系中，亦链接至《项目计划备忘录》的信息资源。此类信息是预测任务风险和潜在危机的重要参数，通过发出语言风险预警可驱动上层决策，如关键语强化，外语人才征用、调配、晋升，外语津贴制度调整等。目前陆军、空军均将语言战备信息报送作为一项基本工作，发生人员或任务变动时必须及时更新信息，传报途径和样式均借鉴“国防战备报告体系”（DRRS：Defense Readiness Reporting System）。2011 年，美国陆军成立特别工作小组对培训人员的语言熟练程度信息登记情况进行专项检查督导，确保相关信息准确录入陆军人员数据总库。

（四）实施评估

国防部 2008 年宣布美军已经建成外语战备指数工具，该系统已成功链接国防战备报告系统，它所提供的能力、需求比对数据，为国防部相关机构、联合作战司令部、各军种评估语言能力差距和采取相关行动提供保障。“语言战备指数”成为国防部评估风险和权衡效益的得力工具（McGinn2008）。然而，各界对于此项工作褒贬不一。兰德公司对外语战备指数的相关政策落实进行了系列研究，通过面测访谈、政策回顾、数据追踪、文献分析和现状对比，发布了两份关于美军语言战备情况调研报告（DeCamp，et al.，2012；RAND & MITRE 2012）。报告指出：时至 2012 年各军种部门提供的语言战备数据还无法有效保障语言战略决策和外语战略实施；现有的任务手段存在需求评估专门化不够、能力测评覆盖面不够、外语能力追踪评估工作不系统、对于潜在能力的关注大于现实能力、术语不统一、政策无延续性等问题。有负责需求核准的受访者说难以理解和贯彻“上级指挥官提出的要求”，因为“术语无法定义，测评 IREC 能力的标准难以界定，换一个领导就换一个说法”；有负责能力追踪者提出国防部统而化之的标准定级在军种、任务区具体衡量能力时不实用，国防部的两项 LREC 测评系统不能客观评估官兵在战场上执行任务的实践能力，对于“外语学能”的评估结果往往和实际背道而驰，而将“外族后裔”划归“语言专家”更是与实际脱节，因为外族后裔根本不会说其父辈的语言。甚至有基层官兵认为外语能力和战备没有相关性。作为外语能力建设的主管单位，陆军甚至连基本培训数据上报都问题重重，陆军要求所有语言培训人员的考评信息需要同时录入数字训练管理系统、陆军人事数据总库、训练需求与资源系统和国防人力数据中心。然而，2011 年陆军的相关调研发现信息登记和录入流程存在诸多问题，例如个人成绩登录中手写数据有误漏、数字管理系统信息录入的语言熟练水平信息不完整、人事数据总库外语培训数据缺项严重等。

上述问题有些可以通过短期行动解决，例如统一语言战备指数术语，对于重要指数、参数和术语做出明确定义；有些问题却需要通过长期的实践和改良来解决，例如现有分步、分区落实的战备数据搜集可逐步被替换为一套集能力追踪、数据搜集和评估分析于一体的标准化系统，以便在全军范围协同方式手段、分级方法和分享数据；有些问题还需要通过学术探讨、实地调研以及更广泛深入的跨机构合作去发掘解决办法，包括如何改良 LREC 评测方式，确保评测标的与任务成败具有重要相关性？如何保证测试结果确实服务于战备评估和风险预测？

六、外域军官项目

“外域军官”（Foreign Area Officers：FAOs）是美军人事系统中一个特定的标识，指持有高水平综合技能、履行特殊功能的一类军官。所谓高水平综合技能指其能力具有超越一般军事技能的深度与广度。其“深度”体现在：具备研究生水平的教育背景，掌握至少一门特定区域（国家）的语言，对该地区有相当深度的了解，和该地区的人或者团体有直接接触的经验，了解懂得美军和地区之间的政治军事关系；其“广度”体现在：研究领域涉及（但不局限于）历史、政治、外交、军事、安全、文化、社会学、科学、经济、特定地区（国家）的地理知识等；其履职的特殊性体现在：在国防部或者军队的重要部门（如武官处、安全助理办公室、国防部办公室、国务院、参联会相关组织、国防情报局、联合指挥司令部、军种司令部、军队指挥学院等），担任武官、军事代表、参谋顾问、军控调查人员或者是军事安全助理等重要职务，在工作中能够将自己所掌握的区域专长、外语技能、军事技能以及上述知识应用于政治军事事务的分析、相关政策计划的制定和实施之中，履行“军事政治家”的复杂职能，如：在非行动部门观察和研究国际政治军事事件、为高级官员提供决策咨询和相关报告、为即将派驻海外的部队或军官提供 LREC 指导、与外国政界军界人物保持长久关系、促成安全合作或安全援助，FAOs 还可遂行海外任务，参与到涉及该地区政府、机构、军事力量、本土国民、当地组织的兵种行动、联合行动或者跨机构行动①。

从外语战略的角度看，FAOs 属于军队高级别外语人才、专家队伍组成。外语转型之前，美军因人才管理不利造成外语专家流失严重，经过长期培训的 FAOs 急需继续服役的比例远远低于其他类别的军官，成为 FAOs 竟意味着“军人职业生涯的终点”，这对于 21 世纪立足于“长期反恐”、取得“非线性战场”胜利的美军而言，是一个重大疏漏。为此，外语转型的目标之一是外语人才管理方面朝向重用 FAOs 类人才，在职业规划、发展和管理等方面采取措施，确保 FAOs 的职业生涯能顺利并朝向高层发展。《路线图》将“建立一个工作流程，以追踪语言专业人才和外域军官的入职、离职和提升比例”作为转型总体目标之一，任命人事战备副防长为该目标总负责人，计划副防长和情报副防长协办相关工作。《路线图》针对 FAOs 部署了两类行动：

（1）根据当前和潜在需求，修订《外域军官项目》（FAOs Programs），确保项目计划以 FAOs 需求为基础，建立一支拥有保障国防使命核心技能的、高水平的 FAOs 队伍，加强关键性 FAOs 技能培训，充分培养其在维稳、安全、转型和重建等非常规行动中的合作能力和战略判断能力。

（2）确立标准，监控 FAOs 入职、留用和提升比例并形成上报制度。确保在有竞争性的条件下择优选取 FAOs 培养对象，跟踪所有 FAOs 的任用和职业发展过程，确保 FAOs 成为国防部相关岗位的首选任职人选，了解 FAOs 的发展趋向，分析其他发展模式对 FAOs 队伍建设的影响。

两类行动要求通过随后颁布的《军事部门外域军官项目》（国防部 2005：DoD Directive 1315. 17）和《国防部外域军官管理办法》（国防部 2007：DoD Directive 1315. 20）部署到各军事部门、兵种战区。《国

① 对于“外域军官”的定义，参见美军《国防部外语军官管理办法》，即国防部 2007 年更新版本的条令 DoD Directive 1315. 20。

防部外域军官管理办法》特别强调了转型后FAOs管理的一个新举措——“外域军官管理年度报告制度”，其附件2提供了“报告模板”，要求各军种相关部门根据模板要求和标准，分三部分报告：FAOs项目内容、FAOs需求情况和FAOs相关标尺，此统一格式报告将汇入国防部FA0s数据系统，便于统筹管理和实时调试。在国防部的整体规划下，参联会及各军种在相关的外语管理方面都出台了相应的管理办法并启动其FAOs项目。

参联会2006年的《外语和区域能力计划》明确规定了FAOs的专业能力标准，对于FAOs岗位进行了详细的描述。例如，“武官”需对特定地区情况非常熟悉，掌握当地与美国相关的军事、社会、经济、文化、宗教现象和重要事件，理解国家安全战略、国家军事战略、战区介入计划、国家战略规划的细节和部署，能为大使和国家相关团队提供相应的军事咨询。陆军将FAOs归于“战略领导人”管理类别，属于第48功能区域人员，针对性区域包括“拉美”“南亚”“欧亚”“中国”“中东”“东北亚”“东南亚”“撒哈拉以南”地区，当前陆军共有1257名FAOs（包括在训人员）。海军将FAOs项目作为《LREC战略》要点之一，将FAOs作为海军一支独特的人才队伍。它利用海军信息控制中心为FAOs开展外语、文化和区域能力训练和教学，区域分类根据地理战区划为5类：欧洲战区、中央战区、非洲战区、太平洋战区和南部战区。在训和已经开展工作的FAOs已达350人，预期在2019年可达400人。海军为外域军官开设了特别职业通道，也就是从海军其他部门转岗到FAOs岗位的军官将终身保留FAOs身份，其身份标号为1700。海军陆战队则依托《国际事务军官项目》培训FAOs，目前约有280名FAOs，涉及的区域范围包括：拉丁美洲、苏联地区、中国、中东（北非）、撒哈拉以南、西南亚、西欧、东亚、东欧等。空军《国际事务专员项目》培养两类外域军官：“区域事务战略家”和“政治军事事务战略家”，两类均归于第16类专业类别。特定区域包括：中亚/东欧/俄罗斯、拉丁美洲、东亚、中国、东南亚、中东/北非、撒哈拉以南、西欧、南亚等。

总体而言，FAOs是美军竞争性最强的岗位之一，FAOs人才选拔比较严苛，一般来说入选比例为1：8。其选拔审核的过程也是严格甚至漫长的，一般报名者需要具备以下条件：

· 7-10 年的现役经历
· 通过高级别保密审查（身份审查）
· 具有丰富的军事行动经历
· 国防语言潜能测试成绩不低于 95 分
· 国防语言水平测试水平不低于 ILR2/2
· 本科学习绩点在 2.7 以上（4 分制）
· 工资等级在 03 或以上

各军种的 FAOs 培训一般需要 3-5 年，包括：

· 1 周左右的入门学习（国防语言学院蒙特利分院）
· 1 年国际安全事务、区域事务等领域的研究生学习（地方院校或者军队院校）
· 6-15 个月的外语学习（国防语言学院外语中心或蒙特利分院）
· 6-12 个月的海外留学（目标地区）
· 6 个月的海外工作（目标地区）

经过 3-5 年的训练，培养对象需达到以下标准才可列入 FAOs 系列：

· 获得高级别学位（区域问题相关专业）
· 国防语言能力测试 2/2/1（听读 ILR2 级以上，口语 1+以上）
· 区域能力不低于 3 级（根据参联会主席令 3126.01 标准）
· 通过高级别保密审查、身份审查
· 完成联合专业军事教育进程 1
· 海外任务经历（经历审查无污点）

进入 2011-2016 年转型期，美军外语战略对于高级别外语人才管理又制定了新的目标：监控适岗率、提高专业技能，要求 FAOs 必须具备 3 个条件：外语能力水平必须达到 3/3/3（即听、说、读能力均达到或 ILR3 级）；外域培训经历不得少于 6 个月（主要区域包括：拉丁美洲、西欧、南亚、俄罗斯、东欧、中国、中东、北非、东北亚、东南亚、撒哈拉地区）；地方院校相关专业硕士学位（或者在特定区域从事重要外语工作经历）。2012 年 FAOs 岗位上达到上述条件的人员仅占 9.3%。

在 FAOs 项目管理过程中，美军也发现了一些问题，例如特殊的培训流程和国防部、军情部门的任职经历，会导致军官远离任务区、忽略军事技能，而在任职过程中，由于缺乏维持语言水平的条件，FAOs 的外语能力可能处于下滑状态。因此，美军也积极地尝试调试改良方案，例如加强 FAOs 分配的针对性，保证 FAOs 在自己熟悉的区域工作，能够始终发挥自身的外语特长，再如对 FAOs 实施定期轮训的职业规划，确保其外语能力不丢失、军事技能和知识得以更新，等等。

七、国家安全语言项目

国防系统在外语人才使用方面捉襟见肘导致美国国家安全面临挑战，而保障国家安全需要美国各界积极参与、建设一个健全的外语教育机制并培养出大量具有较高外语水平的人才。国防部的外语战略是国家战略的一部分，国防部的外语行动也是国家安全项目的重要组成部分。因此，外语战略强调了国防部于其他国家安全相关机构的合作与共赢，这其中最主要的是完成国家安全语言行动（National Security Language Initiative：NSLI）的任务。

NSLI 由布什总统于 2006 年 1 月宣布，该行动目的是增加美国学习、使用和教授外语（尤其是关键语言，如阿拉伯语、汉语、日语、韩语、俄语、印地语、波斯语、土耳其语等）的人数。分类目标包括：

（1）增加美国公民学习关键语言的人数，让他们更早地开始外语学习；

（2）增加高水平外语使用者，尤其是关键外语使用者的人数；

（3）增加教授关键外语的教师人数，为他们提供资源保障。

项目由白宫总协调，由国务院、国防部、教育部、国家情报指导办公室合作完成，计划投入大量资金，在美国教育的各个层次开展外语教学，具体落实部门包括：教育部项目（共 5 项），国务院项目（共 6 项），国防部项目（共 3 项），国家情报指导办公室（1 项）。其中国

防部负责管理的项目包括:

(1) 国家安全教育项目 (National Security Education Program): 来源于1991年国家安全教育法案授权项目, 致力于在国家安全机构和高等教育体系间建立一种合作伙伴关系, 为国家安全领域培养一批擅长一种或多种"关键语言"的高水平语言文化和区域专家, 同时加强美国高校对于"关键语言"和地区的学习研究。项目通过多种方式为大学生和研究所提供外语学习资助, 获取资助的学生必须完成规定时间的国家安全部门的服务。项目旨在搭建教育机构和国家安全工作人员之间的"管道"。

(2) 旗舰语项目 (Language Flagship Initiative): 国家安全教育项目下属子项目, 始于2002年。项目在地方学校开展外语项目以满足国防安全和情报部门的用人需要, 也将美军外语教学的先进模式和资源扩展到国家教育的各个层级, 贯穿大、中、小学, 以"改变美国人学外语的方式", 如外语贯穿12/15年制的K-12/15项目。旗舰语项目已形成一个项目网络, 建立了21个国内期间项目中心和10个海外中心, 各中心都开展本科生培养项目, 中心负责人为业内认可的语言教育专家。依托该项目所建立的K-12教育模式已经在6个州得以推行, 一贯制外语教育在阿拉伯语、汉语、朝鲜语、波斯语、葡萄牙语、俄语和土耳其语这7个关键语种初见成果。报名参加大学旗舰语项目的本科生呈递增趋势 (参见图5.3)。

旗舰项目中参与度最高的是汉语项目, 11所开展汉语目的美国大学是: 亚利桑那州立大学、杨伯翰大学、亨特学院、印第安那大学、旧金山州立大学、马诺阿夏威夷大学、明尼苏达大学、密西西比大学、北乔治亚大学、俄勒冈大学、罗德岛大学、西肯塔基大学。项目为非汉语专业在校大学生提供达到专业汉语水平、成为汉语专家的学习条件。

(3) 国家语言服务团 (National Language Service Corps) 项目: 由国防部管理、服务于美国政府的、覆盖全美各类外语人才的国家安全人才储备项目。项目在全国范围搜索熟练掌握英语和一门外语的外语人才, 确认其语言能力达标并有志于为政府机构服务, 通过签订相应协议将其纳入服务团。服务团成员将纳入两个人才库: 国家人才库

（在国家需要时提供短期外语服务的人员）和定向人才库（为联邦机构提供长期服务的外语人才）。成员可能参与的任务包括：口译笔译视译、外语教学、外语材料撰写、文化咨询、课程设置以及测试研发等。当服务团成员承担国防任务时，视作联邦雇员。

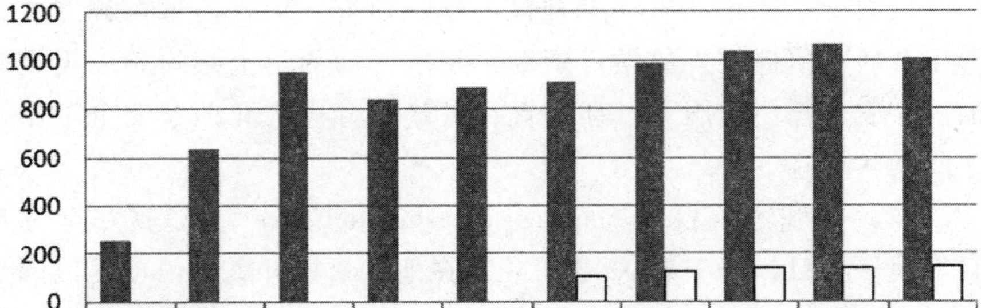

	2008-09	2009-10	2010-11	2011-12	2012-13	2013-14	2014-15	2015-16	2016-17	2017（上）
■国内学员	253	633	954	838	888	908	990	1041	1069	1007
□国际学员						101	125	135	139	146

图 5.3　旗舰语项目本科生注册人数（2008 – 2017 年秋季学期①）

项目启动于 2007 年，旨在为国家防务和其他机构输送高端外语人才，在突发安全事件、本土或域外遭遇灾难或战争时，能够以最快的速度紧急调用合格的外语人才。初期计划是建立一个针对 10 门关键外语的外语人才库，且仅为国防部服务。项目于 2008 年开始招募成员，2009 年承担国防任务，2013 年《国防安全授权法》正式将其列为长久机构，2015 年在德国成立国际分部。经过 10 年发展，成员覆盖了 414 门外语（或方言），成为“国防部和联邦政府的好伙伴”，每年为国防部和联邦政府提供的外语服务达 1000 小时，在军事训练、战争行动、减灾重建、危机应急反应以及伙伴关系建立等领域发挥了重要作用②。

① 参见美国国防语言和国家安全教育办公室《国家安全教育年度报告 2017》：https：//www. nsep. gov/sites/default/files/NSEP% 20Annual% 20Report% 202017% 20FINAL% 20with% 20Front% 20and% 20Back% 20Covers. pdf.

② 参见 NLSC 官网：https：//www. nlscorps. org。

NLSC 项目是外语战略中的国防动员新举措，它可利用美国现有的外语人才保障国家安全需求，是以较低的人才成本获取较高的国防收益的创新项目。项目得到了议会的肯定，被称之为“充分利用美国丰富的语言文化资源方面，第一例有组织的、全国范畴的尝试”，为保障国家外语需求做出了“重要贡献”（HASC 2010）。

第六章

国防语言学院外语中心的战略转型

《国防语言转型路线图》除提出外语战略4大目标外，还专门单列了一项战略任务——国防语言学院外语中心（DLIFLC）的转型。《路线图》指出DLIFLC是落实《路线图》的重要职能机构，DLIFLC转型是国防语言转型的"不言而喻的关键任务"（implied critical task），是决定路线图实施成败的重要举措。本章将分析这一战略规划的背景、梳理DLIFLC采取的相应行动，尝试以一所院校的转型实例为视角剖析美军外语战略实施之方法流程，了解美军战斗力生成模式之内在脉络。

一、转型背景

DLIFLC成立于1974年，由DLI总部和各驻地外语培训机构整合改编而成，它全面负责国防部及各兵种的外语教学和研究工作。冷战结束后，保留国防语言学院的必要性屡屡遭到纳税人质疑，国防部对是否有必要保留军队专有的外语院校一度展开讨论。1994年政府问责局对国防部情报人员的外语培训进行调查，调查报告明确指出DLI工作中存在很多问题（GAO 1994）：

（1）毕业生有1/3仅达到IRL2水平，这和全军逐渐上升的整体外语水平形成反差，和美军提高情报外语战略要求构成矛盾，无法满足情报工作需要；

（2）在外语能力维持方面没有建树，情报人员在工作岗位外语能力逐年下降、能力维持问题无人问津，美军各单位基本没有外语能力维持保障机制；

（3）课程效率不高，能够开课的语种有限，多数外语课程仍委托地方院校商业用途外语培训机构承担；

（4）为战斗部队提供的语言训练还停留在纸质教材、磁带、录像等传统手段上，教师对在岗任职人员的互动式指导难以进行。

“9·11”事件等惨痛教训引发美军反思美军外语能力储备不足问题，随着国防语言文化战略和军队外语战略的演进，军队专有的外语培训和研究机构不可或缺亦不可替代的观点在争论中占了上风，正如美国翻译协会发言人所述“教一个人学开 F—14 战斗机比教人学阿拉伯语容易多了”。各方逐渐统一认识，决定保留军队外语培训机构，由于 DLIFLC“承担着国防语言项目中外语培训的大部分任务，并履行监督和技术指导职责”，国防部并责成相关机构对 DLIFLC 在职能任务、计划目标、资金走向、人员管理、基础设施调查等方面展开了更为详尽的调研，了解 DLIFLC 是否能够满足国防部的外语工作要求，结果是 DLIFLC 毕业生外语在中低水平徘徊，学院服务保障部队不力，大多 DLIFLC 语言课程针对信号情报专家，且仅开设校内课程。

21 世纪美国国家安全战略对于美军提出的外语需求是更多的外语类别，更高的外语水平、更大的外语人群以及更实用的外语交际能力，然而美军外语能力建设却面临教学培训机构乏力的问题。有鉴于此，“国防语言转型小组”针对 DLIFLC 提出落实外语战略的初步设想，并在《路线图》中要求 DLIFLC 根据设想实施全面转型改革。在此背景下，议会“基地调整与关闭委员会”举办了数次专题听证并于 2005 年 8 月 25 日投票决定保留国防语言学院。自 2006 年开始，国防部开始增加对 DLIFLC 的军费投入，国防语言文化战略相关部门也陆续注入项目资金（见图 6.1），以保证 DLIFLC 顺利转型，落实军队外语战略。

DLIFLC 是美军外语战略的关键实践者，《路线图》之所以将 DLIFLC 列为军队语言转型的“要塞”，既是美军外语战略的要求，也和 DLIFLC 在转型路线出台之前面对的种种质疑相关，解决上述质疑、确实保障外语战略实施，需要自上而下、全面彻底的改变。为此，DLIFLC 在《路线图》公布之后，采取了一系列转型行动。

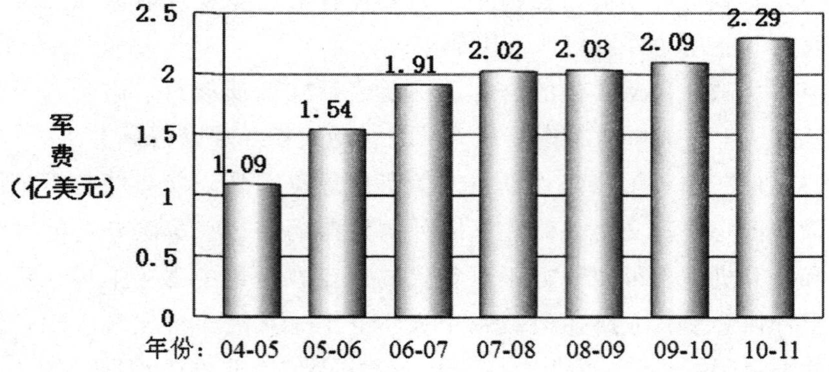

图 6.1　2004－2011 年美军及政府对 DLIFLC 的军费投入

二、责权关系转型

DLIFLC 在编制上属于美国陆军，美军训练和条令司令部（Training & Doctrine Command：TRADOC）为其上级单位，负责其管理、行动，经费和人事方面事务。DLIFLC 在国防语言转型中承担了多重任务，和国防部及各军种存在多个维度的联系合作，因此只有理顺责权关系与合作关系，方可保证其多项任务的良性运转。

国防部指派人事与战备副部长（USD P&R：Under－Secretary of Defense Personnel & Readiness）负责指导国防语言学院工作，而与国防语言项目相关的各级管理组织和负责人均对 DLIFLC 的工作有监督、指导和协作义务，这包括国防部计划副部长助理、国防部高级语言权威、国防语言指导委员会、国防语言项目办公室、国防语言行动小组、国防语言测试顾问委员会、国防语言测试需求委员会等（参见图 4.1，6.2）。

人事与战备副部长委任陆军部长为转型后的 DILFLC 行政负责人，全面负责 DLIFLC 落实转型计划和各项外语战略项目，其主要工作是负责“上传下达”。“上传”任务包括：（1）每年至少 4 次向国防部国防外语指导委员会报告 DLIFLC 的国防语言项目经费使用情况；（2）每年向国防部长助理办公室递交 DLIFLC 的经费预算、人员需求、外语教育、培训任务报告；（3）向国防部人事与战备副部长提名 DILFLC 校长名单。“下达”任务则是任命校长（Commandant）以及校长所提名的副校长（Assistant Commandant）、参谋长（Chief of Staff）和教务长（Provost），责成相关人员落实军队外语战略和《路线图》相关任务。

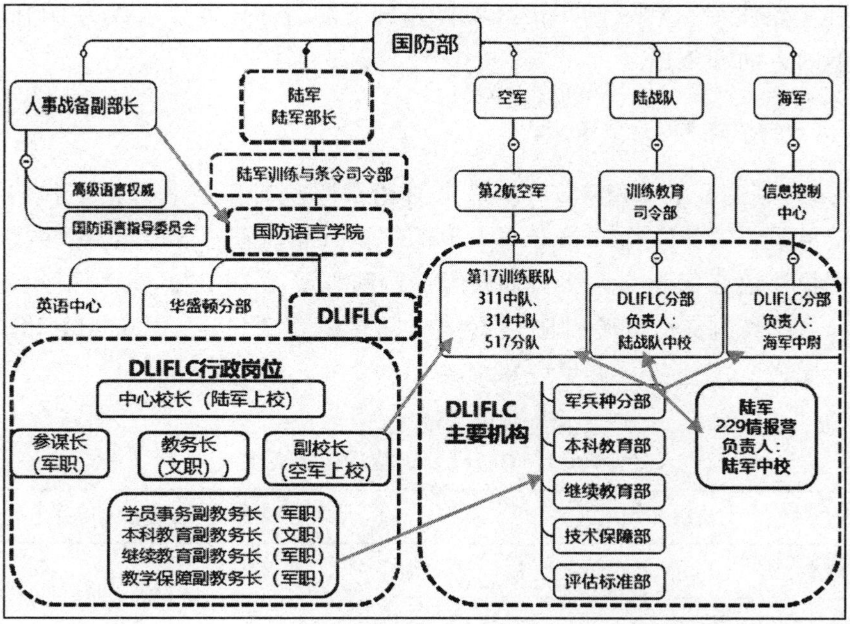

图 6.2　DLIFLC 之责权关系

DLIFLC 通过国防部及其下属的国防语言机构和全军外语战略相关单位有合作和服务关系，如 DLIFLC 服务于参联会、各兵种、各战区的需要，又和国防部的特别任务部门、项目部门存在协同工作关系，同时，DLIFLC 还依托非军方相关单位（如跨机构圆桌会议、马里兰高级语言中心）提升其外语工作效度，同时也和国务院、教育部和情报总监办公室联合开展“国防安全语言行动”相关项目，共同促进国防语言文化战略的实施。

三、任务目标转型

根据美军外语战略所确立的责权关系，国防部指导 DLIFLC 的总体工作方向、确定其转型目标、规划 DLIFLC 工作与外语战略其他目标间关系，陆军通过训练与条令司令部对 DLIFLC 部署任务，国防部、陆军通过《路线图》和《陆军语言项目》部署的目标任务要求成为 DLIFLC 转型的方向和依据。

（一）战略转型要求

《转型图》将 DLIFLC 作为军队外语战略执行单位和外语工作转型负责单位，希望它在“培养高水平的军队外语人员”和“为更多军事单位提供语言保障”两大方面转型。国防部要求 DLIFLC 实现 8 项转型目标。训练与条令司令部随后制定《陆军语言项目》，要求 DLIFLC 转型后完成 9 项任务（参见表 6. 1）：

表 6. 1　DLIFLC 转型的任务要求

部署单位	国防部（DoD）	训练与条令司令部（TRADOC）
政策文件	《国防语言转型路线图》	《陆军语言项目》
任务要求	（1）根据国防部年度“战略语言清单”，为全军外语能力建设提供保障，将服务范围拓展到情报界之外； （2）保障美军外语战略的实施，健全外语测试系统； （3）维持军队外语能力，为服役人员提供贯穿职业生涯的外语学习支持； （4）提高培训效能，本科毕业生外语听、读、说能力达到 ILR3，满足任职岗位外语需求； （5）提高应对突发语言培训需求的能力，开发应急语言培训课程系统，与有外语教学资质的专家保持联系；	（1）为国防部、军队各兵种、联邦机构人员提供语言和文化培训； （2）为民兵和预备役开设基础外语和文化课程； （3）培养语言能力达 IRL 3/3/3（读/听/说）的外语专家； （4）为美国陆、海、空军和各语言训练中心制订综合大纲、训练计划和改进课程编制； （5）指导、辅助各兵种、各部门的国防语言机构工作，包括针对国防部需求语言开展授课；

部署单位	国防部（DoD）	训练与条令司令部（TRADOC）
	(6) 根据任务需求“度身定制”ILR3以下级别外语课程培训； (7) 为全军制订“海外学习”方案，加速军人语言习得进程，使之迅速成为专家； (8) 为军事部门提供情报信息。	(6) 对全军外语教学给予必要的专业指导和技术辅助，包括：审批教学计划、指导教务管理、确定科目内容、规定教学要求、制定考试标准、考核教员、审查教材等； (7) 计划和改进课程编制，开展二语习得研究，培训外语教师； (8) 建立人才管理体系，指导对语言专家和驻外官员的评估、任免和提职； (9) 为军事部门提供情报信息。

（二）转型使命要点

接受上述转型任务后，DLIFLC 对工作现状进行了全面评估，决定重新定位其工作宗旨，将中心的工作纳入外语战略和语言转型的轨道上。为此，中心将 DLIFLC 的“使命”（MISSION）重新定义为：“保障国防语言项目之顺利实施、保障驻扎在国内及海外的美军之外语需求，为军队外语人提供外语服务，包括教育、培训、评估、能力维持和行动保障”。这个定义突出转型的三个要点：

（1）锁定中心的总体目标：保障国防部顺利实施外语战略；

（2）拓展中心的工作范围：从教育和培训拓展到“教育、培训、评估、维持和保障”（educates，trains，evaluates，sustains and supports）五个方面；

（3）明确中心的服务对象：从情报界到“在本土和世界各地工作、战斗的美军语言专家和战争人员”。

（三）初期工作目标

转型是为更好地执行军队外语战略，即为军队打造更加合格的外语人才，有效地为包括情报机构在内的国防部门提供语言支持，保障当前和未来的语言。因此，DLIFLC 根据工作现状，拟定了转型的初期目标：

（1）提高培训要求：外语专家培训目标为听、说、读均达到 ILR3 以上，毕业生在任职后能立刻进入“专业工作”；其他类别培训，相应提高毕业达标要求，促其在校期间尽力提高外语水平，并且具备在任职期间继续外语学习的能力。

（2）形成应急外语增容能力：保证出现突发事件时，能及时制定和完成任务驱动下的应急语言培训项目，满足军事行动的外语需求；

（4）拓展课程类型：开发各类课程、多类语种的开课潜力，能够根据任务需求“度身定制”ILR3 以下级别的外语课程培训；

（5）保障全军外语能力建设：为国防部军方人士制订“海外学习”方案；开发新的外域学习渠道，以便海外人员通过语言习得成为专家；为军兵种部提供相关培训讯息。

（6）建立人才资源库：掌握一切可用的外语人才信息，尤其是外语培训教师信息。

四、工作重心转型

根据《路线图》要求，DLIFLC 校长负责提出实施转型计划的具体要求并确定任务列表，外语中心需执行要求、监控进程并定期向国防部汇报转型实施情况。为此，中心在校长全局统筹下确定了转型的四大工作重心，并细化了各项工作的责任单位和实施计划。

（一）以外语教育培训工作为重心

虽然国防语言文化战略提倡跨机构合作提高军队外语能力，但是 DLIFLC 依然是美军外语教育和培训的主战场，同时，由于美军外语教育一直走在世界外语教育理论和实践的前沿，教育部亦希望 DLIFLC 开展更多层面的外语教育，并以此为示范推广到地方院校（HASC 2008：59）。DLIFLC 转型的重心之首依然是军队外语教育，2006 – 2011 年的任务是：

（1）根据国防部战略级关键外语列表，每年为约 3800 名学员开设 23 门语言的初级（Basic）、高级（Advance）和专家级（Specialized）课程，由蒙特利尔基地的外语中心组织实施；

（2）根据国防部各部门要求，为约 250 名学员开设 55 门语言的委托培训课程（Contracted language course），由国防语言学院驻华盛顿办公室落实。

（二）以国防外语能力维持和保障为重心

根据议会和问责局的调研（GAO 1994），造成军队外语能力不足的重要原因是学员离校后缺乏外语维持性训练，导致外语能力急速下滑，而DLIFLC不可能同时为全军服役人员提供在校的外语培训，因此远程教育、驻地培训以及外语学习使用设备等成为以维持、提高、保障军队外语战斗力的增效手段。DLIFLC因此确立以下转型任务：

（1）远程外语维持性训练：通过视频电视等远程教育手段为驻地提供外语加强和巩固训练，如通过《语言网络项目》建立服务于全军的语言学习网站、全球语言在线保障系统；

（2）骨干人才语言项目：帮助各战区的外语骨干人才维持语言能力，实施《战区语言计划》（Command Language Program）；

（3）驻地外语学习保障：以“外语培训流动小分队队”（MTT）、“视频通讯课程”（VTC links）、电子资源和纸质资源服务于全军的外语教育；

（4）外语培训分部建设：建设10个外语培训分部（Language Teaching Detachment），对现有分部进行转型，以转型要求管理和维护所有分部；

（5）战场外语保障：为作战人员提供战场生存方面的外语支持，包括提供入门外语教学，开发“语言急救箱”（LSK），提供LREC电子资源等。

（三）以外语能力测评系统建设为重心

《路线图》将测评系统建设作为DLIFLC的转型任务，因此保证两个测试系统服务于美军外语战略的需要是DLIFLC的工作重点之一，它涉及到两项任务：

（1）改进和管理《国防语言熟练水平测试》，以准确、有效和便捷的外语水平测试保障外语人才的有效管理、人才队伍建设项目的顺利运行（如国防语言服务团、外域军官、预备军官训练营等）、外语奖励津贴制度的实施等战略任务。

（2）使用《国防语言学能测试》系统，挑选外语后备力量，增强外语培训效度、保障应急外语培训。

（四）以外语教学研究为重心

DLIFLC 自成立之日便是世界公认的外语教学重地，在教学理念的先进性、教学方法的科学性和教学手段的创新性方面均为外语教学界之翘首，转型中的 DLIFLC 也力争利用其研发资源、专业优势来提升美军外语能力，其任务目标包括：

（1）研究教学方法：开展针对基地培训和远程教育等各类外语项目的教学方法研究，力争提高语言培训效率；

（2）研发教学素材：更新各类训练材料，跟进语言变化发展的现状和美军外语训任的需要（保证每门外语课程至少有 2240 小时的教学素材）；

（3）研发增效产品：将现代科技的发展引入外语培训之中，提高远程教育和多媒体网络培训的效率；

（4）指导外语项目：以应用语言学的专业视角、外语教学研究的专业水准监控和评估国防部属下所有外语项目，包括培训标准、培训进程、测试评分、研究发展等方面；

（5）准备突发任务：研究针对突发任务、特殊任务的培训课程的教学管理、实施计划和教学方法；

（6）开发翻译工具：与美国国防部高级研究计划局、美军翻译基地合作研发翻译软件和设备。

由于 DLIFLC 承担外语战略和军队国防语言转型主体任务，因此其工作重心不仅仅是中心内部的培训，还要服务于全军各军种、单位的外语战略规划和实施。例如，根据国防部外语权威授权，DLIFLC 需为《陆军外语项目》的执行部门提供咨询服务，帮助其合理定义外语专家岗位职责和外语熟练水平要求；协助各部队指挥官管理全军的不在校外语培训项目，为其提供技术支持和学习素材。

五、编制调整

中心对人员编制进行了调整，常设岗位约 700 个，其中军职编制约 350 人，主要负责教学保障类行政事务，文职编制约 400 人，承担各类具体教学活动。另外，美军还从各战区抽调约 100 名“军事外语教官”（Military Language Instructors：MLIs）增援转型后“军事导向”的外语教学（参见图6.3）。在DLIFLC的本科教育阶段，这100名军职外语教官对学员完成从“新兵”到“有信心的军队外语骨干人才”的转变起到了至关重要的作用。DLIFLC特别规范了各类人员在转型期间的职责和各单位机构的工作重心和具体任务。

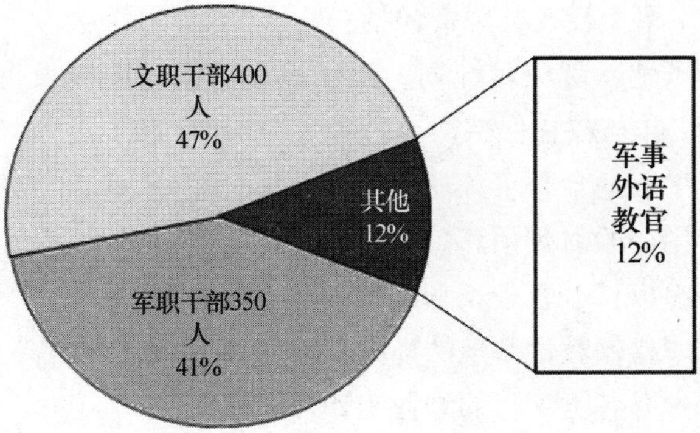

图6.3　转型后的DLIFLC人员编制构成

中心的主要行政官包括校长（Commandant）、副校长（Assistant Commandant）、参谋长（Chief of Staff）、教务长（Provost）、副教务长（Associate Provost和各分部、学院的负责人。

1. 中心校长

中心校长为陆军上校，接受陆军训练条令司令部领导，其工作职责为：

（1）制定DLIFLC落实军队外语战略的计划方案和具体措施。

（2）指挥、监督DLIFLC中心以及蒙特利基地所有行动任务，满足国防部外语训练和教育需求。

（3）统一部署学院所有部门工作，负责上传下达、横向沟通，即协调外语中心与上级机构、其他教学机构间工作关系，主要包括：

· 每年向国防部人事及战备副部长提交年度报告，总结当年工作；

· 每年向国防部人事及战备副部长提交未来5年工作计划，计划包括对DLIFLC任务目标的完成方法、执行途径、重点要点和时间节点；

· 与国防部高级语言权威建立和保持联系；

· 通过执行官（陆军部长）和国防部人事及战备副部长沟通人员配备军费需求等问题。

（4）担任 DLIFLC 陆军分部（229 情报营）的指挥官，同时负责监督空军、海军以及陆战队分部的工作。

（5）担任国防语言指导委员会委员。

2. 副校长

副校长为空军上校，其职责包括：

（1）上传下达，就项目计划、工作重点等问题向校长提供决策建议，就所管辖范围工作与校长保持沟通。

（2）负责中心的日常事务。

（3）负责中心的财政预算。

（4）指导参谋长、教务长和测试中心主任工作。

（5）负责华盛顿教学基地的训练项目（涉及 65 门语言）。

（6）负责中心各类项目的结业工作。

（7）担任空军 517 训练分队、311 中队、314 中队指挥官。

3. 参谋长

参谋长是外语中心及基地所有参谋军官的上级长官，职责包括：

（1）制定工作计划、组织有效行动、协同中心及基地所有保障工作，包括：财务管理、人事后勤、技术保障、安全保障、对外交往、公共事务、校史管理等，为教职员工、训练分队、学院战士以及整个 DLIFLC 提供各类保障。

（2）制定任务和项目的工作进程，明确截点，保证工作按计划进行。

（3）为中心需上报的各类总结、计划提供素材。

（4）和军队“驻地管理司令部”（Installation Management Command）主办参谋沟通。

（5）为决策部门制定与 DLIFLC 相关政策、规定提供战略分析以及决策建议。

4. 教务长

教务长是主要学术官员，由文职人员担任，其职责包括：

（1）担任 DLIFLC 的高级语言权威，统领 DLIFLC 的外语教研工作，提供咨询和指导。

（2）担心中心教学事务总负责人，负责中心所有教学教研项目的管理运行以及相关研究和评价。

（3）协调各部门关系，保证中心有序工作。

（4）作为 DLIFLC 的学术代表参加各类校外学术组织、协会。

（5）代表 DLIFLC 就教学事务和政府机构（如国务院、教育部）、地方院校、专业机构、军兵种、情报机构等进行沟通联络。

（6）负责确定 DLIFLC 当前的需求、预测未来的需要、确立战略重点。

（7）为国防语言项目的发展方向提供建议。

（8）指导副教务长工作。

5. 副教务长

中心共设 4 位副教务长，其中军职岗位为教学保障副教务长和学员事务副教务长，继续教育和本科教育副教务长则由文职人员担任。

教学保障副教务长的职责是：

（1）在技术、行政和管理等方面支持教务长工作。

（2）负责外语教学、测试、课程和技术等方面领导工作。

（3）和各部门主任密切配合，协助教务长制定政策、把握要点和指导工作。

（4）直接承担以下任务：课程设计、师资配备、学院学习管理、训练效果分析、科研工作、浸入式语言培训、学术成果管理和图书馆工作。

学员事务副教务长是学员大队总负责人，主要职责是：

（1）制定学员入学、休假、退学、评估等相关政策，学员管理方面的规章制度。

（2）就所有学员工作与教职员工、各分院以及军事部门沟通接洽。

（3）管理“军事外语教师项目”。

继续教育副教务长职责为：

（1）负责所有非本科生项目，包括以蒙特利尔驻地为授课点的中级培训、高级培训、恢复课程，异地语言学习和继续教育项目，特殊外语项目和外语服务，如指挥官外语项目、专业外语培训项目、口笔译培训项目、伊拉克入门项目等。

（2）为所有非本科教育以及外语保障设计课程、准备教材以及辅助材料。

（3）管理继续教育学部四个学院。

本科教育副教务长是本科生“基础项目”首席教官，负责制定并调整本科生教育实施计划以及教学相关政策，监控八个语言学院和学员办公室工作。

六、机构重组

陆军对 DLIFLC 原有机构进行整编，转型后中心常设 5 个分部，特设若干服务于外语新战略的职能型特别机构，如本科教育部的“多语学院”需保障应急语言需求，继续教育部特设了“战场保障学院”服务于行动部队，教学保障部则专设“浸入式语言项目办公室”保证 LREC 相关目标的落实（参见图 6.4）。

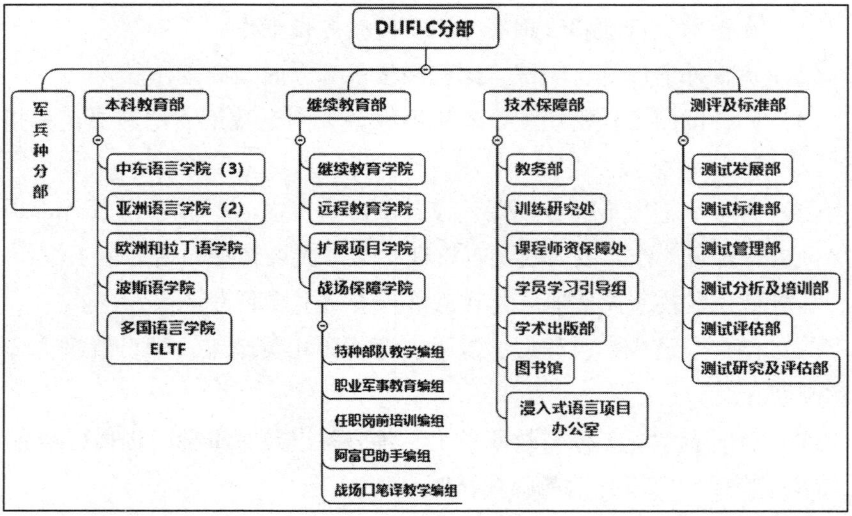

图 6.4　转型后的 DLIFLC 组织机构

（一）军兵种分部

军兵种分部（Armed Services Directorate）常设陆、海、空和陆战队分队，服务于各兵种外语培训（参见图 6.2），分别是：

（1）陆军第229军事情报营（229th MIB）：负责陆军所有外语培训工作管理、后勤保障和军事训练工作，下设6个连，其中A、B、C、D、F为战士学员连，E连为军官学员连和中心长期工作人员，负责人为陆军中校。

（2）海军陆战外语中心分队（MCD）：海军陆战队主要外语培训机构，每年负责约1000名陆战队员的外语训练、军事训练和日常管理，负责人为海军陆战队中校，训练基地在佛及利亚州匡蒂科海军训练教育司令部（Marin Corps Education and Training Command）。

（3）海军信息控制中心分队（CID）：海军主要外语培训管理机构，每年负责约60名实习海军军官和700名水手的外语训练和管理，负责人为海军中尉，基地在佛罗里达州的科里基地。

（3）空军第517训练分队（TRS）：空军外语训练主要机构，由来自311人类系统联队的训练中队和来自314空运联队的训练中队的外语相关人员构成，隶属空军第2航空军第17训练大队，负责1500名学员在DLIFLC的外语学习和1000名学员在其他空军基地的外语学习管理。

（二）本科教育部

本科教育部（Directorate of Underground Education）下设八个基础语言分院，各分院院长（dean）负责教学管理、课程设置、考核评估等日常事务，分院院长一般由文职人员担任，副院长为军官。各分院按照语言类别进一步设系，系主任为文职人员，负责指导项目、管理师资、统筹相应语种教学、评估学生表现和开发教学资源。各系按照任务需要为外语培训班组配备师资，一个班组的教师构成一个“教学小分队”。

（1）中东地区语言学院（Middle Eastern School）：中东学院有3个分院，教授现代阿拉伯语，地中海东部沿岸国家语言，埃及语和伊拉克方言。

（2）亚洲语言分院（Asian School）：亚洲语言设2个分院，教授汉语，日语，朝鲜语。

（3）欧洲和拉丁语言分院（European& Latin American School）：该院涉及I－IV的多种外语，如法语，葡萄牙语，西班牙语，俄语，德语，意大利语，斯拉夫语和拉丁语。

（4）波斯语学院（Persian Farsi School）：主要负责现代波斯语的教学。

（5）多国语言学院（Multi Language School）：多国语言学院是 DLIFLC 转型期间产生的一个学院，也历经了较多编制调整。

“9·11”后，DLIFLC 将其“持久自由行动特遣队”（Operation Enduring Freedom Task Force）改建为“全球反恐行动特遣队”（Global War on Terrorism Task Force），转型后 DLIFLC 以该特遣队为基础建立了一个国防语言特别机构——新兴语言任务特遣部队（Emerging Language Task Force：ELTF）。ELTF 服务于稀缺语种的语言文化能力建设，保障稀缺语种的培训项目和应急外语强化课程，ELTF 后来被扩展为一个系。2011 年的国防部语言文化峰会要求 DLIFLC 加强服务于未来国家安全的能力，因此 DLIFLC 将 ELTF 进一步扩大为多国语言学院。从 2006 开始，ELTF 和多国语学院成功地开设了普什图语、乌尔都语、乌兹别克语、印地语、达利语、旁遮普语、土耳其语、印度尼西亚语等语种的应急培训课程。

（三）继续教育部

继续教育部（Directorate of Continuing Education）工作包括两个方面：一是保障关键任务区的特定语言需求，提供在校的语言课程，例如为派驻伊拉克、阿富汗部队提供语言入门训练；二是服务于全军语言能力建设的远程需求，研发在线语言学习产品，建设全球培训分部。继续教育部下辖 4 个学院，各学院由一个文职专家负责。

（1）继续教育学院（The School of Resident Continuing Education）：包括欧语系、东亚语系、中亚语系和中东语系，为完成基础语言培训的学员提供在校的中级、高级及巩固课程，根据开课率从高到低顺序，教授语种为阿拉伯语、汉语（普通话）、韩语、俄语、、西班牙语、波斯语、达里语、希伯来语、塞尔维亚 - 克罗地亚语等语种。为满足美军工作需要，欧语系还根据“国防威胁降低局”（DTRA）的要求，专门开设“俄语军控口语课程”（Russian Arms Control Speaking Proficiency Course）等特殊用途外语培训。

（2）远程教育学院（The School of Distance Learning）：通过“视频远程教学（Video Tele - Training：VTT）”、“在线学习平台”（On - Line Learning：OLL）和“移动授课小分队”（Mobile Teaching Teams：MTTs）

等远程教育手段开展教学活动，保障各兵种外语需求，授课语种达 20 门。VTT/OLL 具备利用在线素材实施网络同步交互式授课的能力，课程类型包括“能力维持课”（30 课时）、“能力重启课”（30 – 70 课时）、“能力提升课”（70 – 160 课时）等，同时为“阿富巴助手”项目（AfPak Hands）和“高级外域军官项目”等提供在线课程或打造在线教室。MTTs 小分队前往即将赴外执行任务的部队，根据各单位任务需要（如恢复外语能力、强化型简单口语培训、对象国文化知识普及等）为非语言岗位的官兵开设语言文化课程，课程短至 1 天，长则可达 16 周。

（3）扩展项目学院（The Extension Programs Division）：负责 DLIFLC 在全球“中高级语言培训分部”（Language Training Detachments ：LTDs），保障美军在驻地的专业外语人才需求。项目根据任务区的具体特点为驻外人员提供度身定制的面授课程，或是服务于军人语言熟练水平的重启、维持和加强，或者服务于特定的任务需求，如笔译或者口译。目前在全球有 8 个分部。

（4）战场保障学院（The Field Support Division）：根据美军军事行动需要为全军非语言专业人员提供语言入门培训，根据部队需求度身定做外语保障项目，其课程类型、语种、周期以及开设方式均根据部队随机应变。学院设立如下教学编组并各自负责针对性任务：

· “特种部队教学编组”：应特种行动司令部要求，为特种部队官兵开始“特种语言”和“文化熟练”课；

· “职业军事教育编组”：为各战区职业军事教育项目中的外语项目提供技术指导并实施管理监督；

· “任职岗前培训编组”：为准备参加“持久自由行动”的待命官兵开设外语入门课程，保证每个排至少有 1 人具备入门级的当地方言口语水平；

· “阿富巴助手教学编组”：为参与“阿富巴助手项目”的官兵文员提高语言文化能力；

· “战场口译/笔译教学编组”（Combat Interpreter/Translator）：为特招的母语后裔开设 8 周的翻译技能强化培训课程。

（四）教学保障部

教学保障部（Directorate of Academic Support）负责指导、监督和提高

教学水平，研究提高教学效果的方法，根据任务设 7 个机构：

1. 教务部（The Directorate of Academic Affairs）：是教学保障部的行政机构，负责为教务长提供教学、保障、研究方面的服务，接待各类评估和参访，包括陆军条令作训指挥部、美国教委等机构的年度评估。

2. 训练研究处（The Training & Analysis Division）：分析研究培训方法和各类培训项目的效果，总结经验推广有效方法。

3. 课程师资保障处（The Curriculum and Faculty Support Organization）：负责师资培训、课程监管等。

4. 学员学习引导组（The Student Learning Services）：通过为新学员开设一周“入门课”引导学员了解学院课程安排，熟悉外语学习方法。

5. 学术出版部（The Academic Publications）：出版两本学术期刊——《对话语言教学》（Dialog on Language Instructions）和《应用语言学习》（Applied Language Learning）

6. 图书馆（The Academic Library）

7. 浸入式语言项目办公室（Immersion Language Office：ILO）

ILO 是转型后专设机构，负责外语“浸入式”学习项目的计划、联络和执行，通过将学习者置入与母语隔绝的外语环境增加学习者的外语实践机会、锻炼其外语适应能力，主要工作有 3 项：

（1）开设实景训练浸入式课程（FTE：Field Training Exercise）：FTE 是 DLIFLI 基础外语课的必修部分，训练学生走出外语课堂，模拟真实语境，用外语从事军事活动，例如为部队雇佣当地翻译、解决交通争端、与当地旅行社学校等机构协商解决问题等。课程以解决问题、达成一致为情景交际的目的，要求学员具有外语能力、当地文化常识和合作精神，能有效完成跨文化交际。ILO 已开设浸入式课程的外语门类包括阿拉伯语、韩语、汉语、波斯语、俄语和西班牙语，课程分别开设在第一（1 日课程）、第二（2 日课程）和第三学期（3 日课程），每年 ILO 为约 2000 名学员开设此课程。

（2）管理海外浸入式学习项目：组织学员参加境外的密集型语言实践，安排 DLIFLC 优秀学员到目的语国家学习 3 - 6 周，每周安排 30 课时以上的外语课和一天的课外实习活动。ILO 已在埃及、韩国、中国、俄罗斯、乌克兰、法国、哥斯达黎加、土耳其和菲律宾组织此项目。

（3）中心项目：组织举办各类具有异域文化特色的外语活动（如一年一度的“外语日”）

（五）测评及标准部

DLIFLC是美国最大的语言标准化测试研发管理机构，其测评及标准部（Directorate of Evaluation and Standardization）由原来的测试部（Directorate of Testing）转型而来，下设机构从5个发展到6个：

（1）测试发展处（Test Development Division）：测试部主责机构，监管国防语言熟练水平测试（DLPT）的研发、测试现场、质量控制、数据汇总、标准规定等工作，为“战略语言清单剧增行动”（Strategic Language List Surge Initiative）提供技术保障和数据支持。

（2）测试标准处（The Proficiency Standard Division）：为DLIFLC上岗教师提供熟练水平分级方法培训，保证教师对ILR级别的统一认识并有效进行水平测试；为口语水平面试（OPI）选拔和培训面试官、颁发面试官证书。

（3）测试管理处（The Management Division）：为DLPT测试拟定日程、管控考试现场、评分阅卷、报告汇总，保证考试系统正常运行，提供测试监控、测试流程和测试控制方面的培训。

（4）测试分析及培训处（The Test Review and Education Division）：依托专家评估保证所有测试项目的质量，为军队、地方和北约培养测试官员。

（5）测试评估处（The Evaluation Division）：研发和管理“学生问卷自动终端”（Automated Interim/End - of - Course Student Questionnaires），搜集学生反馈，帮助教学部门和教师了解教学有待提高之处；评估美军外语机构在落实军队外语战略方面的工作。

（6）测试研究及评估处（Research &Evaluation Division）：中心的科研管理机构，制定科研政策和实施流程，指导外语学习方面的应用型研究管理，指导协调相关研究项目的论证、实施并形成报告，根据《技术转让法》开发中心研究项目的外延性应用，为其他机构提供“外语需求评估”（Language Needs Assessments：LNAs）服务。

七、课程设置转型

DLIFLC 转型突出体现在其课程设置上，通过调整外语课程的类别、科目和时间安排，形成聚焦战略级关键语，保障国家安全和军事斗争需要的课程体系。

1. 明确外语能力建设对象

《路线图》全面考量了美国近期对外战争各个时期所遇到的挑战，尤其强调战前情报搜集和战后重建过程中语言的战略地位，指出美军外语能力建设必须有明确的针对对象，DLIFLC 教务部门根据上述要求，将以下战略级外语定义为转型后的教学重点：（1）敌对国家使用、美国内较少教授的语言；（2）多国行动中（尤其战后重建、人道救援、维护安全行动）需要掌握的别国语言；（3）潜在危险增大的国家语言；（4）为寻求、结交新的盟友所需要掌握的语言。

2. 根据战略需求调整班次

转型后 DLIFLC 的外语课程设计服务于国家安全战略和军事斗争需求，战略性越强、关键程度越高的招生人数越多。俄语在冷战阶段位居战略级外语之首，年培训人数在千人以上，“9·11”后降为百人左右，2018 年 DLIFLC 已经没有俄语常规课程；阿拉伯语在“9·11”前年培训人数不到 300 人，目前每年培训人数均超过千人。在教授标准阿拉伯语的同时将任务区阿拉伯方言作为教授语种，2018 年开设了埃及、伊拉克、地中海和苏丹四个地区的现代阿拉伯语课程（参见图 6.5、表 6.3、6.4）。

每年外语中心都会根据“战略级外语清单”和“国防语言办公室”的语言政策指导调整课程，保证该学年外语培训满足外语战略的总体需求，符合即时美军的战场需求。对比 2010－2011 学年、2015－2016 学年常规课程以及 2018 课程计划（见表 6.2－6.4）可发现转型后的 DLIFLC 在课程设置上，对战略级语言清单上的稀缺语、非通用语以及美军海外战场相关语的重视程度明显增强。

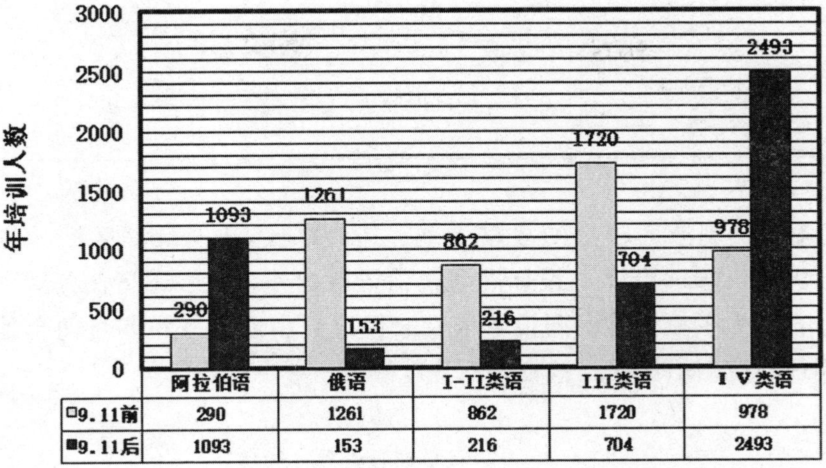

图 6.5　"9·11"前后 DLIFLC 关键语培训人数对比

表 6.2　国防语言学院外语中心校内初级外语培训课程纵向对比

2010－2011			2015－2016		
类别和语言	课时（周）	门数		课时（周）	门数
IV 类					
阿拉伯语、韩语、汉语、日语	63	4	现代阿拉伯语、阿拉伯语（埃及）、阿拉伯语（伊拉克人）、阿拉伯语（黎凡特人）、汉语（普通话）、日语、韩语、普什图语	64	7
III 类					
达里语、普什图语、波斯语、俄语乌兹别克语、印地语、乌尔都语	47	7	希伯来语、印地语、波斯语、俄语、塞尔维亚语/克罗地亚语、他加禄语（菲律宾）、土耳其语、乌尔都语	48	8
II 类					
德语	34	1	德语、印度尼西亚语	35	2

<table>
<tr><td colspan="3">2010－2011</td><td colspan="3">2015－2016</td></tr>
<tr><td colspan="3">I 类</td><td colspan="3"></td></tr>
<tr><td>西班牙语、法语、意大利语、葡萄牙语</td><td>26</td><td>4</td><td>西班牙语，法语，葡萄牙语</td><td>26</td><td>3</td></tr>
</table>

对于美军涉足较深的战略重地，DLIFLC 还开设行动区域的方言课。因此，2018 年除开设标准阿拉伯语课程外，中心还将任务区阿拉伯方言作为主授语种，开设了埃及、伊拉克、地中海和苏丹四个地区的现代阿拉伯语课程（参见表 6.3）。

表 6.3　DLIFLC 课程设置（2018）

<table>
<tr><th>语言</th><th>教学周期</th><th>语言</th><th>教学周期</th></tr>
<tr><td colspan="2">IV 类</td><td colspan="2">III 类</td></tr>
<tr><td>阿拉伯语</td><td rowspan="9">64 周</td><td>希伯来语</td><td rowspan="5">48 周</td></tr>
<tr><td>现代阿拉伯语：埃及</td><td>波斯语（现代）</td></tr>
<tr><td>现代阿拉伯语：伊拉克</td><td>俄语</td></tr>
<tr><td>现代阿拉伯语：地中海</td><td>塔加洛语</td></tr>
<tr><td>现代阿拉伯语：苏丹</td><td>乌尔都语</td></tr>
<tr><td>汉语（普通话）</td><td>II 类、I 类</td><td rowspan="4">26 周</td></tr>
<tr><td>日语</td><td>德语</td></tr>
<tr><td>韩语</td><td>法语</td></tr>
<tr><td>普什图语</td><td>印度尼西亚语</td></tr>
</table>

3. 根据关键外语难度设计课程

在课程设计时，将相关语种根据学习难度分为 I—IV 四类，根据难度确定课时和内容，难度越大、授课周期越长，如 IV 类语种一般需 63 周强化培训，而 I 类仅需 26 周（参见表 6.4）。

表 6.4 DLIFLC 常规外语课程（2010－2011）

语言	学员人数	教师人数	课程周期		
IV 类	2591	624	日	周	月
阿拉伯语	1165	272	315	63	18
韩语	833	216			
汉语	558	126			
日语	35	10			
IV 类语言的培训人数占总人数 71%。					
III 类	824	278	235	47	13
达里语	87	94			
普什图语	134	24			
波斯语	248	34			
俄语	144	68			
乌兹别克语、印地语、乌尔都语	211	58			
III 类语言的培训人数占总人数 23%。					
II 类	27	8	170	34	10
德语					
II 类语言的培训人数占总人数 1%。					
I 类	196	56	130	26	7
西班牙语、法语、意大利语、葡萄牙语					
I 类语言的培训人数占总人数 5%。					

4. 开设任务驱动课程和特殊培训项目

外语战略要求外语培训课程设计体现任务驱动、需求驱动、能力驱动，课程内容与美军在该地区的军事行动特点挂钩。为此，除常规课程外，转型后的 DLIFLC 还根据国家安全的现实需要，开设任务驱动课程和特殊培训项目，包括：

· 方言课：例如 2009 年开始针对赴伊士兵开设了“伊拉克方言”课程；

· 区域专家课程：例如针对阿富汗战后重建需求，开设了阿富汗、巴基斯坦“区域专家”培训项目等，后发展为“阿富巴助手”项目；

· 移动送学课程：针对陆军要求向部署部队送课，向海外战场派遣语言指导小分队，现场培训外语能力；

· 浸入式实景科目：针对美军所在地区的任务需要，例如军控检查、戒毒查毒、边防安全，开设特殊用途外语实景教学，实施“外语全面浸入式”的特殊科目任职培训。

· 语言项目管理军官培训：由于 DLIFLC 还负责管理军队外语专业人员管理机构的执行官，为保障军队外语战略在各兵种、各部门得以正确落实和管理，DLIFLC 一方面督促执行官加强基层单位的外语训练保证外语人员的能力水平，另一方面为开设项目管理培训课程，同时向海外任务区派“移动培训小分队”，实地调研和提高外语管理水平。

· 外训项目：利用教学资源和传统优势，为盟国盟军提供语言文化的外训课程，利用外军间接地提高自身的外语文化潜能、服务于国防语言文化战略，间接地服务于国家安全的长期需求。

八、培训模式改革

美军外语战略在理论上强调外语为关键战斗力，在实践上注重外语培训效果，将如何提高外语培训的效能视作“军事训练的重点、难点”（Magleby 2009）。转型后的 DLIFLC 承担每年培训 3500 名在校学员的繁重任务，其主要培训目的是提高学员的外语应用能力，尤其是在工作现场（战场）的语言综合应用能力，为此培训效果如何主要体现为学员的语言熟练水平高低。为真正实现“外语增效器”的作用，中心制定《外语能力强化和巩固计划》，在 6 个方面采取措施提高教学效果。

（一）招生模式标准

“国防语言学能测试”（DLAB）可衡量考试对象的外语学习潜力，国防部规定所有参加外语培训的美军官兵和文职人员需参加 DLAB 测试，为培训单位提供学能数据。DLIFC 根据语种学习难度，在招生时就为不同的语种规定了不同的录取分数线，2006 年规定参加外语基础课程学习的录取分数线最低为 85 分，2014 年 DLIFLC 又将学习四类外语基础课程的 DLAB 录取分数线分别提高了 5 - 10 分（参见表 6.5），提高学习者门槛对于培训效果有良性影响。

表 6.5　DLIFLC 外语培训招生标准

语言类别层次	2006 年		2014 年	
	DLAB 录取线	语种	DLAB 录取线	语种
I 类	85	荷兰语、法语、意大利语、葡萄牙语、西班牙语	95	西班牙语，法语，葡萄牙语
II 类	90	德语、印度尼西亚语	100	德语、印度尼西亚语
III 类	95	白俄罗斯语，捷克语、希腊语、希伯来语、伊拉克语、阿拉伯语、波斯语、波兰语、俄语、塞尔维亚 - 克罗地亚语、塔加路语、泰语、土耳其语、乌克兰语、越南语	105	希伯来语、印地语、波斯语、俄语、塞尔维亚语/克罗地亚语、他加禄语（菲律宾）、土耳其语、乌尔都语
IV 类	100	汉语、日语、韩语	110	现代阿拉伯语、阿拉伯语（埃及）、阿拉伯语（伊拉克人）、阿拉伯语（黎凡特人）、汉语（普通话）、日语、韩语、普什图语

（二）课程类别级别

针对国防部和议会调研评估指出的 DLIFLC 毕业标准过低问题，中心修改了课程大纲，提出更具体的教学目标，要求学员在校期间同时训练听、说、读三项外语技能以及在社会文化语境中得体使用外语的综合能力。同时，除初级课程（Basic）外，DLIFLC 还针对国防部、各兵种对语言专家的需求逐步开设了关键语言的中级（Intermediate）、高级（Advanced）、特殊用途课程（Special Projects）和能力恢复（Refresher）课程，例如汉语普通话班 2015－2016 学年开设了 5 个级别的课程，各级别课程均设定具体的入学标准、教学要求（参见表 6.6）：

表 6.6　DLIFLC 汉语分级课程（2015－2016 学年）

课程级别	培训时间	入学要求	毕业要求
基础课程	64 周	DLAB：110	DLPT：L2/R2；OPI：S2
中级课程	47 周	DLPT：L2/R2 or S2	DLPT：L2/R2；OPI：S2＋；W
高级课程	47 周	DLPT：L2/R2 ＋or S2＋	DLPT：L3/R3；OPI：S3＋
特殊用途课程	64 周	DLAB：110	特殊要求
能力恢复课程	16 周	DLPT：L1/R1；OPI：1	入学水平 2 倍以上

（1）基础普通话课程

入学要求为国防语言潜质测试成绩在 110 分以上，要求学员通过 64 周课程学习在听说读三项技能上取得进步，听力和阅读在 DLPT5 中获得 ILR2 级以上水平，口语需在面试（Oral Proficiency Interview：OPI）中获得 2 级以上成绩，同时还要参加学习目标期终考试（Final Learning Objective Tests：FLO）。

（2）中级普通话课程

入学要求听读熟练水平和口语面试成绩均在 ILR2 级以上，要求学员通过 47 周课程学习，听力和阅读在 DLPT5 中获得 ILR2＋级以上水平，口语需在面试（Oral Proficiency Interview：OPI）中获得 2＋级以上成绩，同时还要在写作方面有所进步。

（3）高级普通话课程

入学要求听读熟练水平和口语面试成绩均在 ILR2＋级以上，要求学员通过 47 周课程学习，听力和阅读在 DLPT5 中获得 ILR3 级以上水平，口语需在面试（Oral Proficiency Interview：OPI）中获得 3 级以上成绩，高级课程还对读、写提出较高要求，课程并使用原版教学素材。

（4）特殊用途普通话课程

入学要求为国防语言潜质测试成绩在110分以上或者具有ILR1级的听说能力，要求学员通过64周课程学习，熟练掌握特殊领域的普通话词汇和军事指令。

（5）普通话能力恢复课程

入学要求听读熟练水平ILR1级以上，口语面试成绩在LR1级以上，课程实施实景教学，通过在目的语文化情景下的语言训练迅速恢复外语能力。要求学员通过16周恢复性学习，听、说、读、写能力均有显著恢复。

除上述常规语言课程外，DLIFLC为国防部和各兵种度身定做各类课程和LREC项目，以满足军队外语战斗力增容工作需要。例如针对外语专家在工作岗位存在“能力流失”、“水平下降”现象开展“语言能力维持项目”（Sustainment Program）、“基本能力强化项目”（Basic Enhancement Program），通过小班短期课程维持和提高其语言能力；针对某些关键语存在多种方言、多类变体的情况，开展“交叉训练项目”（Cross - Training Program），将方言教学融于关键语课程的基础和中级阶段；针对“莫华直通项目”（MOLINK：Moscow - Washington Direct Communication Link）翻译力量不足的问题，开展“莫华直通译员项目”（MOLINK Translator Program）和“莫华直通翻译能力维持项目”（MOLINK Maintenance Program），保障涉俄军事任务的顺利实施。

（三）教学模式方法

调整教学模式和教学方法的目的是靠近外语战略要求，具体做法是：

· 小班教学：将每个班的人数控制在6 - 10人，或师生人数比高于1：3，提高学员人均授课资源占有比例可保证个体学习需求得到充分关注；

· 增加课时：难度较大课程（如III类、IV类）每周五天、每天6小时以上授课，增加作业、辅导和复习课程。

· 模块化教学：对于中级、高级课程按照有针对性的“模块式”流程实施教学，即将中高级课程分解为分模块，每个模块6 - 8周，以

“诊断式”测试评估学员的能力水平和学习进步，决定是否进入下一模块的学习以及每周的训练科目。“模块式”教学灵活地根据学习发展调整教学计划，更加有效地促进学习进步（参见图6.6）。

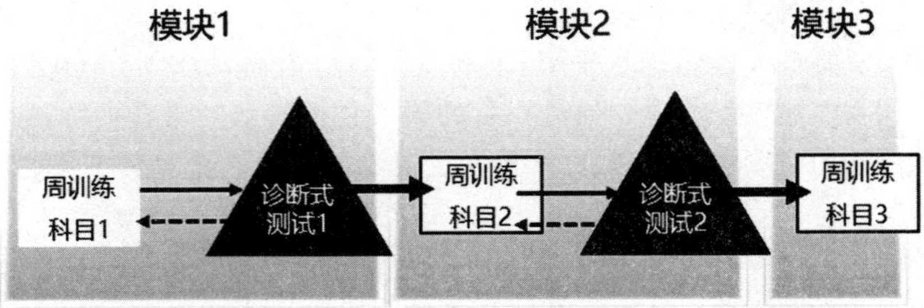

图 6.6　模块式教学与形成性评估

· 培养跨文化交际能力：教授语言的同时注意培养跨文化意识，在学员获得扎实语言基本能力之后，开设文化课程，帮助他们了解熟悉相关国家的文化、风俗、宗教、地理、经济等方面情况；将目标语地区的音乐、服饰、食物、舞蹈、宗教、历史、文学等文化元素带入课堂。

· 增加外语实践：每学期开设浸入式实景教学（第一学期 1 天，每二学期两天，第三学期三天）；每年开展外语日活动，每届学员择优派往目的语国家进行 30 天的强化学习和见学参观。

· 拓展自主学习空间：利用网络和科技资源将外语学习平台延伸至课堂之外，分别在 www. lingnet. org 建立一站式外语学习平台，在 www. scola. org 投放外语自学平台，利用网络自主学习、远程教学手段帮助学员继续学习外语，巩固和提高外语水平。

（四）师资队伍建设

DLIFLC 任务教学成败的关键因素在于师资力量的配备，高水平有经验有责任心的外语教师能够帮助学员在有限的时间内提高外语水平了解对象国文化传统，尽快适应军队外语工作的需要。为此 DLIFLC 利用国防部外语人才储备资源库，发掘有志于国防语言建设的美籍外裔，聘任为相关外语课程的文职教师，根据2014年DLIFLC发布的学院师资讯息，中心98%的基础外语课程由外裔担任。

同时教学保障部、测试部为文职教师提供关于美军外语战略、外语熟练水平、教学和测试技巧等方面的培训，为提高教师的语言能力水平和丰富其教学手段，定期开展教师强化训练，保证教师的外语、教学和政策能力均可达到美军外语战略所要求的高度。

（五）高科技增效手段

在21世纪，计算机、多媒体和网络技术已经成为外语教学的常用手段，美军外语教学在科技辅助手段、增效手段的研发方面一向走在世界的前列。为了提高语言文化培训和能力保障维持的效能，DLIFLC将科技产品作为提高其教学效能的重要手段之一，其科技融合处（Technology Integration Division）负责将科技产品应用于外语能力建设，将各类教学科技手段落实到最终的课程教授环节，保证其增效功能最大化。各种各样最新研发的科技产品或进入了DLIFLC的课堂或发放到学员手中，例如每间教室配备智能触屏（SMART Boards），为每个学员装备高端电脑（MacBook Pro © computers）和平板电脑（iPads ©），其中iPads ©为DLIFLC研发的新型教课书，建立iPOD互动教学系统，每位学员可随时接受教学指令、收看、收听教学内容、使用共享视听说资源并随时与系统内其他学员和教师沟通；学院的图书馆、网络语言资源发布系统（Language Material Distribution System：LMDS）即时提供外语学习素材、学习软件、网络课堂、测试系统等多重学习平台与资源。

（六）外语实战教学

DLIFLC要求转型后的外语培训源于实战、服务于实战，具有明确的岗位指向性。在外语培训过程中，教员力图模拟战场情景和涉外军事任务情景，增强学员对军事用途外语运用的感知能力。例如：阿拉伯语课程在停车场进行车辆检查的听说实练，以保证今后派驻伊拉克任职期间可完成交通管制任务；教员扮演阿富汗灾民，要求得到美军的灾后援助；课堂模拟战地指挥，要求学员为指挥官担任现场口译，保证学员作为译员的临场应变能力；课堂模拟海外军事活动现场，学员担任活动中的发言人、工作人员、译员、嘉宾等多重角色，通过体验真实语境下的外语应用提高语言文化能力。

九、技术保障升级

DLIFLC 的工作范围覆盖全美以及海外战区，对象包括在读学员、现役军人、非现役人员等国防语言储备库中各级别人员，任务包括为个人和机构提供外语教育、培训和测试，维持和保障国防外语文化能力，开展外语教学、评估、课程设计等方面研究等，其繁杂的任务必须依托先进的技术手段方可完成，因此高科技设备研发成为外语中心的首要任务。在外语战略技术保障和产品研发方面，外语中心制定了以下工作重点：

· 研究如何提高基地培训和远程教育的效率；

· 研发外语培训和使用的增效产品，提高远程教育和多媒体网络培训的效率；

· 更新各类训练材料，跟进语言变化发展的现状；

· 监控国防部属下所有外语项目的培训进程和评估测试；

· 研究针对突发任务、特殊任务的培训课程设计；

· 与各军种翻译基地合作研发翻译软件和设备。

为落实以上工作重点，DLIFC 开展了大量语言研究和技术拓展工作，着手研发或升级三大类服务于国防语言战略的语言文化科技产品，这三大类产品为高效高质地开展外语培训以及维持保障军队外语能力提供了极大的技术支援。

（一）语言文化能力测试评估技术

规范、一致、系统化的语言文化能力测试评估是外语战略多项工作的保障，尤其是体现在人才库建设、外语奖励津贴方法、需求评估以及战备指数建设等核心项目。

1. 更新、维护与管理 DLPT

测试部负责管理 DLPT 和 OPI 两个测试系统，具体工作包括系统维护、日程安排、考场管理、质量控制、评分阅卷、数据汇总、标准规定，新语种的测试研发、测试系统的评价、完善和更新，口语面试官、监考官等测试人员的培训等工作。转型工作之一是更新 DLPT 系统以贴近外语战略的新要求，为此 DLIFLC 组织专家从以下方面改进 DLPT，第五代 DLPT 能够以更好地服务于军队外语战略和国防语言战略：

（1）统一用无纸化在线考试模式逐渐替代早期各类模式；

（2）增加考试所覆盖的语种范围，研发与美国国家安全与军事斗争相关的语种、方言的听读能力测试；

（3）提高测试效度，命题组由测试专家和本族语教师构成，试题上线之前进行多次试测、评判和修改；

（4）加强测试的科学性，根据测试学和语言学理论方法命题、监测和修正系统（例如听力阅读测试中安排若干与原文无关的题目，以判别考生是否在随机乱选）；

（5）将 DLPT 建设为包含听力测试（DLPT - R）和阅读测试（DLPT - L）的分技能测评系统；

（6）细化考察内容，分项考察语篇模式辨析、语言词汇语法特点、语言功能分析等语言能力；

（7）将 DLPT 题型扩展至客观、主观两种题型，即："多项选择"（MC：Multiple Choices）和"简答题"（CRT：Constructed Response Test）；

（8）将 DPLT 细化分段测试：ILR3 级以下的低段测试（DLPT lower - range）和 ILR3 级以上的高段测试（DLPT upper - range）；

（9）使用真实语言素材以客观考察应试者能力，实现考试素材的语类多样性；

（10）考试时间延长至 3 小时，题量增大，答题的精确性和准确性要求提高；

（11）培训考试执行官和阅卷员，规范判卷标准，加强能力测评的客观性、公正性；

（12）提高测试效率，从各个环节理顺考试流程，力争在测后一周公布成绩；

（12）实现测试和军队外语人员管理的无缝链接，保证各兵种外语管理部门随时可在 DLPT 人员信息管理系统调集相关人员的 DLPT 成绩，更好地为战备部署、外语加薪、培训选拔等工作提供依据。

2. 文化意识（能力）在线评估

为了测评官兵文化能力，提高其跨文化意识，DLIFLC 还开发了两个文化能力测评学习网络平台：

“语言文化能力在线诊断系统”（Online Diagnostic Assessment：ODA）提供语言文化能力测评以及语言学习、管理建议。系统可自动测评用户阅读能力和听力能力，阅读包括每部分 3 篇文章，每篇后有 6 个问题，听力为 3 段录音，每段后有 6 个问题，所有素材均来自真实语言素材，并根据 ILR 分级稍加改编。被测试对象（被试）答题完毕提交后系统自动生成“语言诊断书”（diagnostic profile），诊断书的生成依据是被试在理解各种难度、话题、任务、语言特征语言素材的表现，诊断书不仅对被试语言能力进行个性化的描述，还就被试适合执行何种任务、在何领域有能力欠缺提供参考意见。目前 ODA 已经完成 12 门语言诊断系统的研发，其官方网站为 http：//oda. lingnet. org/。

“文化意识评估”平台（Cultural Awareness Assessment：CAA）提供针对区域的语言文化知识自主测评，话题包括基本语言、地理历史、主要宗教、社会习俗、生存技能、安全环境、军事政治、区域经济等，国防部以及 DLIFLC 认可的合法用户可通过用户名登录自测。①

（二）基本语言文化习得产品

此类产品服务于校内、校外的语言教学和自学维持。已经开发并投入使用的产品有：

1. “入门课”（RAPPORT）：任前学习产品，其服务对象为国防部，是为即将开赴任务区的军事人员开设的 6 - 8 小时网络培训，内容包括语言模块和文化意识课程，涉及对象国历史、宗教、地理和基本社会变化等相关内容。课程提供网络测评，在课程测评中准确率达到 70% 以上的学员可获取课程合格证。目前 RAPPORT 已经开发了 12 门

① 参见测试指南：（https：//www. caa. lingnet. org/（S（wys155aj5xbttq55liiye5rs））/index. aspx）

外语、14 个地区文化的培训服务，包括查瓦卡诺语、达利语、汉语、葡萄牙语（欧洲地区）、法语、豪萨语、伊拉克语、韩语、现代阿拉伯语、普什图语、西班牙语和斯瓦西里语等，其中西班牙语又分为哥伦比亚、墨西哥、委内瑞拉三个模块。国防部规定前往伊拉克、阿富汗的军事人员必须通过 RAPPORT 相关语言测评方可前往任务区。RAPPORT 的主页在 https：//rapport. lingnet. org/，须凭账号登陆使用。

2. “头脑启动”（HEADSTART）：80－100 小时的语言文化自主学习系统，是国防部要求前往任务区的排级以上指挥员的必修课。课程包括“语言文化指南”（instructions）、“互动任务”（interactive tasks）、“发音指导”（pronunciation guide）、“文化接触”（culture familiarization）、“文化导入”（cultural orientation）、“写作训练”（writing drills）、“文化便签”（cultural notes）、“语法便签”（grammar notes）、“术语词汇”（glossary）和“文化资源”（cultural resources）10 个模块，所有学习内容均与任务区特定业务相关。系统的显著特点是其军事场景触动功能，多数课程通过任务驱动方式完成。该系统现已开发 29 门对象国语言文化，既可登录 https：//jkodirect. jten. mil/在线使用，也有配套离线光盘设备。“头脑启动”（HEADSTART）的汉语系统有 871MB 的教学资源，课程分语言基础和军事行动两部分，第一部分通过 20 个互动任务教授汉语基础，包括约 1000 个以文字和音频呈现的关键术语短语；第二部分包括 50 个特定军事任务其工作场景，包括公共安全、医疗救助、警戒搜捕、作战命令、情报搜集等。注册用户可从 http：//hs2. lingnet. org/chinese. html 下载该系统进行自主学习。

3. “地区研究”（AREA STUDIES）：以热点地区事务为内容的教学模块，包括自学内容和面授内容两部分，例如 2009 年 DLIFLC 着重开发了西班牙语地区的教学模块，可登录 http：//www. dliflc. edu/areastudies/content/default. html 学习。

4. “语言文化近距离系统”（Familiarization）：为提高基地训练效率、维持和保障国防语言文化能力的多功能增效产品，它既可用于课程培训、自主学习，也是战地生存的便携式助手。该系统既可以国名和语言为入口，获取对象国语言、文化的相关素材，也包括“语言急救箱”“国情一览”“文化导入”“文化意识评估”“视频资料”和

“传奇传说”六个触发式服务模块（参见图 6.7）。六个模块亦可彼此链接，具有很强的界面友好性。

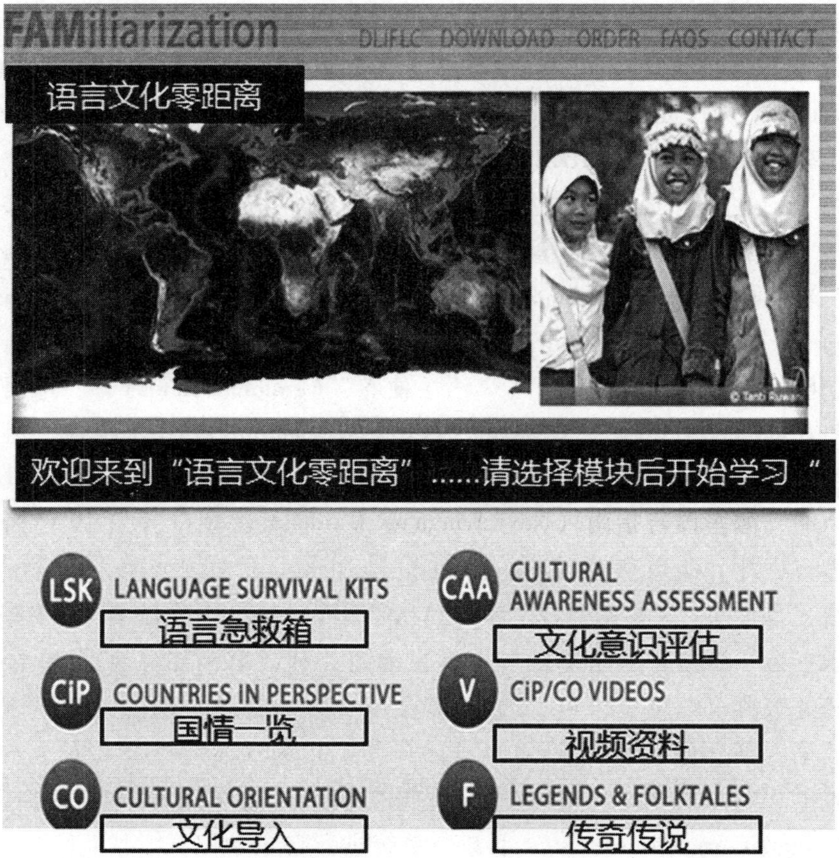

图 6.7　“语言文化零距离”系统入口界面①

5.“语言急救箱”（Language Survival Kids：LSK）：便携式电子产品，便于官兵提取一切助其在目地国生存的语言文化知识，包括：外语对译辞典、重要文化背景知识、当地风土人情、重要地标地貌、生存指南等，配以友好界面的形式、快捷方便的操作系统置于一个电子设备中，在部队需要驻扎外语环境时发放到个人手中。例如，“伊拉克

---

① 编译自：http：//www. famdliflc. lingnet. org/productList. aspx？ v = co

急救箱”包括伊拉克语可视快译通、伊拉克文化智能卡、军事急救语言快译通以及一些可选数据库。迄今为止，共有92个“语言文化急救箱”上线并可以IPAD为载体，针对关键地区的不同方言，还设计了区别性“急救箱”，例如针对中国，就有普通话、粤语、吴语、赣语、维吾尔语5个“急救箱”。

LSK区分与一般语言电子产品的特点是其军事性和情景任务触发性，每个LSK子系统均可通过以下入口选择使用：

· 空军语言指南（Air Crew Language Guide）
· 民事语言指南（Civil Affairs Language Guide）
· 搜救空袭语言指南（Cordon，search ，raid Language Guide）
· 防卫语言指南（Force protection Language Guide）
· 医疗语言指南（Medical Language Guide）
· 军事警察语言指南（Military Police Language Guide）
· 海军语言指南（Navy Language Guide）
· 公共语言指南（Public Language Guide）
· 武器语言指南（Weapons Language Guide Language Guide）

在每一项指南下，使用者均可通过链接寻找到相关领域常用表达。例如，通过“广东话空军语言指南”主页面，可打开针对军事任务的应急通联、飞行控制、通讯分类、降落指令、滑行指令、起飞指令、机场任务、运输任务、维修保养、燃料情况、天气情况等11类常用广东话表达，每一种表达除英语、广东话外，还提供了“语音指南”，只要经过基本的罗马式标音认读训练，使用者均可当场以对象国方言语音表达基本意思，可便捷地促成任务区外语应用。

6. “国情一览”（Countries In Perspective）：该模块包括国别概要、地理、历史、经济、社会、安全四个教学内容模块，一个测评模块，一个资源库，涉及主要SLL语言使用地区。

7. “文化导入”（Cultural Orientation）：任前短期培训的网络平台和自主学习的网络资源，提供针对特有文化群体的详细介绍，该学习模块通过网络互动方式为军队语言专家和涉外军事人员提供语言交流和文化背景资源，具体包括文化概览、宗教、传统、城市生活、乡村生活、家庭模式、城乡生活方式等模块，交互方式包括信息阅读、互动训练和网络测评。目前系统包括 89 个对象国（地区）的素材，每个国别地区又可链接导入相关的语言文化产品，包括“语言急救箱”“国情一览”。例如，针对中国包括三大地区“入口”，分别是“广东话”（Cantonese）、“普通话”（Mandarin）和“吴语方言”（Wu）[①]。

8. “传奇传说”（Legends and Folktales）：目标语文化中有代表性的民间传说和传奇故事作为教学素材的学习模块，可增进学习者对特定地区文化的深入了解，并间接提高其语言能力和跨文化交际能力。其主界面为世界地图，学习者可通过点击地图相关区域选读其传说传奇。例如涉关中国的传奇传说就包括《马可波罗游记》《孟姜女哭长城》等。

（三）语言文化能力强化产品

为有一定语言文化基础的美国官兵提供在线学习素材，提高、维持其能力，现已开发的产品有：

1. “分级课程”（G. L. O. S. S.）：为语言教师和学习者提供在线课程以及相关教学工具。系统包括 40 门 2850 节外语课程，学习者可根据自身能力选择修课“级别”（LEVEL）、根据语言提高需求选择“技能类别”（MODALITY）和“能力”（COMPENTENCE）类别、按照交际需求选择“话题”（TOPIC）类型。目前可选项包括：7 个 IRL“级别”（全部/ 1/ 1 + / 2/ 2 + / 3/ 3 + / 4）；3 个“类别”（全部/听/读）；4 种“能力”（语篇/词汇/社会文化/语法结构）以及 10 类“话题”（文化/经济/环境/地理/军事/政治/科学/安全/社会/技术）。

2. “周训高级课程”（Weekly Training Events：WTE）：为军方和政府的语言学家、分析家提供的网络自主学习课程，旨在为防务关键人物提供高效便捷并可独立操作的学习通道，保障其在任何时间、地点和环境下可维持并提高语言文化能力。2006 年 WTE 获得美国“大学联盟精品教育项目奖”（Allied Academies Distinguished Education Pro-

① 参见：http：//famdliflc. lingnet. org/products/cantonese/cc_ fam/default. html；http：//famdliflc. lingnet. org/products/mandarin/cm _ fam/default. html； http：//famdliflc. lingnet. org/products/mandarin/cm_ fam/default. html

gram Award）。WTE 课程以独立模块组成，学习者每周登录网络系统并利用该资源学习至少 4 小时对象国语言文化知识，可根据其能力水平和学习需求选择 ILR 级别、话题，其能力范畴在 G. R. O. S. S 的“接受性能力”（receptive skills）的基础上扩展到“产出性能力”（productive skills）和综合应用能力，包括说、写、转写、笔译、口译和思辨等，例如训练学习者发现语篇中的偏见、语言资料所体现的个人特质等。WTE 的 4 小时课程模块一般包括 10 项活动（如知识学习、词汇语法练习、复习测试等），每个模块均可链接补充资料和配套资源（如方言资源等），完成一周课程即可参加网络测试并打印合格证。截至 2014 年 11 月，DLIFLC 提供了 11 门关键外语 590 节的 WTE 课程（参见表 6.7）

表 6.7　“周训高级课程”列表（2014）

Arabic	阿拉伯语	57（课时）
Chinese	汉语	51
Dari	达里语	100
Hindi	印地语	50
Korean	汉语	42
Kurdish_ Kurmanji	库尔德库曼尼语	50
Kurdish_ Sorani	库尔德索拉尼语	91
Pashto	普什图语	50
Persian – Farsi	波斯法尔西语（伊朗语）	58
Russion	俄语	49
Tagalog	塔加洛语	49

3. “分训资源服务”（Post Basic Delivery Service：PBDS）：为各外语训练大队提供的教学资源服务，保障各分队每周可通过网络远程学习相关课程，并将课程打包上传至服务器，便于下载学习。PBDS 一般分 8 个级别，每个级别需 6 周课程，每个课程模块均以训练对象终极

任务目标为驱动，学习过程需分训部门教师指导。资源目前涵盖以下外语课程：阿拉伯语、汉语、达利语、韩语、波斯尼亚语、克罗地亚语、塞尔维亚语、俄语、希伯来语、波斯法尔西语（Persian Farsi：现代伊朗语）等。

4.“高级方言资源”（Advance Dialect Materials：ADMS）：为稀缺语地区方言学习提供的、具有语音功能的配套资源，服务于军人在任务区的语言文化需求。资源以内容为核心，根据难度标定级别，根据其分类级别可用于各级别外语课程的学习，可在线获取，具有较强的互动性。

5.“电话交谈”（Phone Conversations）：DLIFLC 上的一个特殊用途网址，它提供大约 300 通以方言交谈的电话录音以及相关教学课程和教学资源，课程内容包括听力技巧训练、内容讨论、文化、语言、话语和社会语言知识等，为在方言地区工作的军人提供远程听说教学服务。

6.“掌上方言”（Accent Library）：便携式方言语音库，以图书馆编目形式储存地区语言的标准语以及各类变体（方言）的语音资料。目前完成了西班牙语和阿拉伯语两个库的建设。

7.“语法搜索”（Grammar Search）：为学习者提供的语法搜索引擎，目前仅开发了阿拉伯语法搜索。

十、经验与展望

DLIFLC 在美军外语战略的实施过程中采取了如下转型行动，基本确保了《路线图》的顺利实施：

1. 理顺责权关系，保证转型相关部门工作纵向的上传下达、横向的配合协同能够无缝链接；

2. 领会转型要求，根据国防部和陆军要求重新定位任务职能，为转型工作确定目标方向，使之符合外语战略的总体规划；

3. 找准转型重心，分类查漏补缺，制定细化落实方案；

4. 调整编制体制，配置人员到位，理顺责权关系；

5. 重构组织机构，确保转型任务有具体的执行机构，责任落实到个人；

6. 调整课程设置，聚焦战略级关键外语，满足军事斗争和国家安全的外语增长需求；

7. 改革培训模式，提升培训效能，保证全面、快速有效地满足国家和部队的语言需求；

8. 研发、更新、维护、管理高科技外语产品，利用专业特长为外语培训、维持与保障增效。

上述行动是在美军外语新战略的总体构想下形成计划并逐层落实的，它和外语战略的总体设想一致，确实保障了国防部提高整体 LREC 能力、建设外语人才队伍的转型目标。其中一些任务仍在启动和试运行阶段，其科学性、系统性有待加强。以“汉语”关键语相关任务为例，虽然 DLIFLC 所研发的汉语 - 普通话高科技产品已经初步完成了《路线图》提出的设备研发要求——驻地服务和远程教育、基础课程和提升课程、能力维持和能力提高等，但是通过研读和试用其汉语产品，我们也发现相关产品存在问题。例如，网络学习平台提供的语言资源受限，文化素材并未真正反映中国文化的真实面貌，等等。这说明 DLIFLC 在过去的转型工作中，初步搭建了转型框架并启动了相关任务，但是对相关任务的细节关注不够，其执行力度离《路线图》设定的目标尚有距离。美军正在启动其评测评估机制，DLIFLC 也处于转型调试阶段，力图通过更有序的管理、更专业的教学以及更多的创新科技设备研发促进美军外语战斗力生成，同时更有力地保障维持国防语言文化需求。

第七章

军队外语能力建设之演变规律

军队外语能力是指一个国家的军队运用外语处理事件、保障国家安全和军事行动的能力，是国家防务和军事斗争的重要力量，是军队战斗力的重要组成。美军的外语能力应用始于独立战争，外语能力建设经历了九次变革和一次转型，历次变革转型虽呈现多维度的动态变化，但却体现了军队外语能力建设的总体演变规律：在宏观语境层面和微观操作层面，美军外语能力建设受到多类因素的动态影响；在变化的语境和历次变革、转型中，有效的外语能力建设又遵循共同的规律、恪守外语工作准则。

一、美军外语能力建设的动态变化

从美军外语工作演变历程来看，其动态变化发生在两个层面：宏观语境层面的变化和微观操作层面的变化。

（一）宏观语境层面的变化

外语培训的宏观语境包括三个方面：一是自上而下的国家安全语境；二是军事斗争形势变化的即时语境；三是社会文化经济形势变化的外围语境。这三个语境的变化对军队外语培训的具体操作产生影响。

1. 国家安全语境的变化

服务于国家安全是美军外语培训的终极目标，因此国家安全语境的变化构成了外语能力建设语境的上层变量。以国防语言学院的去留问题为例，1993－2005 期间，国防部一度对是否有必要保留国防语言学院展开讨论，“9·11”恐怖袭击重构了美国的安全语境，导致争论结果逆向发展。国防部发布的《国防语言转型路线图》和《军队语言项目》均强调语言文化能力属于国家防务的重要力量、是军队战斗力的重要组成，军队专有的外语培训和研究机构是不可替代的，最终在国家安全对于外语能力需求激增的大语境下，议会在 2005 年 8 月 25 日投票决定保留该学院，同时提出根据国家防务需要积极转型的要求。

2. 军事斗争形势的变化

军事斗争，尤其是战争的爆发和结束对于军队外语工作产生直接影响，是宏观语境中的即时变量。二战前美军在天津开展“海外语言培训”以保障其在亚洲战区的需求，“东京语言项目”和“第四军情报学校”的日语课程均在二战中为美军输送了大量日语专家，“越战”中陆军语言学院快速培训越南语人才，“海湾战争”促使国防语言学院的阿拉伯语课程倍增，这一切均说明军事斗争形势是军队开展针对性外语项目、设定外语培训课程的最直接语境。

3. 社会文化经济形势的变化

外语能力建设需要资金投入、教学设施、教学空间和师资力量等资源保障，因此社会经济文化形势的变化同样成为其宏观变量。例如，选址于西海岸旧金山空军基地的“第四军情报学校”开课一个月后“珍珠港”事件爆发，以日裔为主要师资力量和生源的学校无法在西海岸生存，学校顺应变化、迅速易址到明尼苏达州。新校舍教学条件有限，无法满足美军在二战中激增的日语培训需求，1944 年该校再次易址。进入 21 世纪，国防部要求国防语言学院外语中心实施转型，其第一步就是给该机构逐年增加专项军费（参见图 6.1），财政预算的持续增加确保外语中心顺利转型，在外语人才的招生培养、军队外语能力的维持和军事外语工作的保障等方面发挥了巨大作用。同样，转型的外语熟练水平奖励政策，也需要得到美国国会的认可以及政府财政的保障。

（二）微观操作层面的变化

从美军百年外语演变历程来看，外语能力建设在微观操作层面有多重变量，体现在培训驻地易址、教研机构整合、工作重心转移、任务职能调整、课程语种增减、对象模式转化、方法手段更新等方面。

1. 培训驻地易址

美军的外语培训机构经历了多次驻地变迁，仅以国防语言学院为例，从二战时期旧金山废弃机场的一间仓库，到目前蒙特利驻地的5部12院，就经历了数次迁址易地（参见表7.1）。

表 7.1　国防语言学院之驻地变迁

时间	项目（机构）名称	地点
1941 – 1942	第四军情报学校	旧金山驻地
1942 – 1946	军事情报语言学校	明尼苏达州塞维治营→斯内林堡
1941 – 1946	海军及舰艇部队日语学校	科罗拉多大学：伯克利→俄克拉荷马州斯的布尔德和迪尔瓦特→华盛顿
1947 – 1963	美国陆军语言学校	蒙特利陆军驻地
1963 – 1974	国防语言学院	华盛顿、蒙特利陆军驻地
1974 –	国防语言学院外语中心	蒙特利陆军驻地

历次迁址均以顺应国家安全、军事斗争或社会文化经济的变化为目的，但是往往涉及大量人员、设备的整体迁移，尤其是在二战期间，陆军外语培训机构并不具备机械化装备，教官和学员均徒步跋涉前往新校址，并逐步建设新校区。

2. 教研机构整合

为确保外语能力建设的效能最大化，美军制度性地对各类培训机构的工作状况和存在必要性进行调研和听证，并根据调研结果调整培训任务整合培训机构，例如海军的培训机构从海军日语学校先后整编为海军及陆战队日语学校、海军情报学院外语系，最终并入国防语言学院东海岸分院；陆军的培训机构则由陆军第四军情报学校先后整编为陆军军事情报语言学校、陆军语言学校、国防语言学院的主校区（即西海岸分院）和现在的外语中心（参见图7.1）。在新世纪的转型中，外语中心同样大幅调整编制体制，成立多国语言学院、浸入式语言项目办公室，扩展中东地区语言分院、测试部等机构，保证美军外

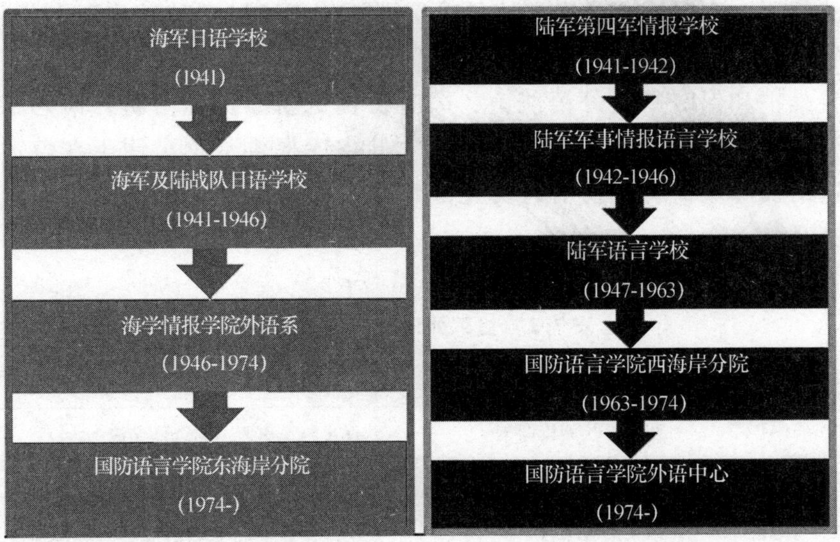

图 7.1　美军外语培训的变化因素——教研机构整合

语新战略的落实（参见图 6.4）。

3. 工作重心转移

由于不同时期有不同的外语需要，外语工作重心也随之进行调整（参见表 7.2）。

4. 任务职能调整

任务职能的适时调整体现在工作范围、工作方式、任务目标、队伍建设等多个方面。从工作范围来看，早期外语能力建设依靠兵种自身的培训，目前则变为横向贯通的多兵种、多机构的外语能力提升、维持和保障；从能力提升方式看，从校内（驻地内）的语言面授扩展到计算机辅助教学、远程教育和电子设备教学等方式；从任务目标看，最初的外语学校仅负责外语教学，如今的国防部及各军种外语中心负责外语培训、语言文化能力的维持、保障和测试评估等多项任务；从队伍建设来看，过去的外语能力建设以军事翻译等专业外语人才为目标，而当前则开展了多个维度的人才梯队建设，既有全军范围的基础能力建设，也有专家级队伍、专业人才队伍建设。1942 年的第四军情报学校仅开设在校课程，1962 年的陆军语言学院除了对在校学员提供外语培训外，还为陆军各部队成员的外语能力维持提供学习素材，而今的外语中心除完成各类在校外语培训外，还通过“移动培训小分队”“特殊岗位外语保障”“盟军外语培训”“语言项目管理军官培训”等项目维护和保障军队外语能力，同时负责更新和保证国防外语熟练水平测试系统的常规运行，为外语人才储备库提供数据，便于在急需时挑选培训对象，对国防语言文化战略和军队外语战略的实施均有重要意义。

表 7.2　美军外语工作重心演变

时间	项目（实施机构）名称	工作重心
1803 – 1941	西点军校阅读课程	促进与军事盟国的合作交流
1898 – 1941	海外语言培训	提高海外适应能力，保障海外战场
1907 – 1941	东京语言项目	为国家安全的未来需要做好外语人才和资源准备
1941 – 1942	第四军情报学校	
1942 – 1946	军事情报语言学校	为二战盟军提供外语保障
1941 – 1946	海军及舰艇部队日语学校	
1947 – 1963	美国陆军语言学校	为美军在越南战场提供外语保障
1963 – 1974	国防语言学院	开展“冷战驱动的关键外语”教学，为美国在两大阵营的冷战中提供外语保障
1974 – 1991	国防语言学院外语中心	提高军队语言水平、保障军事外语工作需要
1992 – 2004		为国防相关人员提供外语培训服务，促进全美教育机构的外语教学
2006 –		提高、维持军人语言水平和跨文化交际能力，保障军队外语文化能力、改进外语培训课程模式、完善测试系统等

5. 课程语种增减

美军将国家安全和军事斗争中急迫需要的外语定义为战略级关键外语，不同历史阶段有不同的关键语列表（参见表 7.3）。从语种来看，最初的外语能力建设往往是一个阶段一个重点语种，例如二战期

表 7.3 美军外语培训各阶段关键外语

时间	主要实施机构	主要培训语种
1803 – 1941	西点军校阅读课程	法语、西班牙语
1898 – 1941	海外语言培训	日语、汉语等
1907 – 1941	东京语言项目	日语
1941 – 1942	第四军情报学校	日语
1942 – 1946	军事情报语言学校	日语
1941 – 1946	海军陆战队日语学校	日语
1947 – 1963	美国陆军语言学校	越南语、俄语、汉语、日语、韩语、德语等
1963 – 1974	国防语言学院	俄语、汉语、韩语、德语、阿拉伯语、波斯语、西班牙语、法语、葡萄牙语、日语、越南语、等 30 多门所谓的“冷战驱动的关键外语”
1974 –	国防语言学院 外语中心	现代阿拉伯语（方言），地中海东部沿岸国家语言（方言），埃及语和伊拉克方言、汉语普通话、汉语广东话，日语，朝鲜语、葡萄牙语，西班牙语，俄语，德语，意大利语，斯拉夫语和拉丁语等，特殊用途外语速训、语言项目管理官培训等。

间因对日作战需要而开设日语课程，而 21 世纪外语战略则设定了“急需”“潜在”和“长期”3 个类别的关键语，各军种根据自身战略规划发布更为详实、包含更多方言的关键语裂变，且逐年更新。因此不论是国防语言学院外语中心、还是各军种外语培训机构，均需要具备多国外语的授课能力，同时还要形成针对国家防务重点地区和语言种系复杂地区的多种方言培训模式，例如外语中心目前仅针对中国就具备普通话、粤语、吴语方言、客家话、维吾尔语、江西方言和汉语文言等 7 个语种（方言或变体）、多个层次（高级、中级、初级）的开课

能力。同时，应对突发语言需求、针对特殊用途、特定区域、特别任务，各外语中心需储备开设专门用途外语课程的能力，能力建设需以国家防务和军队语言文化能力保障为牵引，随机应变。

6. 对象来源复杂化

早期的美军外语培训，不论是海外语言项目，还是军内培训，其任务对象均为现役美国军人，而且各兵种独立负责其自身的外语培训。转型后，外语能力建设由国防部统一部署，因此外语培训课程同一班次的学员可为多兵种多类别，例如国防语言学院外语中心目前外语培训对象的现役来源比例为：陆军 40% –45%、空军 30%、海军 15%、海岸警卫队 8% –10%。冷战后，美军对外语能力和国家防务相关性认识的加深，军队外语培训将对象扩展到非现役人员，包括联邦调查局、边防部门、国家航空航天局、反毒品署等国家机构人员，同时，为协助盟国提高外语能力并间接地服务于美国防务需要，国防部下属培训机构开设国际课程、提供外训服务。外语能力建设涉及的对象呈现了多国别、多身份、多兵种的来源复杂化趋向。复杂的对象来源对外语培训的招生提出挑战。早期军队外语培训招生方式比较简单，往往由教官物色或者派驻部队推荐，受人为因素影响。例如第四军情报学校首期日语班是以专人目测面谈的方式确定了 60 名现役军人为第一批学员，陆军情报语言学校的“女兵团”直接以现役日裔女兵为招生对象。如今外语培训则以国防语言学能为依据挑选对象，根据课程难度确定入学的外语学能要求，经学能测试达到起评分的方可入学。

7. 模式层次多样

能力建设对象的扩展和任务职能多样化同样也带来了能力增长模式的多样化和层次化。早期美军外语能力增长主要是通过跨文化接触自主学习或语言学校的小班教学和面授辅导，如今则形成多层次、多维度的外语能力增长模式，例如外语中心汉语普通话有 5 个层次的课程，根据不同对象开设课程；对于中级、高级课程的“模块式”教学则灵活地根据学习发展调整教学计划，更加有效地提高学员语言能力。同时，美军还采取多种方式维护军人外语水平、扩展外语学习空间，通过提供多样教学资源、外语增效手段，开展远程教学、机辅教学、慕课 MOOC 等多种教学辅导形式为各部队开展驻地内的外语培训和能力维持。

8. 方法手段更新

外语战略强调能力和效果，过时的教学方法和技术手段往往跟不上能力激增的目标要求，为提高效能美军始终不断革新，而科技发展为提高效能提供契机。例如在外语教学法方面，外语界倡导多年的“听说教学法”就是陆军语言学校结合二语习得研究和外语教学实践而得的教研成果，世界上第一间外语实验室出现在国防语言学院，而当今的外语中心则将计算机、便携式多媒体作为外语培训的常规手段和立体化教学方式。

二、美军外语能力建设的不变准则

美军外语工作在其发展历程中，无论宏观、微观层面发生何种变化，始终遵循外语能力建设工作的发展规律。回顾美军外语能力的建设历程，可挖掘其工作中的不变准则。尊重规律、严守准则，以科学务实的态度面对变革实施转型，是美军外语能力得以维持、发展的决定因素，也是军队外语能力增长的必循之路。

1. 以语言战斗力之核心理念指导外语工作

虽然经历了多个层面、多个环节的多种变化，但是美军针对外语的建设培训工作从未松懈，这是因为美军训练工作中有一个核心理念，即：外语能力是军人素养、军事技能、军队战斗力的重要构成。进入21世纪，美军频繁采取海外军事行动，更加凸显了外语的核心战斗力作用。《路线图》将“外语能力”定位为“关键作战技能”，转型中国防部的系列管理规定、工作指南以及兵种部署文件提出了“外语是核心战斗力”“能动力”“关键作战技能”“重要战争素养”等系列理念并落实于外语新战略指导下转型工作的各个环节，要求美军在人才的培养和管理、外语能力的提高和维持、外语保障军事斗争需要等方面实施“转型”，均是贯彻“语言战斗力”之理念。

2. 以军事斗争和国家防务需要为战略导向

美军的外语工作发演变历程也是一部军事外交和国防安全演变史：基于美法密切的军事交往以及美西战争，西点军校开设了法语课和西班牙语课；因为对亚洲强国日本的安全忧患和对东亚安全形势的关注，驻日使馆实施东京日语项目，驻中国的美军开设汉语培训项目；美军加入盟军并对日宣战后，陆军情报学院和海军日语学校聚焦培养日语人才；越战中陆军语言学校强化越南语培训项目；冷战中斯拉夫语部成为国防语言学院的主要部系；海湾战争中，美军应对伊拉克入侵科威特事件展开“沙漠盾牌”和“沙漠风暴”行动，阿拉伯语自 1991 年成为关键语清单上的“急需语种”。上述事实说明：国家安全和军事斗争所提出的外语能力需求始终是牵动实施计划的导向，决定了能力建设的重点、方法、目标，体现在课程增减、项目设定、教研机构调整等等方面。

3. 以快捷高效的应变能力满足作战部队之现实需要

军队需要快捷的机动应变能力，军队外语工作强调以最快的速度满足部队的语言文化需要，以最机动的方式适应环境变化。陆军第四军情报学院成立于日军偷袭珍珠港前一个月，在“珍珠港事件”后不仅迅速易址并坚持教学为美军输送大量战地日语人才。越战中，陆军语言学校迅速在全国搜索越语师资并利用化整为零的方式培训军队越语人才。冷战中，为迅速有效地开展稀缺语种的教学，国防部力图发掘国内非军事院校的培训力量并形成联合培养模式。海湾战争中，为配合美军在索马里的“重建希望行动”，外语中心聘用 5 名索马里本族语者，仅用两周时间就编写了索马里语生存手册、灌制录音磁带，并在三个营区为即将派往索马里的美军开设语言文化入门课。国防语言学院有 60 门外语和 30 门方言的教学能力，可随时向任务区、作战部队派遣“移动培训小分队”，也可根据战场需求开展“战场口译/笔译”“区域研究小分队”“语言培训分部”等以部队为服务对象的外语保障项目。

4. 以高科技语言设备研发提高外语工作效能

在外语教学手段方面，美军总是第一时间将科技新产品开发为外语教学增效产品。短波电台一出现就成为陆军语言学校“听说教学法”的教具；录音机问世不久，国防语言学院就为驻地官兵自编听力资料，便于他们在校外坚持外语学习、维持外语水平；陆军语言学校建立了世界上第一个语言实验室，并不断更新设备，逐步将计算机、音谱视频技术引入课堂，开发多种计算机辅助教学、评估软件。国防语言学院外语中心是学界公认的外语教育研究先行者，其远程视听课程、网络课程、多种语言教学模块的开发均走在世界外语教学的前列，中心研发的“外语急救箱”、“语言文化入门零距离”自学系统成为美军适应海外战场需求的贴身语言文化专家。使用高科技设备有助于提高外语能力培训、维持和保证的效能，使得美军外语工作能够“决胜千里”。

5. 以浸入式活动促进语言文化综合能力提高

美军外语能力建设始终强调“文化浸入”（immersion）理念，即通过对他国文化知识的了解、文化活动的参与来促进语言学习，提高学员在对象国工作时的综合语言文化能力。二战前“东京语言项目”积极组织体育比赛、家庭聚会等各类交际互动，帮助驻外武官“浸入式”了解日本文化；在陆军语言学校，学员经常和俄罗斯籍教师家庭进行联欢活动。新外语战略用“语言、区域知识和文化意识综合能力”（LREC）代替“外语能力”，证明在军事斗争实际中，三种能力同样重要。外语中心将语言学习和文化领悟通过近距离接触的方式结合起来，学校的年度“外语日”要求学生将他们所了解的各国文化现象、习俗排成节目，并展示汇演。浸入式外语课程和浸入式海外语言强化项目都是典型的 LREC 能力培养项目。

6. 以军队外语专家职业素养为人才培养要求

军队外语专家的职业素养包括两个方面：一是军人素养；二是外语专业素养。虽然军队外语培训对象多为现役军人，他们大多已服役数年接受过正规的军事训练，但是美军各阶段的外语培训中依然强调对于军人的职业素养要求。一方面，军队外语培训始终保持军队特色，提倡服务军队、保障军队的军事意识。另一方面，各个阶段的语言学校均通过多种体育运动赛事和专项训练的方式维持和提高学员的军人素养和军事素质，以保证他们的战场生存能力和作战能力，如 DLIFLC 建立了 29000 英亩的奥德堡训练基地，保证学员在学期间能够维持和提高其基本军事能力，其中包括基本体能、读取地图能力、按图索骥能力、射击能力、应对突发事件能力等。

7. 以师资及管理人员之专业精神保障培训质量

美军外语教学在全美语言教学领域一直处于领先地位，在多类外语教学研究的学术交流活动中均可听到国防语言学院专业人士的声音。在第八届全美语言协会年会上的“国防语言学院工作报告”中，学院学术顾问介绍学院如何以专业的精神、态度和能力在培训项目中体现职业效能、紧跟外语教育专业的最新发展朝向以及学院如何与军内外、国内外语言学界进行跨机构、跨国界的学术交流和研究合作（Benoit 1965）。报告提及的“听说领先的强化教学法”“自主式递进式学习材料研发”“应用语言学中心”“跨机构语言圆桌会议”等举措均属美国外语界创新之作，引起语言学界的极大关注和好评，称国防语言学院“用越战的一日军费支出完成了全年的工作”，是将纳税人的钱用在了实处。同时，为保证外语培训师资和管理人员的专业水准，美军培训机构强调“专业发展”，定期派教师参加美国语言学会等机构举办的教师培训、语言学培训班，积极汲取先进语言理念和教学方法，绝不做固步自封的“井底之蛙”。

8. 以前瞻性活动应对军事斗争之潜在危机

外语战略必须具有前瞻性和预测性，对于国家安全战略的实施和美军外语战斗力的保障做到“未雨绸缪”。例如二战之前，美军就意识到亚洲的军事强敌为日本，因此开始有计划地实施“东京语言项目”，该项目成为美军日语能力建设的师资和教学素材来源，二战中美军各类日语学校共培养的6000名学员在二战中的对日情报工作中发挥了重要作用。为应对国家安全和军事斗争的潜在危机和突发任务，转型之后的外语中心建立“新兴语言任务特遣部队”（后扩编为多国语言学院），利用这支队伍服务于稀缺语种的语言文化能力建设，做到能够迅速开设稀缺语种的培训项目。同时，中心将全球外训作为其重要教学任务，外训成功地利用美军教学资源和传统优势，为盟国盟军提供语言文化的外训课程，利用外军间接地开发自身的“全球影响潜力”。

三、军队外语能力建设的动态规律

美军外语能力建设追根溯源已逾百年历史，其演变历程揭示：军队外语能力建设一方面在各阶段受到诸多变化的影响，另一方面却在其发展变化中有规可循。这就构成了军队外语能力建设中两个相互影响的方面：变化的环境和不变的工作准则，而军队外语能力建设正是由于两类因素的共存和互动得以发展（参见图7.2）。由此我们认为军队外语能力建设具有以下演变规律：

（一）变化和波动是军队外语能力建设的总体态势

首先，外语能力建设的宏观语境（国家安全语境、军事斗争形势和社会经济发展）始终处于动态变化的状态，它势必对外语培训、能力维持和需求保障产生影响；其次军队培训机构的生存和发展本身受到诸多客观因素的制约，外语院校的规模编制、机构设置、教学任务、培训目标、课程类型模式甚至驻地选择都受到客观条件影响，也随形势波动而在不断演变之中。变化和波动是军队外语能力建设和发展的总体态势。

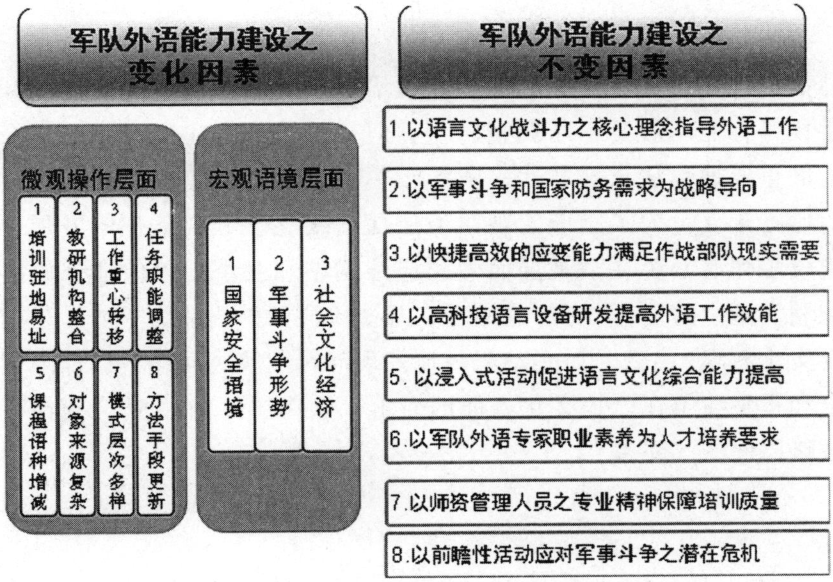

图7.2　美国军队外语能力建设动态规律

（二）满足军事斗争和国家安全需要是军队外语能力建设之不变宗旨

军队之所以需要外语能力建设，是因为外语技能是军事斗争胜利的保证，外语能力储备是国家安全的潜力所在，将外语能力作为军人素质、作战技能，将外语能力建设作为军队战斗力建设的重要任务，这是军队外语建设的指导思想。军队实施外语战略，开展外语能力建设，其不变宗旨是服务于国家安全战略和军事战略，外语建设的各方面工作，不论是制定政策法规、调整设置机构，还是确定训练任务和目标、外语能力的储备和流动，其唯一标准是满足军事斗争和国家安全需要。

（三）顺应、调试和改革是军队外语能力建设在操作层面的发展样式

在外语能力建设的操作层面，虽然外语建设机构在驻地校址、编制体制、工作重心、任务职能、课程语种、对象来源、模式层次和方法手段等方面均需要不断调整转型，但是外语能力建设在国家安全蓝图上的重要地位从未被替代，服务于军事斗争需要和国家防务现实的宗旨始终未变。为了顺应宏观语境层面的变化、客观条件的发展，外语建设工作有必要在微观层面做顺应性调整和变革，以保证外语战略的顺利实施。总之，“变”是因为在某个阶段的外语能力不能满足国防语言文化需求，“变”是主动积极地发现问题、解决问题，以保障国家安全和军事斗争在语言文化方面的需求，操作层面的“变”确保了宏观战略层面的“不变”。

第八章

外语战斗力生成模式和实战能力建设

从对美军外语能力建设的系列调查，到酝酿新的军队外语战略（1994－2004）；从《路线图》出台并提出系列转型目标，到各军种、战区、部门开始外语工作转型（2005－2009）；从面临新一轮的议会调查质询和对战略实施过程的自我检测，到推出《LREC战略规划》和《实施计划》（2008－2014），美国防部通过一轮轮对外语转型路径的反思和实践，逐步更新改良其外语战略规划和实施细则。本章在前文梳理外语战略演进历程、提炼其战略规划、实施要点和重要举措的基础上，推导出美军外语战斗力生成模式，并提出我军外语实战能力建设应聚焦之要点。

一、美军外语战斗力生成模式

将外语综合技能（LREC）作为军队核心战斗能力重要组成，是美军21世纪军事战略的创新理念；建设军队外语战斗力，保证其持续生成并满足战备需求，是美军面对21世纪军事斗争和国家安全局面的务实之举。美军通过两个转型周期在决策政策、行动方案方面的探索和调整（2005－2010，2011－2016），已逐步形成一套以保障机制促能力建设的外语战斗力生成模式（参见图8.1）。

（一）外语能力建设

外语战斗力生成模式中的外语战斗力即LREC综合素养，是语言技

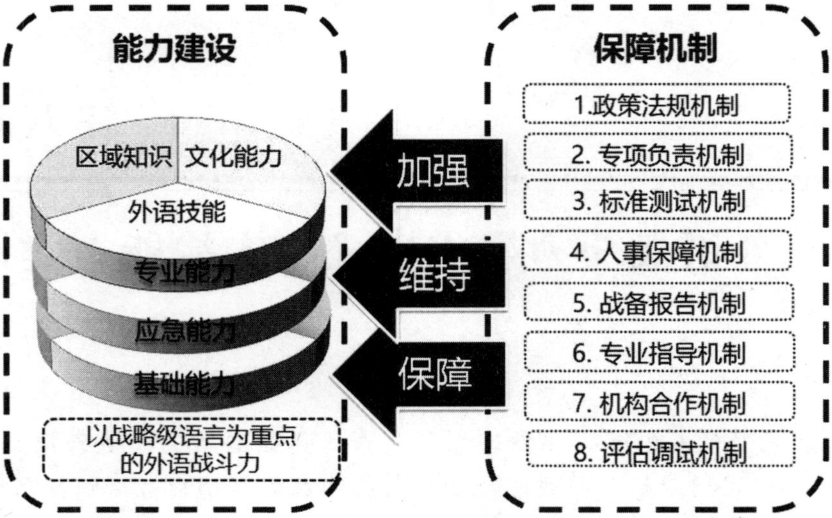

图 8.1　美军外语战斗力生成模式

能、区域知识和文化能力三部分的融合。从战斗力建设的实践看，可将 LREC 分为三个类别：基础能力、应急能力和专业能力，根据各类别需求采取响应方法策略、行动方案。基础能力建设针对全军所有人员，其目标是为现役军人、预备役和军队文职人员提供能力提升和能力维持的保障，通过激励更多的人、投入更多的时间精力、学更多门类的国防语言，达到全军外语能力的整体提升。应急外语实战能力主要针对因军事行动和国家安全需要而参与涉外行动的部队，此类能力一方面通过平时教育培训积累，另一方面依赖军队专业外语机构的应急培训机制、以各种短期强化形式迅疾提高实战能力。专业能力建设指具有专业外语水准（阅读、听力和口语能力全部达到 IRL3 级水平）的高水平外语人才队伍储备，这支队伍为外域军官和密码译电专家、口译、笔译、审讯员等外语岗位的后备资源。

从战斗力生成来看，该模式的目标是所有人员均需具备相应层级的外语能力要求，外语能力建设在国防部是一个全方位覆盖的工程。三个层次的能力建设通过不同的方案、行动展开，因此美军外语培训呈现了多样性：对象层次不一、课程周期不一、教学目标不一；外语教学服务于多种目标（长期储备、短期应急）、多类军事活动（情报搜集、武器研究、反恐平暴、重建维和等）。

（二）保障机制建设

保障机制指外语能力建设工作整体布局下的一整套工作机制及其运行流程，这些工作机制以不同的方式、从不同的层面、在不同的任务中有序运行并协同互补，在提高、维持和保障三个维度上确保外语战斗力生成，形成一体化的外语战略实施体系。

1. 政策法规机制

外语战斗力生成是一个关涉到全军各部门的系列工程，其顺利实施需要政策保障、法规制约。因此，美军外语战略总体部署中，所有转型目标、建设方案均通过文件法规的形式知晓全军各部门。主要的政策法规包括四类：

（1）以国家安全战略、军事战略为代表的战略部署性文件，它是外语战略的政策性文件，决定外语战略的总体规划；

（2）以《路线图》和《LREC 战略规划》为代表的外语战略纲领性文件，决定特定阶段外语战斗力生成的总体目标和战略部署；

（3）以《国防语言方案》《国防部语言域能力管理办法》《LREC 战略实施计划》《外域军官管理办法》《外语测试工作条例》为代表的外语工作管理性文件，这是全军实施外语战略的政策指导和具体要求，说明和定义各项外语工作的战略背景、工作规划、实施细则、责权关系和任务节点；

（4）以《陆军外语计划》《海军 LREC 战略》《空军 CRL 飞行计划》为代表的部门性外语工作管理文件，是各兵种、部门结合自身需求所制定的部门型文件，是上层 3 类政策法规落实到基层单位的保证。

（5）以《美国法典》为代表的横向政策法规，是将外语战斗力生成相关规定置于国家和军队总体立法之下的保证。

上述政策法规中的第（2）–（4）类由国防部、参联会和军兵种负责制定，而这些文件均力图做到方案具体，细节严谨，规定节点，可操作性强。美军各级各部门所制定外语战略行动方案，特别关注方案的具体细节，包括为各类目标提供具体的实施方法，规定时间节点和运行流程，对战略方案涉及的各类术语统一定义等。例如《陆军外语项目》不仅对陆军外语行动方案中的各类项目要素和变革做出规约和解释，对外语岗位需求认定、外语水平测试、外语能力奖励、外语人员的选拔训练、测试评价和任用去留等工作规定了统一的实施流程和工作模板，明确各项工作的汇报机制，还在附录中对关键术语、缩略语进行解释和定义，便于相关人员统一认识、按规执行。此类文件关注细节和工作流程，是部门工作指南。例如，针对岗位外语熟练水平需求核查工作，《陆军外语项目》规定 DLIFLC 指导各部门对各岗位需求进行调研，并以“语言熟练水平指数”（LPIN）的形式、按照 IRL11 层分级的方法，确定各岗位对听、读、说三项技能的具体级别要求，同时对比相应岗位任职人员的外语熟练水平测试结果，以数据化方法体现差距，以实证性素材为根据指导陆军开展外语培训和人才引进工作。

美军要求所有的政策法规的有效期为五年，有效期后相关部门必须根据形势变化对其进行更新，或者发布更替文件。例如 2005 年的《国防语言项目》（DoD Directive 5160. 41E）和 2007 年的《国防部语言区域能力管理办法》（DOD INSTRUCTION 5160. 70）分别经过数轮修订，更新为 2015 年的《国防部 LREC 项目》和 2016 年的《国防部 LREC 管理办法》。

2. 专项负责机制

专项负责指不论是总体目标还是分类目标，不论是具体行动还是检测监督，都通过法规性文件、条令条例指定责任人或负责机构，各层次、各部门的 LREC 政策计划均为“目标”“任务”指定“责任人（单位）”以及任务节点，明确告知相关人员“在什么时间做什么事”。其中，《路线图》要求国防语言指导委员会、国防语言学院外语中心、各军种分别任命高级语言权威（SLA），落实外语战略为其部署的目标任务并指导监督调控相应的行动。国防部 5160 系列指令是国防部外语战略管理性文件，它明确了国防部 17 类岗位负责人在外语战略中承担的主要职责，包括：DLIFLC 校长负责的 9 项任务，文职人员政策副部长助理负责的 7 项工作，战备副部长助理负责的 3 项工作；军事人员政策副部长助理负责的 3 项工作等。人事和战备副防长负责的 4 项工

作为:

(1) 组织外语战略相关政策、计划、项目的年度总结,确保国防部语言区域能力需求得到相应指导;

(2) 根据《区域能力级别指南》,开展有效的语言区域能力发展评估工作;

(3) 制定完整的政策指南,指导和管理国防部外语加薪工作;

(4) 确保语言区域能力工作与军事训练工作的一致性。

《陆军外语项目》对包括陆军部长、助理部长、副参谋长、各相应办公室负责人、师旅团指挥官、企划部成员等在内的19类外语项目执行人员(岗位)逐一做出详细的职责描述。《空军CRL行计划》要求其职能部门和专家(如空军高级语言权威、空军语言文化执行指导委员会、空军文化语言中心、空军语言文化顾问组等)分别监督"日程表"和《空军语言项目》相应工作并提供指导。《海军LREC战略》则为六大类"任务"(Tasks),26项具体"行动"(Actions)各自指定"主责人"(lead agent)。

3. 标准测试机制

美军外语测试系统包括两部分:熟练水平测试和学能测试,前者通过DLPT机考系统和OPI面试(听试)系统考察测试对象在听说读等分项技能上的具体水平,后者则通过一套科学的学习潜质测试摸查个体特有的外语学习潜在能力并纳入DLAB系统。两套测试结果是开展外语人才管理的主要参考数据,保障外语培训的人才选拔、外语奖励津贴发放、外语岗位任职等工作的有序进行,是开展外语能力建设和运行外语战备指数的基本保障。

不论是实现《路线图》设定的四个转型目标,还是对相关人员进行外语能力培训,均需要对军事岗位的外语需求和任职人员的外语能力进行界定,外语战略要求各实施单位按照《LREC管理办法》所规约的统一分级标准开展需求核查、能力普查和进步评估等各项工作。其中外语技能参照跨机构圆桌会议的ILR分项标准;区域知识参照《LREC管理办法》公布的《区域能力级别指南》,初步分为"菜鸟级"(LEVEL0+,PRE-NOVICE)、"新手级"(LEVEL1. NOVICE)、"预备级"(LEVEL2,ASSOCIATE)、"专业级"(LEVEL 3,PROFES-

SIONAL)、“高级专业级”（LEVEL 4，SENIOR PROFESSIONAL）、“专家级”（LEVEL 5，EXPERT）六个级别；文化能力参照《文化能力初步框架》，分“外交心态”（Diplomatic Mindset）、“文化学习能力”（Cultural Learning）、“文化推理能力”（Cultural Reasoning）和“跨文化互动能力”（Intercultural Interaction）四个模块形成初步级别。标准化的能力分级办法是比对需求数据和能力数据、建立外语战备指数的必备机制。

4. 人事保障机制

外语战斗力建设的关键点是“人”的管理，《路线图》将“人事制度建设”定为外语战略四大目标之一，《战略规划 2011－2016》则将“人事制度保障”设为“能力建设”的分类目标之一。从两个纲领性文件到外语转型各个环节的分类任务、目标和实施举措，无不凸显了人事保障机制在外语战斗力生成中的决定性作用。人事保障机制及其配套的外语优先制度、奖励激励政策渗透到军事人才管理的各个环节，涉及到预备役军官、现役官兵和文职人员的选拔、培训、定岗、提拔和留任等各类人事管理工作，体现在一些具体的项目中并通过国防部指令将其制度化，例如“外域军官项目”“预备役军官训练团”“外语熟练水平奖励津贴”等。通过有效科学的人事保障机制，美军做到了提升全员外语能力、扩大外语专家级队伍、维持现有外语能力并以充足的外语人才储备保障当前和未来的外语需求。

5. 战备报告机制

为体现外语战斗力与实战需求的差距，美军建立了“语言战备指数”系统，将语言战备报告机制作为个军种部门上传外语实战能力、现实需求、潜在需求及其比对关系的重要工具，作为国防部监测、管理外语战斗力生成系统的通道。国防部要求语言战备指数和现有的战备报告体系实现系统兼容、信息共享和互动，既可以保证战备之时对全军外语人才的合理调用，也便于实施外语战略过程中，权衡外语能力和作战能力的战备关系，在增减外语作训经费、扩建新建外语培训基地的同时，亦不影响传统作训项目，造成顾此失彼的被动局面。

语言战备指数建设具有战略性、前瞻性和可操作性，它可保证军事外语能力建设与实战接轨，可有效规避国防语言转型之前的能力需求不匹配、外语短板削弱军事行动有效性的问题，是保障美军外语战斗力生成合理性的必要机制。然而，由于战备指数是预警潜在危机的保障机制，既然是预警，其有效程度就是隐性的，因为每一个它所预警且规避的风险，都不为人所见，其重要性也极易被忽略。《战略规划2011－2016》及时发现这一问题，并再次强调：精确预测未来需求是战备指数的终极目标，服务于外语战略的战备指数体系是未来军队在日益复杂的国际安全背景和军事行动环境中克敌制胜的重要保证。

6. 专业指导机制

外语能力建设不论是在宏观的战略部署层面，还是微观的操作实施层面，均为专业性极强的工作，专业指导可确保工作中少走弯路。

宏观规划层面，LREC之所以成为美军的战略焦点和语言文化界的战略性学术研究密切相关，外语战略的出台、《路线图》形成的转型思路和初步设想均有赖于学界专家的专业指导和学术研究，例如：Davis（2006）的“语言——美国的致命软肋”、Kay（2009）的“从卫星一号到慧神计划——教育与美国国家安全”、Sterniak（2008）的“美国人的外语态度：从1700到2006”、Magleby（2009））的“战争素养：创造指挥氛围，强调外语的战斗力作用”、Laughrey（2009）的“知之而后行——提高美国军官的社会文化知识”、Filipiets（2009）的“超越武器——培养21世纪的飞行政治家”等对外语危机和实施外语战略必要性的深入剖析为外语战略的实施提供了不可辩驳的理论、事实依据，而以“语言、文化和国家发展”为中心议题的“跨机构圆桌会议”“全国语言大会”“全美校长峰会”等高端学术论坛及其产生的《国家安全语言法案》和《国防外语能力行动倡议书》等更是启动外语战略的专业催化剂。

微观操作层面，战略实施中的具体行动方案均需通过专家论证，包括战略关键语列表、外语能力分级，外语水平测试、外语学能测评、教学培训实施等。为此，国防部要求各部门成立专职外语机构，任命外语专家为高级语言权威，确保以专业水准指导统筹外语工作，确保外语战斗力生成的所有环节规划合理，所有行动目标是有据可依，所有行动方案是符合科学规律。例如，针对外语学能测试（DLAB）这一人事保障机制中的关键测评方案，国防部委托马里兰大学高级外语研究中心开展系列研究，该中心从语音学、语法学、词汇学、应用语言学、心理学、认知科学、脑科学、行为科学、测试学等多个学科融合的角度开展理论研究，研究影响学能的可测因素、影响方式，同时针对前期学能测试结果和外语学习进步的相关性开展历时性实证追踪，将上述成果应用于 DLAB 的改良更新之中，以精确可靠的学能数据保证征兵环节的“外语优先”和选拔调学中的“因材施教”。

针对国家安全面对的外语危机，专家学者不仅提供改革的具体措施和提效方案，还密切关注战略实施各个环节、各项举措与战略目标的一致性，国会军事委员会的“军队语言技能和文化能力培养”、“国防部在当今教育背景下面临的挑战”、教育部的“国家安全语言行动计划初期工作报告”、国防分析研究所的“文化培训现状报告”（Alrich 2008）、“国防部国内安全外语需求评估”（Tale2006）等，不仅是相关部门对战略实施现状的调研和监测性报告，同时也汇集了专家学者的学术见解并提供了调试改良的具体措施。

7. 机构合作机制

外语战斗力生成是一个复杂的多机构合作项目，为此美军必须建立纵向贯通、横向互通、军民融合的机构合作机制，以促进战略实施的协同性、减少重复性建设并实现优势互补，实现“跨机构合作”是外语战略实施第二阶段的三大目标之一。纵向贯通，指机构调整后可确保所有外语战斗力生成环节均有上传下达通道，所有人员都对上级指导人员负责、也对落实具体任务负责。横向互通在三个层面上实现：第一是各军种部门之间也可形成跨机构合作，例如隶属陆军的国防语言学院外语中心承担了所有军种的基础外语能力提升任务，为各兵种提供外语能力维持的技术保障服务，其军兵种分部常设海、陆、空和海军陆战队四个军种的分队；第二是国防部在“国防语言战略”总体规划下与教育部、国务院、国家情报总监办公室等机构的合作，藉此完成美国政府的数项集群项目；第三是和盟国开展合作，通过外训课程、专家团等形式为盟友培养外语人才，在战略层面上为谋取“全球足迹领导人”地位做准备。军民融合，指利用地方院校的师资和科研力量研发和开展科学的外语教育和测试管理。例如，国家安全教育项目由国防部出资，在美国高校建立了多所语言训练中心，利用地方高校资源培养国防人员关键外语能力促进基础能力和战备能力建设，在任务急需时还通过地方高校为各军种和部门输送“定制”的 LREC 课程，军地在外语人才储备方面的合作通过《美国法典》、《议会授权法案》等法律文件成为规约性机制。再如，美军将兰德公司列为其首要智库，它通过多学科、多领域专家学者的研究分析为美军制定战略方向的依据。2012 年，在国防部开展“语言战备指数”（LRI）建设四年后，美军对语言战备数据库是否反映 LREC 发展现状持有困惑，兰德公司则针对此问题开展了系列研究工作，包括对 IREC 政策制定者的访谈、对外语战略相关人员的调查、对现有政策的反思以及各类文献和数据的分析等，其研究报告对当前 LREC 技能发展、LREC 和军事战备状况的关系、语言战备指数建设效果等方面解答了美军的困惑，同时对下一步建设方向提出建议，包括规范 LREC 术语、确定军事任务效度评测标准、军事任务语言评估报告标准化、建立 LREC 数据辅助研究决策的长期机制、建立 LREC 和军事任务相关性模型等（DeCamp 2012）。

8. 评估调试机制

美军外语转型进程中，各个层次的能力建设、各项保障机制的形成过程中均出现过问题。例如上文所述“战备指数建设”不论是宏观布局还是微观操作均遭到兰德公司调研团队的诟病，也在实施中被官兵质疑。出现问题有其必然性：一方面，《路线图》要求的转型是一个针对美军外语困境而构建的“理想化模式”，正处于外语战略构建初期，与美军现存的外语能力管理机制尚未融合，某些基层官兵、军种指挥官和战区司令未完全领会其战略意图，各军种、各战区难以在短期形成统一的行动规划和报告模式，势必影响它对于全局统筹、风险评估和战略规划的保障力度；另一方面，《路线图》在 2005 年的出台是美军面对国家安全和军事危机的“被动反映”，如同“亡羊补牢，属应急之举”（文秋芳 2011：742），虽然涵盖了外语战略的方方面面，但是在细节上缺乏周密的考证，因此作为新事物外语新战略有待通过评估调试解决机制、体制、标准等影响长远的根本问题。可见，外语战斗力生成是一个动态的过程，它一方面朝向外语战略的总体方向发展，一方面仍需不断根据具体的环境变化优化改进，美军通过全方位、多层次、多渠道的全程评估机制来调试上述动态过程的发展方向。全方位指监测到所有部门（国防部、军种、战区），多层次指检测到各个层次的所有工作环节（政策规划、实施过程、行动进程和结果效度），多渠道指评估包括政府问责、议会质询、机构调研以及国防部自评反省等多种来源。各类测评通过评估报告提出明确的问题并要求相关部门及时提出调整方案。全程检测、及时发现问题、纠正错误、调整方案，是外语战斗力生成模式有效运行的关键机制。《LREC 战略规划（2011－2016）》出台后不久，相关监督评估机构就提出该规划在监测方面不严密，部分二级任务目标缺乏明确的检测方式，为此 2014 年国防部出台《LREC 实施计划》，将 8 个二级目标规划为 22 个具体行动，通过 30 个具体的“行动测评标准”来界定其完成与否（见图 4.7）。例如，行动 2.3.1 是“提升外语专业岗位的适岗率”，下设三个具体到提升百分比的“行动标准”：

2.3.1Ma：到 2018 年底，将外语岗位中符合 FAO 军官条件的人员比例从 2012 年的 9.3% 增至 12%。

2.3.1Mb：到 2018 年底，将军事密码语言岗位达到任职要求（L3/R3）的人员比例提高到 60%。

2.3.1Mc：到 2018 年底，将专家级军事密码语言岗位达到任职要求（L3/R3）的人员比例提高到 80%。

所有外语实施计划均为“有生命”“可演进”的方案，相关单位对其进行年度审查、评估、修订和更新，确保有效地监督任务进程，随时根据美军战略现实、能力建设现状和突发情况进行调试，保证行动计划服从并保障战略计划。

二、我军外语实战能力建设聚焦点

美军外语战斗力建设具有战略布局前瞻性、战略实施协同性、目标计划战备性、机构人员明责性、实施方案实操性、具体操作专业性、调整转型针对性等特点，之所以能够形成上述模式，是因为其遵循外语能力建设演变规律而有序发展、遵循外语战略规划内在规律而科学谋划。随着我国家利益不断向外拓展，军队走出国门为大势所趋，我军执行国际军事任务已成常态，提升我军外语能力建设、保证其贴近实战需要实为当务之急。借鉴美军外语转型近20年的经验教训、吸取其外语战斗力生成模式之机制性特点，结合我军外语工作现状和21世纪的战略规划，可找准并锁定我军外语转型和实战能力建设之聚焦点和着力点，主要体现在以下7个方面。

（一）理清思路，遵循军队外语能力建设之演变规律，聚焦外语实战能力建设

美军外语战略的调整、转型和发展体现了外语能力建设的演变规律（参见图7.2），遵循规律进行外语战略的顶层设计和适时调整，是我军外语实战能力建设的第一聚焦点。

1. 理解实战能力建设波动总态势。外语能力建设的宏观语境（国家安全语境、军事斗争形势和社会经济发展）始终处于动态变化之中，它牵动和影响机构编制体制、任务目标、培训方案、课程类型、教学模式、维持保障方法等微观操作层面的所有举措。理解外语能力建设的“波动性”总体态势，才能积极地发现问题，主动求变。

2. 认识实战外语能力建设宗旨。外语综合能力是军事斗争胜利的保证，外语储备是国家安全的潜力所在。将外语能力定位为军队战斗力的重要作战技能，将建设目标设定为保障当前军事斗争、满足国家安全未来发展需要，是军队外语能力建设的不变宗旨。在顶层设计层面，我们需要明确外语能力对官兵有效履行使命和完成多样化军事任务的重要战略作用，明确顺利履行各项任务对语种和能力的具体需求并有效勾画外语能力建设的发展蓝图，制定外语战略。

3. 遵循顺应性发展样式。一旦军队外语能力与实战要求不匹配，则应适时在操作层面做顺应性调整和革新，将顺应性转型作为外语实战能力的发展样式，才能保证我军在多变动态的外语战场始终占领制高点。

4. 明确外语实战能力内涵。外语实战能力是国家软实力、军队战斗力的重要组成部分，它不仅是军队战斗力的重要组成部分，还

是大国在意识形态领域博弈角力的主要武器，它是各方力量汇聚的起因，也是产生隔离分流的屏障，是搅动世界秩序的暗流引力。军队在涉外行动、海外行动中不仅需要使用外语表达方式，还需要认识对方地域文化特点、了解并尊重文化差异，防止在对外交往中不得体的甚至无意行为可能导致的风险和后果，因此外语实战能力是语言技能、区域知识和文化能力三个方面能力和知识的有机融合。对于外语实战能力的认识需跳出“语言”的狭义界定，扩展到对象国的文化因素、国别区域知识以及军人的跨文化能力等一系列知识、技能与素质方面。

（二）理顺关系，形成一体化联动机制，确保外语工作无缝链接

美军外语战略催生了国防部外语能力的一体化建设机制，保证了外语战略在各环节顺利实施（参见图 4.1、图 6.2）。我军外语工作涉及的对象部门层次多、范围广、类别冗杂，极易出现标准不一、责任不明、沟通不顺等问题。对此，外语实战能力建设应着力形成目标一致、责权清晰、渠道通畅、无缝链接的一体化联动机制。

1. 加强顶层设计。指定全军外语工作总负责人、协调人，成立外语实战能力建设指导委员会，统一全军外语战略目标、计划。

2. 分层次实施。各战区、各军种成立外语实战能力管理机构，根据总体战略制定本部门外语建设方案与细则，明确规定“目标要求”“任务项目”“责权关系”“报告制度”“任务节点”，责成下属单位按步骤及时有序地落实外语战略。

3. 协同推进。总部、战区、兵种相关机构间形成指导、合作等多种协作关系，确保上传下达渠道通畅、各部门密切配合、资源有效共享，避免重复性工作损耗。

4. 融合发展。利用地方资源优势保障促进军队实战能力建设，包括高校和研究机构的教学研究资源、企业的产品研发生产资源，形成军民互动、融合发展途径。

（三）着眼未来，制定关键外语清单，有序制定外语实战能力建设规划

美军外语新战略在国家安全战略和军事战略的统筹下规划实施，外语建设既服务于军事斗争的现实需求，也保障国防安全的未来需求。虽然我军当前涉外军事任务远不及美军范围广、幅度大，但是外语战备需着眼于未来发展，保证战斗力有效生成和持续增长，需按步骤规划能力建设。

1. 制定关键级外语清单。依据三个宏观变化因素（军事斗争现实需求势、国家安全潜在需求、政治经济发展态）制定关键外语清单。清单包括涉外军事行动常用语种、友盟军队语言、危机冲突和潜在威胁相关语言等。

2. 外语工作重要性排序。依据两个现实因素（该语种与我军事斗争之相关性、岗位需求与军队外语现实能力之差距）对关键语进行战略重要性排序。依据战略级外语清单有序开展外语能力建设，可解决外语能力发展不平衡，部分任务急需语种供不应求的问题，避免因为语种单一而在海外军事行动规划上受限的尴尬局面，为国家安全及海外的经济、安全利益提供充足的语言支持。

3. 规划战略路径。依据重要性排序构建包括两类目标（长期战略目标和近期工作目标）、三个层面（外语培训、能力维持和战场保障）的外语战略，规划实现目标的方法措施。

4. 提升维持保障一体。外语实战的提高需要时间、培训和财政投入，同时外语能力极易退化，规划持续有效的能力维护办法，是能力建设的重要一环，不论是奖励激励机制、还是培训学习计划，都需要考虑到时间纵轴上的能力增减这一变量。

（四）统一标准，优化测评系统，客观报告需求与能力储备之差距

当前，我军涉外军事活动中存在因外语水平较低而影响任务完成质量的现象，这反映我军外语能力现状与外语实战需要及潜在需求之

间存在距离。我军急需形成系统的外语战备报告途径，逐步建立三个系统，对外语实战能力和需求差距进行务实调研和客观报告。

1. 国防外语测评系统。系统由“外语水平分级标准”“外语熟练水平测试”和“外语学习潜质测试”构成，可随时通过网络在线方式评测相关人员的外语能力、学习潜质，测试标准需统一、级差划分需科学、测试技能需多元细化（强调国防外语工作中特需的口译能力、视译能力、听译能力等）、测试内容需结合军队外语任务需求特点并融入我军现有的外语任务工作语料（如国防部新闻发布语料、军事论坛语料、战争喊话审俘语料等）。

2. 军队外语能力数据库。定期逐个测试全军各类人员外语现实水平和学习潜质，更新测试结果（如＊＊少校，英语听读 2 级、法语口语 2 级、学习潜质 90 分）录入数据库，以标准化数据统计我军外语现实能力和学习潜质。

3. 全军外语岗位需求数据库。定期逐项核查外语岗位的数量、类别、语种技能需求和级别需求，以标准化数据统计和汇总外语能力的现实需求和未来需要。例如，海军需针对舰队出访、维和任务、人道救援等任务的翻译岗、情报岗、遂行任务岗，拟定当年和未来 5－10 年所需语种、各语种所需人数及其语言熟练水平。

4. 外语战备指数报告系统。汇集各兵种、军区的外语能力数据和岗位需求数据，以科学统计、全面汇总和量化评估的方式呈现各军区、各兵种、各单位外语能力，结合我军主要战略方向的军事斗争现实和战备对语种及外语能力的需求，比对能力和需求的匹配程度形成“战备指数”，该指数为我军在准确测量差距的基础上确定外语实战能力的具体建设目标。

（五）放眼全局，建立外语人才管理系统，确保人才储备满足战备需求

有效的外语人才管理不仅为外语战略规划提供能力保障，也通过各种人事机制激励官兵自主学习外语，维持和提高其外语能力，既可阻止外语能力流失，又能扩展外语能力建设的惠及对象和涉猎语种，

以较低的投入得到维持和发展基础能力、专业能力和保持高级别外语专家队伍的高回报。目前，我军尚未制定针对外语人才的管理办法，缺乏学历后外语能力维持手段和保留军队外语人才的有效机制，未对全军外语人才分布情况形成数据化资料，急需建立保障外语实战能力建设的人才管理系统，保证“外语人才储备”充足、满足未来军事斗争需求。

1. 形成实时外语能力地形图。对于全军官兵和文职人员的外语能力展开全程追踪和定期的数据汇总，以“外语能力”为主要参数、以战区兵种为区划，形成实时的全员外语能力分布地形图，可供战时急需时高效调集外语力量，也是人事变动、晋升调制和军力部署的主要依据。

2. 严守因需调配制度。根据“军队外语能力数据库”的外语熟练水平数据进行干部调配，保证为常规外语任职岗位和紧急涉外任务选用能力匹配的外语人才，为未来外语需求储备人才。

3. 建立科学培养机制。根据“军队外语能力数据库”的外语学能数据挑选外语培训对象，保留外语学能突出人才、为其谋划朝向外语岗位的职业发展方向、提供外语培训机会，以提高适岗率、外语培训效能并保留专业技术人才。

4. 完善岗位对应制度。依托“全军外语岗位需求数据库”和“外语战备指数报告系统”准确把握外语需求、确定培训目标，保证“训为任用”，将外语人才分配到对应岗位。

5. 实施奖励激励政策。制定并出台关键语熟练水平奖励政策，鼓励官兵和文职人员自主学习外语，尤其是战略级关键语、军事行动急需语种，通过自学提高、维持外语能力并确保军队总体外语水平保持上升态势。在评功评奖和任职晋升环节，体现关键外语能力的国防价值。

6. 储备国防语言人才。根据国家安全和军事斗争发展态势，进行系统和长期的规划，设立国防语言人才储备库，一方面根据语种和任务需求选拔“学能型”人才开展储备性培训；另一方面利用军民融合项目、在地方高校中选拔非通用语言人才，通过签约的方式保证将其纳入储备库并保证随时服务于国防任务，确保国防语言储备充分。

（六）讲求科学，依托跨机构多向合作，形成合理有效的实战能力生成模式

外语战略服务于国家安全与军事战略，实战能力建设包括外语培训、能力维持以及军事保障三个方面，不论是宏观的外语战略构架还是操作层面的具体工作流程、举措方法，均具有学科性和特定的方法途径，需要相关领域学者的跨学科探索和合作性研究。目前我军部分语言战略课题直至结项仍然是“谈问题”、“论为何”多于“答如何”，在科学性、实证性和指导性方面严重滞后，间接导致现有的军队外语工作目的需求模糊、方向层次不明。因此，我军必须形成以学科规范为指导、以专业机构为主体、多机构多向合作的外语实战能力生成模式，结合专家意见指导战略部署、以专业研究指导行动规划，将外语战略操作层面的具体问题作为研究项目，开展语言学、社会学、教育学、军事学、战略学等专业的合作性研究，将学科理念、科学方法转化为实战能力建设的行动方案，推动战略实施的合理性、有效性和可持续性，走出我军外语实战能力建设的科学途径。

1. 拓展能力生成渠道。依托教育技术专业人员拓展外语教学渠道，研发函授、院校短期课程、强化训练、机辅教学、网络慕课、翻转课堂、网络自学、战场教学、短训特训等多种教学模式，充分利用军事人员的碎片化时间，形成无障碍、无死角的外语学习空间。

2. 维持整体外语能力。利用网络为全军官兵提供外语远程教育、自主学习资源以及能力诊断和测评平台，帮助官兵维持外语熟练水平、避免能力流失。

3. 提高应急保障能力。开设任务驱动的外语特训课、派遣“送学小分队”赴驻地辅导，研发语言急救箱、自学软件等便携式设备满足官兵战时外语需求和备战学习需求。提高军队外语专家的岗位任职要求和职业素养，遂行任务的高级别外语人才除完成翻译口译外勤任务外，应利用自身外语优势帮助分队人员恢复和维持外语能力，消除本队人员在遂行任务中的语言障碍。

4. 优化关键语测评系统。将语言学、社会学、教育学、测试学等

领域最新研究成果应用于国防外语测评系统，提高测评针对性、可信度和应用范围，为保障军事任务需求、优化培训效能、改良人才管理、调整实施计划提供可靠的数据支持。

5. 开展跨领域渗透与合作。研究外语能力建设与军事行动（如维和维稳工作）以及其他军事训练项目的相关性、互动性和兼容性，形成全频谱作训系统中的外语战斗力生成模式。

（七）提高效能，改进培训模式和方法手段，加强、维持和保障军队整体外语水平

从我军现有的外语教学计划及实施过程看，教学目标、课程设置、教学内容等方面未能充分结合“外语实战能力”理念，能力提升效果与教学资源投入不匹配，为此应在课程设置和教学模式上探索增效方法手段，实现“为战而教”。

1. 聚焦战略级外语课程。将战略级外语作为教学重点，根据战略重要性顺序和学习难度（而不是军队现有师资能力）调整课时、课型，保证外语训练符合当前（未来）军事行动在语种、技能和熟练水平上的要求。

2. 开设“补缺型”实用课程。针对军事行动中出现的问题对症下药调整或补开课程，如：针对海外行动中的文化冲突甚至歧视现象开设“文化冲突对策”等人文课程；针对援外工程团、医疗队官兵外语实战能力不足，开设“随团翻译外语教学法”课程，将翻译转化为海外行动部队的外语教员，发挥专家的外语能力辐射作用。

3. 研发高科技增效产品。针对我军人员基数较大、现实能力不足以及培训资源有限的情况，研发高科技增效手段，如网络教学资源库、计算机辅助教学软件、便携式学习软件、师生交互平台、在线语言评测系统、便携式语言文化助手、翻译软件、语音协助软件等，提高外语培训、能力维持和军事保障工作效能。

4. 根据任务需求调试教学。依托应用语言学专家研究“任务型”教学的提效方法、非常规军事行动特定语境特点和能力需求，研究区分通用能力、军事外语能力和任务驱动型外语实战能力的模块化教学

方法；依靠军队外语专家拓展教学资源、跟进实时语料，保证学以致用；研发任务驱动型外语实战能力评估模式，除统一的外语熟练水平测试外，增加岗位外语任职能力测评。

三、余论

新时代国防战略要求中国军队以“常备不懈的战备状态”履行“维护国家海外利益”“促进世界和平与发展”“践行人类命运共同体理念”“推进国际军事合作”等大国军队责任（国务院新闻办公室 2019）。承担此责，意味着我军将遂行更广泛的海外任务、更多样化的对外合作交流、提供更高质高效的国际公共安全产品，而外语战备“常备不懈”是实现此国防战略的必要条件。因此，将外语实战能力建设纳入军事战备框架、构建符合我军事战略特点的能力生成体系实为大势所趋。

反思我军执行国际军事任务的实践，外语实战能力与强军目标尚有差距。《中国的军事战略（2015）》国防白皮书明确表示“随着国力不断增强，中国军队将加大参与国际维和、国际人道主义救援等行动的力度”。然而，在提出任务目标时，白皮书审慎地将“在力所能及范围内”作为先决条件，就是因为我们离全方位、无障碍地胜任“承担更多国际责任和义务，提供更多公共安全产品”的战略目标尚有一段距离，而外语战斗力不足也是掣肘我军制定更高目标、参与更加多元化国际军事行动的原因之一。在维和行动、联合军演、海军护航等多类涉外任务中，我遂行任务官兵的外语能力达不到岗位需求，我军在外语能力建设方面存在整体外语熟练水平较低、外语人才储备不足、学历教育后期语言能力丢失严重和外语自主学习渠道不畅等诸多问题。同时，我军关于外语实战能力和外语战略的研究严重滞后，导致外语作训规划战备意识不强、培训课程存在需求模糊、培训对象水平参差不齐、岗位能力目标不明确等问题。如不积极采取行动，我外语能力将很难保障未来军事活动的需要。

针对外语能力建设在新的历史时期面临对象国别多元化、参与人员多层化、任务方法多样化、任务频度密集化、跨国行动常态化等方面的挑战，面对我军当前在外语能力熟练水平不足、人员储备不充分、外语语种不平衡、维持保障机制不健全等问题，我军应遵循外语能力建设工作规律，顺应国际形势、军事战略和社会文化经济形势的变化，同时借鉴美军外语战略和外语转型工作中在外语战斗力生成方面的积极经验，力求在具体操作中以科学务实的态度求发展，确保我军能够全方位、多层次、立体化参与国际军事行动，将执行国际军事任务作为我军的常态化军事训练目标之一。提高我军的外语能力，宏观地说，要实现军队对国家外语资源的科学规划和有效管理，构建将潜在能力转化为现实能力、现实能力转化为未来能力的有效机制；微观地说，需要通过贯穿军队各层次、各部门、各职能机构的多维外语能力建设保障机制，提高、拓展、维持军队人员战略级关键外语的总体实力。“他山之石可以攻玉”，相信我军可以从美军外语战斗力建设实践中获取经验，探索适合我国防需要的军队外语实战能力建设模式。

参考文献

1. Abbe, A. 2008. Building Cultural Capability for Full – Spectrum Operations [R] . *U. S. Army Research Institute for the Behavioral and Social Sciences Study Report* 2008 – 04. January, 2008. < http: //www. au. af. mil/au/awc/awcgate/army/ sr2008 – 04. pdf >.

2. Abbe, A. , & Gallus, J. A. 2011. The socio – cultural context of operations: Culture and foreign language learning for company – grade officers [R] . *U. S. Army Research Institute for the Behavioral and Social Sciences Technical Report* 1316. < http: //www. dtic. mil/dtic/tr/fulltext/u2/a565311. pdf >.

3. Abbe, A. & Standley, M. Halpin. 2009. The Cultural Imperative for Professional Military Education And Leader Development [J] . *Parameter* (*Winter* – 10): 21 – 31.

4. Alfred, W. McCoy. 2006. *A Question of Torture: CIA Interrogation, From the Cold War to the War on Terror* [M] . USA: H. B. Fenn and Company Ltd.

5. Alrich, A. 2008. Framing the Cultural Training LandscapeInstitute for Defense Analyses [R] . *Institute For Defense Analyses Document* D – 3709. <http: //scholar. google. co. jp/scholar? q = Framing + the + Cultural + Training + Landscape&hl = zh – CN&as_ sdt = 0&as_ vis = 1&oi = scholart >.

6. Benoit, L. James. 1965. Report on the Defense Language Institute [R] . *Presentation Made at the* 8th *Annual Meeting of the Modern Language Association of America*, 1965 – 12 – 29, Chicago.

7. Binkley, C. 2011. *The Defense Language Institute Foreign Language Centre*: *A Pictorial History* [M]. Monterey, California: US Army. 2011. < https: //www. dliflc. edu/wp – content/uploads/2014/02/DLIFLC_ PICT_ HIST_ web. pdf >.

8. Bolgiano G. David & Colonel L. Morgan 2010. Banks. Military Interrogation of Terror Suspect: Imagination Does not Work [J]. Military Review (2010: November – December): 1 – 10.

9. Borè, H. 2012. Complex Operations in Africa: Operational Culture Training in the French Military [J/OL]. *Military Intelligence Professionals Bulletin*, Jan – Mar. < https: //www. fas. org/irp/agency/army/mipb/2012_ 01. pdf >

10. Boren L. David. 1991. *National Security Education Act of* 1991 (*P. L.* 102 – 183) [OL]. : < http: //www. intelligence. senate. gov/davidlborennationalsecurityact. pdf >.

11. Bray, P. 2011. For The Joy of Teaching: Instructor Reflects On 20 Years [OL]. : < http: //www. dliflc. edu/for – the – joy – of – teaching – instructor – reflects – on – 50 – years/ >.

12. Brecht, R. D. & Rivers, W. P. 2000. *Language and National Security in the* 21st *Century*: *The Role of Title VI/Fulbright – Hays in Supporting National Language Capacity* [M]. Dubuque, IA: Kendall/Hunt Publishing Company. 2000.

13. Brecht, R. D., Golonka, E., Rivers, W. &Hart, M. 2007. *Language and Critical Area Studies After September* 11: *An Evaluation of the Contributions of Title VI/F – H to the National Interest* [*M*]. College Park, MD: The National Foreign Language Center.

14. Brett G. Lewis. 2010. Developing Soldier Cultural Competency [R]. *U. S. Army War College Strategy Research Project.* March 4, 2006. : < http: //www. au. af. mil/au/awc/awcgate/army – usawc/soldier_ cultural_ competency. pdf >

15. Bush, G. 2006. Remarks to the U. S. University Presidents Summit on International Education [Z/OL]. < http: //www. state. gov/r/summit/

58734. htm. >

16. Caligiuri, P. , Noe, R. , Nolan, R. , Ryan, A. M. , & Drasgow, F. 2011. *Training, Developing, and Assessing Cross – Cultural Competence in Military Personnel* [R] . Rutgers – The State Univ Piscataway NJ.

17. Carroll, John B. and Stanley M. Sapon. 2002. *Modern Language Aptitude Test— Elementary: Manual, 2002 Edition* [S] . Rockville, MD: Second Language Testing, Inc, 2002.

18. Carroll, John B. et al. 1960. *The Role of Linguistics and Linguistic Analysis in Programs under Title VI of the National Defense Education Act of* 1958: *A Statement by the Committee on Language Programs, American Council of Learned Societies* [R/OL] . < http: //www. files. eric. ed. gov/fulltext/ED035331. pdf. > (accessed Jan 13, 2014) .

19. Charles, Lathrop & Machenzie, M. Eaglen. 2001. The Commission on National Security/21st Century: A Hart – Rudman Commission Primer [J/OL] . *National Security Watch* [C] . Land Warfare Institute, the Association of United States Army.

20. Clifford F. Porter. 2001. Asymmetrical Warfare, Transformation, and Foreign Language Capability [R/OL] . < https: //www. armyupress. army. mil/Portals/7/combat – studies – institute/csi – books/porter. pdf >

21. Compos, D. 1958. The Interrogation Of Suspects Under Arrest [J] . *CIA Studies in Intelligence* (2): 51 – 61.

22. Coops, C. M. & Tresch, T. S. (Eds.) . 2007. *Cultural Challenges in Military Operations* [M] . *NATO Defense College: Rome.*

23. Cynthia G. 2010. *Handbook Of Warning Intelligence: Assessing The Threat To National Security* [M] . Lanham · Toronto · Plymouth, UK: The Scarecrow Press, *INC.*

24. Davis, W. John. 2006. Our Achilles' Heel: Language Skills [J] . *Military Review* 2006 (86/2): 110 – 11.

25. DeCamp, J. , Meadows. S. O. , Costa, B. , Williams, K. M. , Barnmann, J. & Overton, M. 2012. *An Assessment of the Ability of the U. S. Department of Defense and the Services to Measure and Track Language and*

Culture Training and Capabilities Among General Purpose Forces [R]. Santa Monica, CA: RAND Corporation.

26. Eisenhower, D. D. 1957. Address to the American People on "Our Future Security [Z/OL]. < http: www. presidency. ucsb. edu/ws/index. php? pid = 10950&st = &st1 = >

27. Fahmy, M. 2013. *The Effect of Dynamic Assessment on Adult Learners of Arabic: A Mixed – Method Study at the Defense Language Institute Foreign Language Cente* [D]. The University of San Francisco.

28. *Filipiets, C. F.* 2009. *Beyond Bombs, Bullets and Planes: Developing 'Airmen – statesmen' For the* 21st *century* [MA]. U. S. Army Command and General Staff College.

29. Footitt, H. & Tobia, S. 2013. *WarTalk: Foreign Languages and the British War Effort in Europe*, 1940 - 47 [M]. London: Palgrave Macmillan.

30. Gabrenya, W. K., Griffith, R. L., Moukarzel, R. G., Pomerance, M. H., & Reid, P. 2013. Theoretical And Practical Advances In The Assessment Of Cross – Cultural Competence [A]. In D. Schmorrow & D. Nicholson (Eds.), *Advances in design for cross – cultural activities: Part I* [*C*]: *pp.* 317 – 331. Boca Raton, FL: Taylor & Francis.

31. *Gallus, J. A., & Klafehn, J. L.* 2013. Developing cross – cultural competence following negative cross – cultural experiences [A]. In R. Greene Sands& A. Greene – Sands & (Eds.), *Crosscultural competence for a twenty – first century military: Culture, the flipside of the COIN* [C]. Lexington, KY: Lexington Books.

32. Gates, R. 2008. *Speech to the Association of American Universities* [Z/OL]. < http: //www. defenselink. mil/speeches/speech. aspx? speechid = 1228 >.

33. Gill, D. 2014. Defense Language Institute: Foreign Language Center (review) [J]. *Hispania* (97 – 2): 341 – 343.

34. Greenberg, M. 2008. The GI Bill of Rights [OL]. <http: //www. america. gov/st/educ – english/2008/April/20080423213340eaifas0. 8454951. html >

35. Greenfield L. Thomas& Tracey A. North. 2012. *A national security crisis*: *Foreign language capabilities in the federal government* (Statement Before the Senate Homeland Security and Government Affairs Committee, Subcommittee on Oversight of Government Management, the Federal Workforce, and the District of Columbia Washington, D. C. May 21, 2012) [Z/OL]. < http://www.hsgac.senate.gov/subcommittees/oversight – ofgovernment – management/hearings/a – nationalsecurity – crisis – foreign – language – capabilitiesin – the – federal – government >

36. Gregory J. Parker. 2010. The Future of Seabasing: Moving Beyond the Post – Cold War Unilateral Approach [J/OL]. *Armed Forces Journal* (*December* 2010). < http://www.armedforcesjournal.com/2010/12/4997685 > (accessed January 31, 2011).

37. Hart – Rudman commission. 2001. *Roadmap for National Security*: *Imperative for Change* [R/OL]. < http://www.fas.org/irp/threat/nssg.pdf. >

38. HASC O&I Report. 1992.. Defense Language Institute Foreign Language Center [Z/OL]. Hearing before the Investigations Subcommittee of the Committee on Armed Services. House of Representatives, One Hundred Second Congress, Second Session (May 27, 1992). < http://www.files.eric.ed.gov/fulltext/ED359796.pdf >

39. HASC O&I Report. 2008. Building Language Skills and Cultural Competencies In The Military: DOD's Challenge In Today's Educational Environment [R/OL]. < http://www.prhome.defense.gov/READINESS/DLO/files/LanguageCultureReportNov08_ HASC.pdf >

40. HASC O&I Report. 2010. Building Language Skills and Cultural Competencies in the Military: Bridging the Gap [R/OL]. <https://www.gpo.gov/fdsys/pkg/CHRG – 111hhrg61632/pdf/CHRG – 111hhrg61632.pdf >

41. Healey, E. J. 2008. *Cultural Competency Training In The United States Marine Corps*: *A Prescription For Success In The Long War* [MA]. US Army Command and General Staff College.

42. Henry, D. 1975. *Challenges Past, Challenges Present*: *An Analy-*

sis of American Higher Education Since 1930 [M]. New York: Jossey - Bass Publishers.

43. Herzog, M. 2015. An overview of the history of the ILR Language proficiency skill level descriptions and scale [EB/OL]. < http: //www. govtilr. org/Skills/IRL%20Scale%20History. htm/ >

44. Holt, R. Jr. 2003. Introduction of National Security Language Act. (Presented at Congress on behalf of Committee of Education and Labor) [Z/OL]. <https: /www. fas. org/irp/congress/2003_ cr/hr3676. html>

45. Howard, R. D. 2011. Cultural and Linguistic Skills Acquisition for Special Forces: Necessity, Acceleration, and Potential Alternatives [M/OL]. Joint Special Operations UNIV MACDILL AFB FL (No. JSOU - 11 - 6). <http: //www. files. eric. ed. gov/fulltext/ED307797. pdf. >

46. Hugh, M. Lewis. 2012. Cultural IQ: Constructing Cross - Cultural Frames of Reference and Inference [J/OL]. *Military Intelligence Professionals Bulletin*, Jan - Mar. < https: //www. fas. org/irp/agency/army/mipb/ 2012_ 01. pdf>

47. Huntington, P. Samuel. 2003. *The Clash of Civilizations and the Remaking of World Order* [M]. New York: Simon & Shuster Paperback.

48. Jewell, D. 2012 *Sustaining Foreign Language and Cultural Competence Among US Army Officers* [R/OL]. Army War Coll Carlisle Barracks PA. <http: //www. dtic. mil/dtic/tr/fulltext/u2/a599260. pdf>

49. Junor, L. A. 2012. National Security Crisis: Foreign Language Capabilities In The Federal Government [R/OL]. <http: //www. hsgac. senate. gov/ subcommittees/oversight - of - government - management/hearings/a - national - security - crisis - foreign - languagecapabilities - in - the - federal - government>

50. Kay, S. 2009. From Sputnik to Minerva: Education and American National Security [J]. CTNCP (Centre of Technology and National Security Policy, National Defense University) *Defense Horizon*. (Vol. 65): 1 - 8.

51. Kevin, C. Stringer. 2009. Educating the Strategic Corporal: A Paradigm Shift [J]. Military Review (September - October): 87 - 95.

52. Klafehn, J. , Noe, R. , Mathieu, J. , Salazar, M. , Connelly, S. , Cai, D. , & Gallus, J. 2014. Soldier development following negative cross - cultural experiences: An integrated review of the literature [R] . Fort Belvoir, VA: U. S. Army Research Institute for the Behavioral and Social Sciences (Research Note 2014 - 01) .

53. Kruse, J. E. , Mckenna, S. , Bleicher, N. B. , Hawley, T. E. , Hyde, A. , & Rogers, S. , et al. 2008. Building language skills and cultural competencies in the military: DoD's challenge in today's educational environment. (Subcommittee on Oversight & Investigations of the Committee on HASC: Armed Services of U. S. House of Representatives) [R/OL] . http: //www. prhome. defense. gov/READINESS/DLO/files/LanguageCultureReportNov08_ HASC. pdf.

54. Laughrey, J. C. 2009. *Know Before You Go: Improving Army Officer sociocultural Knowledge* [MA] . U. S. Army War College.

55. Leavenworth, K. S. 2005. *On Point II - Transition to the New Campaign: The United States Army in Operation IRAQI FREEDOM, May* 2003 - 2005 [M] . Army Combined Arms Center, Combat Studies Institute Press.

56. Lipsett, F. Dale & Poelman, S. James 1972. *Chinese Mandarin Advanced Course: Glossary for Newspaper and Periodicals Reader.* [Z/OL] . <http: //www. files. eric. ed. gov/fulltext/ED066065. pdf>

57. Magleby. R. Alfred. 2009. *Combat Literacy: Create a Command Climate with Greater Appreciation For the Operational Role of Foreign Language* [MA] . U. S. Naval War College, Joint Military Operations Department.

58. Manacapilli, T. , Moroney, J. D. P. , Pezard, S. , Robson, S. , Hogler, J. , Durrell - Young, T. , Jackson, T. & Terry, T. 2012. Optimizing the Defense Language Institute English Language Center [R/OL] . Rand Project Air Force Santa Monica Ca. Rand Corporation. <https: //www. rand. org/pubs/technical_ reports/TR1152. html >

59. Matthew D. Semel. 2013. Military Interrogations Best Practices and

Beliefs [J] . *Perspectives on Terrorism*7 (2): 39 – 61.

60. McCloskey, M. J., Behymer, K. J., Papautsky, E. L., Ross, K. G., & Abbe, A. 2010. *A Developmental Model Of Cross – Cultural Competence At The Tactical Level* (Technical Report 1278) [R] . Arlington, VA: U. S. Army Research Institute for the Behavioral and Social Sciences. (DTIC No. ADA534118) .

61. McCormick, J. R. 2011. History of Foreign Language Teaching at the United States Military Academy [J] . *The Modern Language Journal* (No. 5, Vol. 54): 319 – 32.

62. McFarland, M. 2005. Military Cultural Education [J] . *Military Review* March – April (85 – 2): 62.

63. McGinn, H. Gail, Weaver, N. E., McDonal, D. M., van Driel, M., & Hancock, P. A. 2008. Strategic Perspectives on Developing Language, Regional and Cultural Capabilities [R/OL] . <http: //www. peterhancock. ucf. edu/Downloads/ref_ con_ pubs/McGinn%20et%20al. pdf/ >

64. McGinn, H. Gail. 2008. Statement of Deputy Under Secretary of Defense for Plans and the Department of Defense Senior Language Authority Before the House Armed Services Committee Subcommittee on Oversight and Investigations. September 10, 2008 [R/OL] . < http: //www. dod. gov/dodgc/olc/docs/testMcGinn080910. pdf >

65. McIntyre, S. 1967. Defense Language Institute (Document Resume Ed 287 282 Fl 016 938: 93.) [Z/OL] . < http: /www. /files. eric. ed. gov/fulltext/ED021492. pdf >

66. McMullin, J. 2010. *Language, Regional Expertise, and Cultural (LREC) Triad for Joint Foreign Area Officer.* (Defense Language Institute Foreign Language Center) [R/OL] . <http: //www. dliflc. edu/file. ashx? path = archive/documents/DLIFLC_ Catalog_ 2009 – 2010. pdf >

67. Nielson, B. Katharine. 2011. Self – Study With Language Learning Software In The Workplace: What Happens [J] . *Language Learning & Technology* (15. 3): 110 – 129.

68. NSEP. 2012. *National Security Education Program Annual Report*

[R/OL]. < http: //www. nsep. gov/about/support/2012 – NSEP – Annual – Report. pdf >

69. Nye, J. 2004. The Decline of America′s Soft Power [J] . *Foreign Affairs* 83 (3): 16 – 20.

70. O' Connell, M. E. & Norwood, J. L. 2007. *International Education and Foreign Languages: Keys to Securing America's Future* [C] . Washington, D. C. : The National Academies Press.

71. Oded, Y. , & Su, B. 2010. Streamlining Administrative Procedures at the Defense Language Institute: The Strategic Impact Model in Action [J] . *Performance Improvement Quarterly* 23 (2): 47 – 69.

72. Oxford, L. Rebecca, et al. 2013. *Language Enabled Airmen Program: Language Intensive Training Events* 2011 *Results* (Air Force Culture and Language Center Maxwell Afb Al, 2013.) [R/OL] . < http: //oai. dtic. mil/oai/oai? verb = getRecord&metadataPrefix = html&identifier = ADA593068 >

73. Peggy A. Golfin, Jessica S. Wolfanger, Peter H. Stoloff, James E. Grefer &Darlene E. Stafford. 2012. *Readiness Metrics in Support of the Defense Language Program.* [R/OL] . CNA Analysis and Solutions. < https: //www. cna. org/CNA_ files/PDF/DRM – 2012 – U – 001244 – Final. pdf >.

74. Peter R. Mansoor. 2011. The Softer Side of War: Exploring the Influence of Culture on Military Doctrine (Conversation with Admiral Eric Olson at the Marshall Center, Garmisch, Germany, March 7, 2010) [J] . *Foreign Affairs* (January – February 2011): 170 – 171.

75. RAND & MITRE. 2012. *Linking Language, Regional Expert Capabilities to Military Readiness* [OL – R] . < http: //www. rand. org/pubs/technical_ reports/Tr1192. html. >

76. Reid, P. , Kaloydis, F. O. , Sudduth, M. M. , & Greene – Sands, A. 2012. *Executive summary: A framework for understanding cross – cultural competence in the Department of Defense.* (*DEOMI Technical Report No.* 15 – 12) [R] . Patrick Air Force Base, FL: Defense Equal Opportunity Man-

agement Institute.

77. Ridde, W. Clifton 1992. National Security Education Act of 1991: Summary and Analysis [R]. *Congressional Research Service*, 92 - 68 *EPW*.

78. Rilipiets, C. F. 2009. *Beyond Bombs, Bullets and Planes: Developing "Airmen - statesmen" For the* 21st *century* [MA]. U. S. Army Command and General Staff College.

79. Robert, Godwin - Jones. 2013. Emerging Technologies The Technological Imperative In Teaching And Learning Less Commonly Taught Languages [J/OL]. *Language Learning & Technology* (1): 7 - 19. < http://llt. msu. edu/issues/february2013/emerging. pdf >

80. *Rush H.* 2003. *Introduction of National Security Language Act.* (Congressional Record: 9, 2003) [R/OL]. < http://www. ed. gov/about/inits/ed/competitiveness/nsli/about. html. >

81. *Russell*, *B.* 2001. *Common Sense and Nuclear Warfare* (*Reprint*) [M]. *Routledge*: *New York.*

82. Sainz, A. 2008. Top Honor Sought For Marine Whose Weapon Was Words [N/OL]. San Diego Union - Tribune (May 4, 2008). < https://www. en. wikipedia. org/wiki/Guy_ Gabaldon >

83. Schnell, J. 2012. The Role of the Military Attachè as Cultural Advisor in Cross - Cultural Issues: China 1998. [OL - J]. *Military Intelligence Professionals Bulletin*, Jan - Mar. < https://www. fas. org/irp/agency/army/mipb/2012_ 01. pdf >

84. Shawn N. Kumagai. 2012. Language Acquisition Sustainment Expert System (LASES) Design Proposal [R]. California State University - Monterey Bay.

85. Shearer R. Samuel 2013. Modeling Second Language Change Using Skill Retention Theory [Z/OL]. < http://www. calhoun. nps. edu/bitstream/handle/10945/34742/13Jun_ Shearer_ Samuel. pdf? sequence = 1 >

86. Spellings, M. & Oldham, C. A. 2008. *Enhancing Foreign Lan-*

guage Proficiency in the United States: Preliminary Results of the National Security Language Initiative [R/OL] . < http: //www. lep. gov/resources/ nsli – preliminary – results. Pdf > (accessed: July 2nd, 2013) .

87. Stansfield W. Charles. 1989. Language Aptitude Reconsidered. [A] . *ERIC Digest* [C] . Washington DC: ERIC Clearinghouse on Languages and Linguistics.

88. Sterniak, N. V. 2008. *The American Attitude Toward Foreign Language Education From the* 1700*s to* 2006 [D] . Pittsburgh: University of Pittsburgh.

89. Surface A. Eric &Stephen J. 2012. Ward. United States Special Operations Command's Foreign Language Proficiency Bonus at ILR 1/1 + : Initial Review and Recommended Changes to Improve Results and Lower Cost [R] . SWA CONSULTING INC RALEIGH NC (No. 2012010643)

90. Tare, M. 2006. Assessing The Foreign Language Needs Of The Department Of Homeland Security: A Government – Wide Effort. [J] . *Journal of Homeland Security and Emergency Management*3 (1): 153 – 166.

91. Thomas P. M. Barnett. 2004. *The Pentagon's New Map* [M] . New York: Penguin.

92. Tseggai, I. 2012. Cultural Awareness in the Army: Harnessing the Disciplines [J/OL] . *Military Intelligence Professionals Bulletin*, Jan – Mar. <https: //www. fas. org/irp/agency/army/mipb/2012_ 01. pdf>

93. Tyrone C. Marshall Jr. 2012. Foreign Language Capabilities Remain a Priority (DOD NEWS) [Z/OL] . *American Forces Press Service.* < archive. defense. gov/news/newsarticle. aspx? id = 116453 >

94. U. S. CASL. 2009. Assisting the language analyst: Multi – disciplinary research at CASL [EB/OL] . *The Next Wave Vol.* 18. *No.* 1. < http: //www. casl. und. edu/ > (accessed May 4th, 2014) .

95. Victorovich, B. Maxim. 2015. *Interrogation Outcomes and Linguistic Style Matching* [D] . The University of Texas at Austin.

96. Wahlquist, J. A. 2009. Enhancing Interrogation: Advancing a New Agenda [J] . *Parameters* (*Summer*): 38 – 51.

97. Walker, M. etal. 1988. Aptitude and Language Learning of FBI Special Agents. [R/OL]. < http://www.careers.stateuniversity.com/pages/715/FBI - Special - Agent.html. >

98. Warren, R. 2011. *Culture & cognition laboratory.* (*Final Report AFRL - RH - WP - TR* - 2011 - 0060) [R]. Wright - Patterson Air Force Base, OH: Air Force Research Laboratory.

99. Watson J R. 2010. *Language and Culture Training: Separate Paths?* [R]. Military Academy West Point NY.

100. Weaver, N. 2008. Defense Language Office Overview of DLI: Presented to the Interagency Language Roundtable [Z/OL]. < http://www.govtilr.org/Publications/Nancy% 20Weaver´s% 20ILR% 20Brief% 2006%2013%2008. PPT. >

101. Zbylut M., Wisecarver M., Foldes H. & Schneider, R. 2010. Advisor influence strategies: 10 cross - cultural scenarios for discussion and self - assessment (Instructor´s Manual). (Research Product 2010 - 05) [R]. Arlington, VA: U. S. Army Research Institute for the Behavioral and Social Sciences.

102. 安有善. 2015.《韩国语言教育政策研究》[D]. 山东大学硕士论文。

103. 仇旭燕. 2009. 航海英语教学与语言测试改革 [J].《青岛远洋船员学院学报》. 2009 (1): 65 - 67。

104. 崔风华、李春生. 2008. 政治视角下的美国双语教育历史及其现状探析 [J].《比较教育研究》2008 (6), 67 - 68。

105. 戴冬梅、谈佳. 2013. 法国陆军外语能力特点评析 [J].《外语研究》(6): 12 - 17。

106. 戴曼纯. 2012. 以国家安全为导向的美国外语教育政策[J].《外语教学与研究》(4): 585 - 595。

107. 傅岩松、彭天洋. 2014. 新形势下我国国防语言能力建设的思考与对策 [J].《云南师范大学学报》2014 (5): 18 - 22。

108. 韩宝成. 2006. 国防语言能力量表述评 [J].《外语教学与研究》(6): 443 - 450。

109. 郝丽华、郑贞、王华丹. 2013. 美军国防语言体系对我国特色国防语言体系建设的启示［J］.《吉林广播电视大学学报》(7)：12 - 13。

110. 胡文涛. 2007. 冷战期间美国文化外交的演变［J］.《史学集刊》(1)：44 - 49，76。

111. 季舒鸿. 2012. 美国外语教育战略演变与现状分析［J］.《国家行政学院学报》(6)：81 - 97。

112. 贾爱武. 2017. 以国家安全为取向的美国外语教育政策［J］.《比较教育研究》(4)：13 - 18。

113. 李洪乾、梁晓波. 2018. 语言战略化背景下的我国国防语言教育现状及策略研究［J］.《云梦学刊》(2)：1 - 6 。

114. 李洪乾、唐贤清. 2014. 加强国防语言战略研究，提升国家软实力［J］.《湖南社会学刊》(6)：253 - 255。

115. 李洪乾. 2009. 中国军事维和人员 - 外语技能培养现状及其途径研究：以 UNIFIL 为例［J］,《高等教育学报》(2)：38 - 40。

116. 李洪乾. 2015. 国家安全背景下的国防语言政策研究［J］.《国防科技》(2)：63 - 66。

117. 李慧、蔡晓红. 2008. 美国第五代军事人员外语熟练程度测试［J］.《国防科技》(5)：87 - 91。

118. 李慧、刘芳. 2009. 试论新时期军队科技人员外语应用能力的提高［J］.《高等教育研究学报》(9)：39 - 41。

119. 李艳红. 2015,《美国关键语言教育政策的战略演变》［D］. 中国外语教育研究中心/北京外国语大学。

120. 李迎迎. 2013. 新时期俄罗斯军队外语能力建设概观［J］.《外语研究》(6)：7 - 11。

121. 李宇明. 2010. 中国外语规划的若干思考［J］.《外国语》(1)：2 - 8。

122. 李战子、陆丹云. 2010. 军事语言的定义、类别、语类特点和军事外语能力.《解放军国际关系学院学报》(4)：69 - 72。

123. 梁蓬飞、张能华. 2017.《中国军队海外行动彰显大国军队的担当》［N］.《解放军报》2017 年 9 月 29 日“喜迎十九大”特刊。

124. 刘国柱 . 2009. 和平队与美国文化外交 [J] . 《学海》(3): 161 - 166。

125. 刘晓华、崇斯伟 . 2018. 美海军《LREC 战略》对提升我海军官兵国防语言能力的启示 [J] . 《英语广场》(4): 57 - 59。

126. 刘永涛 . 2005. 语言、身份策略和美国对外政策话语中的‘邪恶论’ [J] . 《国际观察》(5), 31 - 38。

127. 鲁子问 . 2007. 外语政策与国家安全——美国的经验与启示 [J]. 《当代教育论坛 (学科教育研究)》(4): 123 - 127。

128. 陆丹云 . 2009. 知识观点素质——试论军事英语教学中的评价意识 [A] . 载于张士斌主编《军事外语教学与研究》 [C] . 北京: 军事科学出版社: 156 - 164。

129. 陆丹云 . 2010. "军事" 和 "通用"、"标准化" 和 "专门化" [J] . 《军事语言研究》(4): 33 - 35。

130. 陆丹云 . 2011. 特殊用途外语教学研究的热点问题 [J] . 《解放军国际关系学院学报》(2): 74 - 78。

131. 陆丹云 . 2012a. 美国国防教育转型和军队外语能力建设及其启示 [J] . 《解放军国际关系学院学报》(1): 63 - 68。

132. 陆丹云 . 2012b. 美国国防语言学院外语中心实施转型的背景及对我军外语教学改革的启示 [J] . 《军事语言研究》(1): 13 - 18。

133. 陆丹云 . 2013. 军事外交活动的语言学研究途径 [J] . 《解放军国际关系学院学报》(2): 17 - 22。

134. 陆丹云 . 2014. 美军外语战略转型及前期实施 [A] . 王传经主编《军队院校英语教学与研究》 [C] . 北京: 外语教学与研究出版社: 279 - 281。

135. 陆丹云 . 2016a. 21 世纪美军外语新战略——背景、举措及特点 [J] . 《解放军国际关系学院学报》(1): 50 - 55。

136. 陆丹云 . 2016b. 美国国防语言学院转型研究 [A] . 《国防语言研究 (第一辑)》 [C], 北京: 国防大学出版社: 27 - 32。

137. 陆丹云 . 2016c. 美军外语新战略及其对我军外语能力建设的启示 [J] . 《海军院校教育》(2), 70 - 78。

138. 陆丹云 . 2017a. 美军外语能力建设的演变规律研究 [J] .

《解放军国际关系学院学报》(5)：65 - 70。

139. 陆丹云 . 2017b. 院校转型中的科技创新——美国国防语言学院外语中心的实践［J］.《海军院校教育》(1)：93 - 97。

140. 陆丹云 . 2019. 国防语言战略视野下的外语实践能力生成模式［I］.《外语研究》2019（4）：60 - 67。

141. 陆丹云 . 2019. 美国国防部语言战略指数研究［J］.《解放军国际关系学院学报》2019（4）：62 - 68。

142. 马晓雷、梁晓波、庞超伟 . 2018.《美国国防语言转型路线图》的政策议程分析 ——基于多源流模型的视角［J］.《外语研究》(1)：1 - 7。

143. 马晓雷、周广艺、张宗波、陈颖芳 . 2014. 五十年来美国军事语言研究的发展与启示［J］.《云南师范大学学报（哲学社会科学版)》(3)：10 - 17。

144. 孟臻 . 2012. 我国外语教育政策演变与发展［J］.《内蒙古师范大学学报（教育科学版)》(2)：132 - 136。

145. 佩利格里诺 J. W. 2015. 运用深度学习提高 21 世纪能力［J］.《上海教育科学》, 2015（2)：1。

146. 乔峰 . 2009. 语言测试与航海英语教学［J］.《海事英语》2009（4)：101 - 102。

147. 塞缪尔・亨廷顿 . 2005.《我们是谁：美国民族认同的挑战》［M］. 北京：新华出版社。

148. 邵建平 . 2015. 美国对中国海军发展的认知和政策反应［J］.《印度洋经济体研究》(1)：23 - 35。

149. 孙吉胜 . 2008. 话语、身份与对外政策——语言与国际关系的后结构主义［J］.《国际政治研究》(3)：41 - 57。

150. 王淳 . 2010. 安全诉求与认同危机：论美国国家语言战略的重塑［J］.《国外理论动态》(9)：41 - 45。

151. 王华丹、刘学政、吕念 . 2015. 美军官兵国防语言能力战略的共核分析［J］. 海军工程大学学报 2015（9)：64 - 68。

152. 王建勤 . 2007. 美国国家语言战略与我国语言文化安全对策［J/OL］.《国际汉语教育》(2). <http：//www. edumandarin * com/html/25/

wangjianqin – meiguoguojiayuyanzhanlueyuwoguoyuyanwenhuaanquanduice _ 2. html 2010 – 10 – 08 >

153. 王建勤 . 2012. 美国“关键语言”战略与我国国家安全语言战略［J］.《云南师范大学学报（哲学社会科学版）》(2)：7 – 11。

154. 王英杰 . 2014. 美国州域语言路线图研究［J］.《外语研究》(4)：44 – 48。

155. 王运祥、甘燕飞 . 2009. 美国文化外交调整与加速海外扩招留学生的政治解读［J］.《广东外语外贸大学学报》(3)：51 – 55。

156. 温柔新 . 2015. 语言问题安全化下海军语言—区域—文化能力的培养［J］.《华夏教师》(06)：96。

157. 文秋芳、苏静、监艳红 . 2011. 国家外语能力的理论构建与应用尝试［J］.《中国外语》(3)：4 – 10。

158. 文秋芳、苏静 . 2011. 军队外语能力及其形成——来自美国《国防语言变革路线图》的启示［J］.《外语研究》(4)：1 – 7。

159. 文秋芳、张天伟 . 2012. 美国各军种外语战略规划比较研究［R］. 北京：北京外国语大学语言政策与语言规划研讨会。

160. 文秋芳、张天伟 . 2013. 后“9. 11”时代美国国家外语能力建设成效及其启示［J］.《中国外语》(6)：4 – 11。

161. 文秋芳、张天伟：美国国家外语能力建设模式分析［J］.《外语教学与研究》(6)：854 – 864。

162. 文秋芳 . 2011. 美国国防部新外语战略评析［J］.《外语教学与研究》(5)：738 – 747.

163. 文秋芳 . 2014. 美国语言研究的基本特征：服务于国家安全战略———以马里兰大学高级语言研究中心为“中心”［J］.《云南师范大学学报（哲学社会科学版）》(3)：1 – 9。

164. 徐晓军 . 2015. 海军出访人员的语言文化素养研究［J］.《海军航空工程学院》(2)：109 – 112。

165. 徐溢芳 . 2011. 基于 ESP 测试特点及原理改革航海英语测试［J］.《航海教育研究》(2)：108 – 110。

166. 徐英 . 2018. 冷战以来美国的语言战略变迁［J］.《美国研究》(1)：103 – 126。

167. 约翰·爱德华兹、张天伟.2016. 语言规划的重要性 [J].《语言战略研究》(5): 17-19。

168. 张锦涛、吴苓、成凤圣.2011. 我国国防语言体系建设基本构想 [J].《解放军理工大学学报(综合版)》(3): 74-78。

169. 张静、彭饮冰、宋蓓茹. 我国现有军队人员潜在外语能力测试初探———来自《国防语言能力蓄电池》的启示. [J].《长春教育学院学报》(5): 61-62。

170. 张天伟.2013. 美国军队外语能力的培养体系及其启示 [J].《外语研究》(6): 1-6。

171. 张天伟.2015. 我国关键语言战略研究 [J].《中国社会科学院研究生学报》(6): 92-96。

172. 张天伟.2016. 美国国家语言服务团案例分析 [J].《语言战略研究》(5): 88-96。

173. 张天伟.2017. 国家语言能力视角下的我国非通用语教育——问题与对策 [J].《外语界》(2): 44-52。

174. 张蔚磊.2014. 美国 21 世纪初外语教育政策述评 [J].《外语界》(2): 90-96。

175. 郑宏.2011. 美国《国防教育法》的制定及其历史作用[J].《江西社会科学》(1): 158-161。

176. 邹一戈、冯增俊.2014. 当代美国外语教育政策演进特征及策略走向 [J].《当代外语研究》(9): 53-78。

美军外语战略相关缩略语

3C：Cross－cultural Competence
　　跨文化交际能力
AAU：American Association of Universities
　　美国高校协会
ACTFL：American Council on the Teaching of Foreign Languages
　　美国外语教学研究会
AFLPO：Army Foreign Language Proponency Office
　　陆军外语保障办公室
ALC：Army Language Committee
　　陆军语言委员会
ALCE：Army Language and Culture Enterprise
　　陆军语言文化企划部
AMLA：American Modern Language Association
　　美国现代语言学会
AOCOM：Special Operation Command
　　特种作战司令部
ATDC：Army Training and Doctrine Command
　　美国训练与条令司令部
CAA：Cultural Awareness Assessment
　　文化意识评估
CAOCL：Centre for Advanced Operational Culture Learning
　　海军高级任务文化学习中心
CASL：The University of Maryland Center for Advanced Study of Language

马里兰大学语言高级研究中心

CBA/CBR：Capabilities - based Assessment/Review

基于能力的评估

CBRIP：Capabilities - Based Requirements Identification Process

基于能力的需求确认流程

CED：Committee for Economic Development

经济发展委员会

CFLTP：Contract Foreign Language Training Program

外语培训协议项目

CJCSI：Chairman of The Joint Chiefs of Staff Instruction

参联会主席令

CLRC：Civilian Linguist Reserve Corps

民间语言学家储备团

CLREC：Centre for Language, Regional Expertise and Culture

语言、区域知识和文化中心

CNO：Chief of Navy Operations

海军作战部长

CTNCP：Centre for Technology and National Security, National Defense University

国防大学技术和国家安全中心

DCPDS：Defense Civilian Personnel Data System

国防部文职人员数据系统

DFLP：Defense Foreign Language Program

国防外语项目

DFLSC：Defense Foreign Language Steering Committee

国防语言指导委员会

DIA：Defense Intelligence Agency

国防情报局

DLAB：Defense Language Aptitude Battery

国防语言学能数据系统（国防语言蓄电池）

DLAP：Defense Language Action Panel

国防语言行动小组

DLI：Defense Language Institute

国防语言学院

DLIFLC：Defense Language Institute Foreign Language Center

国防语言学院外语中心

DLO：Defense Language Office

国防语言办公室

DLP：Defense Language Program

《国防语言项目》

DLPB：Defense Language Proficiency Bonus

国防语言熟练水平奖励津贴

DLPO：Defense Language Program Office

国防语言项目办公室

DLPT：Defense Language Proficiency Test

国防语言熟练水平测试

DLSC：Defense Language Steering Committee

国防语言指导委员会

DLTAB：Defense Language Testing Advisory Board

国防语言测试顾问委员会

DLTR：Defense Language Transformation Roadmap

国防语言转型路线图

DLTRB：Defense Language Testing Requirements Board

国防语言测试需求委员会

DLTT：Defense Language Transformation Team

国防语言转型小组

DMDC：Defense Manpower Data Centre

国防部人力数据中心

DMDCD：Defense Manpower Data Center Database

国防人力数据中心数据库

DoD FMR：DoD Financial Management Regulations

国防部财政管理规定

DoD：Department of Defense

国防部

DON：Department of Navy

海军部

DRRS：Defense Readiness Reporting System

国防部战备指数报告系统

DTRA：Defense Thread Reduction Agency

国防威胁降低局

DUSD（CPP）：Deputy Under Secretary of Defense for Civilian Personnel Policy

国防部文职人员政策副部长助理

DUSD（MPP）：Deputy Under Secretary of Defense for Military Personnel Policy

国防部军职人员政策副部长助理

DUSD（PI）：Deputy Under Secretary of Defense for Program Integration

国防部项目整合副部长助理

EA：Executive Agent

行政负责人、执行者

ELTF：Emerging Language Task Force

新兴语言任务特遣部队

FAO：Foreign Area Officers

外域军官

FLEX：Air Force Foreign Language Express

空军外语直通车

FLPB：Foreign Language Proficiency Bonus

外语熟练水平奖励工资

FOC：Full Operational Capabilities

充分行动能力

GAO：Government Accountability Office

美国政府问责局

HASC O&I：Subcommittee on Oversight and Investigation，HASC

众议院军事委员会监督调查委员会

HASC：House of Representative，Armed Services Committee

众议院军事委员会

HLRP：Heritage Language Recruiting Program

本族语后裔征兵计划

HLT：Human Language Technology

人类语言技术

HTT：Human Terrain Teams

人文知识队

ILR：Interagency Language Roundtable

跨机构圆桌会议

ISAF：International Security Assistance Force

国际安全援助部队

JP：Joint Pulication

联合出版物

LEAP：Language Enabled Airman Program

语言特长飞行员计划

LFI：Language Flagship Initiative

语言旗舰行动

LIC：Language Identification Code

语言识别码

LPIND：Language Proficiency Indicator

语言熟练水平指数

LREC：Language，Regional Expertise And Cultural Awareness

外语素养（外语水平、区域知识和文化意识）

LRI：Language Readiness Index

语言战备指数

LRPC：Language and Regional Proficiency Capabilities

外语及区域水平能力

LSK：Language Survival Kits

语言急救箱

MAVNI：Military Accessions Vital to National Interest

军队人才引进国家利益攸关项目

MFLSPB：Military Foreign Language Skill Proficiency Bonuses

军队外语能力水平奖励津贴

MLA：Map of Languages in America

美国语言地图

MLANG：Mission Language

任务语言

MLAT：Modern Language Aptitude Test

现代语言学能测试

MLRPC：Management of DoD Language and Regional Proficiency Capabilities

国防部外语区域水平能力管理办法

MTT：Mobile Training Team

移动教学小分队

NCLA：National Security Language Act

国家安全语言法案

NDEII：National Defense Education and Innovation Initiatives

国防教育改革行动计划

NDRA：National Defense Reduction Agency

国防威胁降低局

NFLCC：National Foreign Language Coordination Council

国家外语协作委员会

NLA：National Language Authority

国家语言权威

NLSC：National Language Service Corps

国家语言服务团

NMSP－WOT：National Military Strategic Plan For The War On Terrorism

国家反恐军事战略计划

NSEP：National Security Education Program

国家安全教育项目

NSLI：National Security Language Initiative

国家安全语言行动计划

ODA：Online Diagnostic Assessment

语言文化能力在线诊断系统

ODNI：Office of the Director of National Intelligence

国家情报总监办公室

OIGDoD；The Office Of The Inspector General Of The Department Of Defense

国防部总检察长办公室

OPI：Oral Proficiency Interview

口语能力面试

OPR：Offices of Primary Responsibilities

主要责任单位

OSD：Office of Secretary of Defense

国防部长办公室

PACOM：United States Pacific Command

美国太平洋战区

PDP：Professional Developmental Program

职业发展项目

PME：Professional Military Education

职业军事教育

PRTs：Provincial Reconstruction Teams

地区重建队

ROTC：Reserve Officer Training Corps

预备军官训练团

SEI：Special Experience Identifier

特别经历标识符

SLA：Senior Language Authority

高级语言权威

SPG：Strategic Planning Guidance

战略计划指南

SQI：Skill Qualification Identifier

技术合格标识符

SROTC：Senior Reserve Officer's Training Corps

高级预备军官训练团

SRTS：Status of Resources and Training System

资源训练系统水平

SSTR：Stability，Security，Transition and Reconstruction

维稳、安全、演变和重建

TCC：Training and Doctrine Command Culture Center

陆军训练与条令司令部文化中心

TF：Total Force

全军（美军）

TRADOC：Training and Doctrine Command

训练和条令司令部

USC：United States Code

美国法典

USD Plan：Under Secretary of Defense for Plan

国防部计划副部长

USD（A，T&L）：Undersecretary of Defense for Acquisition，Technology and Logistic

国防部购置、技术与后勤副部长

USD（Comptroller）：Undersecretary of Defense for Accounting and Financial Reporting

国防部审计副部长

USD（I）：Under Secretary of Defense for Intelligence

国防部情报副部长

USD（P&R）：Under Secretary of Defense for Personnel and Readiness

国防部人事与战备副部长

USD（P）：Under Secretary of Defense for Policy

国防部政策副部长

美军外语战略相关文件

国防部

Defense Language Transformation Roadmap

《国防语言转型路线图》(2005)

DoD Directive 5160. 41E. Defense Language Program (DLP)

《国防语言项目》(2005)

Directive 1315. 17. Military Department Foreign Area Officer (FAO) Programs.

《外域军官项目 (2005)

DoD Directive 1400. 25. DoD Civilian Personnel Management System

《国防部文员管理系统》(2005)

U. S. DOD. Foreign Language Programs Guidebook

《外语项目指南》(2007)

Regional and Cultural Capabilities: The Way Ahead

《区域和文化能力：前景》(2007)

DoD Instruction1315. 20, Management of DOD Foreign Are Officers Programs

《国防部外域军官项目管理办法》(2007)

DoD Instruction 7280. 03, Foreign Language Proficiency Bonus

《外语熟练水平津贴》

DoD Instruction 5160. 70, Management of DOD Language and Regional Proficiency Capabilities

《国防部外语区域水平能力管理办法》(2007)

DoD Language and Culture Summit White Paper—Language and Culture: Changing Perspective

《国防部“语言与文化”峰会纪要》(2011)
Department of Defense Strategic Plan for Language Skills, Regional Expertise, and Cultural Capabilities 2011 - 2016
《语言技能、区域知识和文化能力战略规划：2011 - 2016》(2011)
DoD Directive3115. 09, DoD Intelligence Interrogations, Detainee, Debriefings, and Tactical Questioning.
《国防部条令（3115. 09）情报审讯、拘留、汇报和战术性提问》(2012)
DOD Instruction1340. 27. Military Foreign Language Skill Proficiency Bonuses
《军事外语能力水平津贴》(2013)
DOD Implementation Plan for Language Skills, Regional Expertise, and Cultural Capabilities.
《语言技能、区域知识和文化能力实施计划》(2014)
DoD Instruction 5160. 71. DoD Language Testing Program, 2009/2014
《国防部外语测试项目（修订)》2009/2014
"Foreign Language Proficiency Bonus" Summary Of Major Changes
《外语能力津贴：主要变化》(2014)
DOD Language Codes List: Memorandum For Director, Personnel and Readiness Information Management (P&RIM).
《国防语言代码备忘录》(2014)
Quadrennial Defense Review Report
《四年防务评估报告》
DoD Directive 5160. 41E. Defense LREC Program
《国防 LREC 项目》(2015)
DoD Instruction 1400. 25. DoD Civilian Personnel Management System
《国防部文职人员管理系统》(2015)
DoD Instruction 5160. 70. Management Of The Defense Language, Regional Expertise, and Culture (LREC) Program
《国防部条令（5160. 70)：国防 LREC 管理办法》(2016)

Defense Language And National Security Educational Office: DoD Culture Program.

《国防部文化项目》(2016)

Summary of the 2018 National Defense Strategy

《2018 国防战略要点》(2018)

参联会

CJCSI 3126. 01A. Language and Regional Expertise Planning

《语言和区域专家计划》(2006)

CJCSI 3126. 01A: Language, Regional Expertise, and Culture (LREC) Capability Identification, Planning, And Sourcing

《语言技能、区域知识和文化能力的识别、计划以及资源管理》(2013)

Joint Intelligence (JP2 – 0)

《联合出版物 2 – 0: 联合情报》(2013)

陆军司令部

Intelligence Interrogation (FM34 – 52)

《战场手册 34 – 52: 情报审讯》(1992)

Intelligence (FM2 – 0)

《战场手册 2 – 0: 情报》(2004)

Human Intelligence Collector Operations (FM 2 – 22. 3 /FM 34 – 52)

《战场手册 34 – 52: 人力情报搜集行动》(2006)

Army Foreign Language Program

《陆军外语计划》(2009)

U. S. Army Learning Concept for 2015

《2015 美军学习理念》(2011)

U. S. Army Leader development Strategy

《陆军领导人发展战略》(2015)

空军司令部

Air Force Culture, Region & Language Flight Plan

《空军飞行计划》(2009)

Air Force Language, Regional Expertise, and Culture Program

《空军 LREC 项目》（2018）

海军司令部：

Marine Corps Language, Regional and Culture Strategy

《海军语言技能、区域知识和文意识战略》（2008）

Marine Corps Language, Regional and Culture Strategy: 2011 - 2015

《海军语言技能、区域知识和文意识战略：2011 - 2015》（2011）

国防语言学院外语中心：

DLIFLC Language Proficiency Assessment Directorate: DLPT5 AVAILABILITY SCHEDULE.

《第五代国防语言水平测试》（2014）

DLIFLC Language Proficiency Assessment Directorate: Chinese Mandarin Defense Language Proficiency Test5 Familiarization Guide.

第五代国防语言水平测试：汉语测试指南》（2015）

DLIFLC PUBLICATIONS. General Catalog 2015 - 2016.

《国防语言学院外语中心概览 2015 - 2016》

政府问责局

Military Training: Weaknesses in the Resident Language Training System of Defense Language Institute Affect the Quality of Trained Linguists. Report to the Secretary of the Army.

《军事训练评估：国防语言学院本部外语培训能力不足影响外语人才素养》（1982 年提交陆军部长）

DOD Training: Many DOD Linguists Do Not Meet Minimum Proficiency Standards. Report to the Chairman, Committee on Appropriations, U. S. Senate.

《军事训练评估：大量语言人才未达基本熟练水平》（1994 年提交国会）

Military Training: DOD Needs a Strategic Plan and Better Inventory and Requirements Data to Guide Development of Language Skills and Regional Proficiency

《军事训练评估：国防部语言区域能力发展指导工作调查：制定战略计划、改良作训条目、改进需求数据》（2009 提交议会军事委

员会)

Military Training: Actions Needed to Improve Planning and Coordination of Army and Marine Corps Language and Culture Training

《军事训练评估:提高陆军、海军陆战队语言文化训练计划与协同的必要行动》(2011 提交参联会)

Military Training: Language and culture training: Opportunities exist to improve visibility and sustainment of knowledge and skills in Army and Marine Corps General Purpose Forces

《军事训练评估:语言和文化训练为陆军、海军陆战队全体人员提供更多机会使用和维持其知识技能》(2011 提交参联会)

国会:

National Defense Education Act

《国防教育法案 1958》

National Security Education Act of 1991

《国家安全教育法案 1991》

National Security Language Initiative

《国家安全语言行动计划》(2006)

议会军事委员会

H. R. 1685, Defense Language Institute Foreign Language Center. Hearing before the Investigations Subcommittee of the Committee on Armed Services. House of Representatives, One Hundred Second Congress, Second Session

《国防语言学院外语中心听证会》1992

Building Language Skills and Cultural Competencies in the Military: DoD's Challenge in Today's Educational Environment

《军事外语技能和文化能力建设:当今教育环境下国防部面临的挑战》(2008)

Building Language Skills and Cultural Competencies in the Military: Bridging the Gap

《军事外语技能和文化能力建设:跨越鸿沟》(2010)

哈特·罗德曼委员会(21 世纪国家安全委员会)

New World Coming: American Security in the 21st Century

《新世界的到来——21 世纪美国国家安全》(1999)

A Concert for Preserving Security and Promoting Freedom

《寻求国家战略——一个维护安全并推进自由的统一行动》(2000)

Roadmap for National Security: Imperative for Change

《国家安全路线图——改革势在必行》(2001)

经济发展委员会

Education for Global Leadership: The Importance of International Studies and Foreign Language Education for U. S. Economic and National Security

《培养全球领导人的教育:国际研究和外语教育对于美国经济和国家安全的重要性》(2006)

教育部

Enhancing Foreign Language Proficiency in the United States: Preliminary Results of NSLI

《提高美国外语能力:NSLI 初步结果》(2008)

全美语言大会

A Call to Action for National Foreign Language Capabilities

《国家外语能力行动倡议白皮书》(2005)

美国高校联盟

National Defense Education and Innovation Initiative: Meeting America's Economic and Security Challenges in the 21st Century"

《国防语言教育改革行动:应对美国 21 世纪的经济安全挑战》(2006)

现代语言学会

Language Map with Enrollment Data

《国家语言地图及学籍数据》(2011)